BIBLE 365
말씀으로 시작하는 하루

용혜원 시인은 서울에서 태어났으며, 〈문학과 의식〉을 통해 등단했다. 한국 문인 협회 회원, 한국 기독교문인협회 회원, 다락방문학 동인으로 활발한 창작 활동을 하고 있으며, 49권의 시집과 2권의 시선집을 비롯한 95권의 저서가 있다. 현재 개봉동에 있는 한돌성결교회에서 기쁨으로 복음을 전하고 있다.

BIBLE 365
말씀으로 시작하는 하루

>>> ‹‹‹

용혜원 지음

엔크리스토
ENCHRISTO

차
례

묵상 기도

아무런 소리도
내지 않았는데
마음엔 커다란
음성이 들려왔다

그리고

기쁨이
평안이 가득해졌다

1월

1월의 기도

새로운 날들과의
만남 속에
주님이 어떻게
우리를 인도하여 주실까
기대하며 살게 하소서.

오늘의 말씀

그러므로 염려하여 이르기를 무엇을 먹을까 무엇을 마실까 무엇을 입을까 하지 말라 이는 다 이방인들이 구하는 것이라 너희 하늘 아버지께서 이 모든 것이 너희에게 있어야 할 줄을 아시느니라 그런즉 너희는 먼저 그의 나라와 그의 의를 구하라 그리하면 이 모든 것을 너희에게 더하시리라

(마태복음 6:31-33)

오늘의 기도

묵상을 통하여

묵상을 통하여 내 삶을 향한
하나님 아버지의 마음을 알게 하소서.
묵상을 통하여 내 삶 속을 흐르는
하나님 아버지의 뜻을 알게 하소서.

묵상을 통하여 내 삶에 나타나는
하나님 아버지의 섭리를 발견하게 하소서.
묵상을 통하여 내 삶에 다가오는
하나님 아버지의 뜻을 헤아리게 하소서.

묵상을 통하여
내 삶을 내 소원대로 행하는 것이 아니라
하나님 아버지의 소원대로 행하게 하소서.

오늘의 묵상

기도는 마음과 감정을 정결하게 하기 위해 우리가 마음대로 사용할 수 있는 가장 효과적인 방법이다. 기도는 우리의 마음을 하나님의 밝은 빛 가운데 두고 우리의 감정을 그분의 따뜻한 사랑 안에 두기 때문이다. 가장 좋은 기도는 침묵기도, 즉 내면의 기도 특히 주님의 사랑과 희생을 묵상하는 기도이다. 하나님을 자주 생각하면 하나님이 당신의 영혼을 지배하신다. 하나님의 방법으로 생각하고 살아가는 법을 깨닫는다. 그래서 하나님처럼 살고 하나님처럼 생각하기 시작한다. 어린아이가 엄마가 말하는 것을 듣고 배우는 것과 똑같다. 다른 방법은 없다. 가능하다면 이른 아침 매일 한 시간씩 기도하라. (프랜시드 드 살레)

오늘의 말씀

내가 또 너희에게 이르노니
구하라 그러면 너희에게 주실
것이요 찾으라 그러면 찾아낼
것이요 문을 두드리라 그러면
너희에게 열릴 것이니 구하는
이마다 받을 것이요 찾는 이
는 찾아낼 것이요 두드리는
이에게는 열릴 것이니라

(누가복음 11:9-10)

오늘의 기도

나를 새롭게 변화시켜 주소서

기도는 하나님으로부터 시작되는 것이니
날마다 기도하게 하여 주사
나를 새롭게 변화시켜 주소서.
기도하고 싶은 마음이 늘어나
모든 삶의 시작을
주님과의 깊은 대화 속에서 이루게 하소서.

먹을 것이 부족할 때 배가 고픔처럼
주님과 대화하고 싶어 기도가 고프게 하소서.
상한 마음을 치료받기 위하여
나의 기도가 응답되기 위하여
삶 전체를 통하여 기도를 드리게 하소서.

주님의 뜻을 알게 하사
나의 모든 것을 살펴 주시고
기도를 통하여 임마누엘의 삶이 되어
나의 삶이 새롭게 변화되게 하소서.

오늘의 묵상

우리의 기도는 하나님을 기쁘시게 하는 것이다. 왜냐하면 하나님께서 기도를 명하셨고, 약속하셨
고 우리의 기도의 방식을 가르쳐 주셨기 때문이다. 이런 이유에서 하나님은 우리의 기도를 기뻐하
신다. 하나님은 기도를 명하시고 요구하시고 즐거워하신다. 왜냐하면 하나님이 약속하시고 명하
시고 그 형태를 정하셨기 때문이다. 그리고 하나님은 "내가 듣겠노라"고 하신다. 기도는 보증 된
것일 뿐 아니라 실제적으로 이미 이루어진 것이다. (루터)

오늘의 말씀

하나님의 약속은 얼마든지 그리스도 안에서 예가 되니 그런즉 그로 말미암아 우리가 아멘 하여 하나님께 영광을 돌리게 되느니라

(고린도후서 1:20)

오늘의 기도

나를 불러 주심으로 기도하게 하소서

나를 불러 주심으로 천국 백성이 되게 하신 주님!
나의 영혼에 호흡이 필요하오니 기도하게 하소서.
나의 삶 속에서 어려움을 당할 때
무엇을 어떻게 처리해야 할지 모를 때
기도함으로 지혜를 얻게 하소서.
나의 마음을 활짝 열어
주님의 마음과 일치되는 기도를 드리게 하소서.

주님을 의지하며 기도를 드릴 때
우리의 영혼을 움직여 주셔서
염려와 근심과 걱정이 사라지게 하시고
소망 가운데 모든 것을 맡기며 살게 하소서.

나의 잠재의식 속에서도 주님을 찾게 하시고
모든 삶을 기도로부터 시작하게 하소서.
잘못된 길에서 벗어나게 하시고
나의 영혼을 움직여 기도를 통하여
주님의 인도를 받게 하소서.

오늘의 묵상

우리가 어떻게 기도해야 할지를 구하면 하나님께서는 자신을 주신다. 하나님은 기도의 동기와 능력을 주신다. 하나님은 대화를 나누시는 중에 교훈을 주신다. 예수께서는 친히 성령으로 다시 오셔서 우리의 기도를 지도하실 것이라고 분명하게 예언하셨다. 성령으로 오신 예수께서는 기도하고 싶은 열망을 주시고 무엇을 구해야 할지 알게 하시며 한 걸음씩 한 걸음씩 그 길로 인도하신다. 기도는 단지 우리가 하고 싶은 말만 하는 것이 아니라 주님을 받아들일 수 있을 때까지 마음을 넓히는 것이다. (로이드 오길비)

오늘의 말씀

내가 나의 입으로 그에게 부르
짖으며 나의 혀로 높이 찬송하
였도다 내가 나의 마음에 죄악
을 품었더라면 주께서 듣지 아
니하시리라 그러나 하나님이
실로 들으셨음이여 내 기도 소
리에 귀를 기울이셨도다 하나
님을 찬송하리로다 그가 내
기도를 물리치지 아니하시고
그의 인자하심을 내게서 거두
지도 아니하셨도다

(시편 66:17-20)

오늘의 기도

기도로 나의 삶이 인도하심을 받게 하여 주소서

나의 가장 깊은 생각과 소망을 아시는 주님!
기도로 나의 삶이 인도하심을 받게 하소서.
늘 항상 기도 생활의 부족함을 느끼며
영적인 갈망 속에 주님을 바라보게 하소서.

위험 속에 빠져 있을 때, 고통 속에서 아파할 때
풍요 속에서 기뻐할 때 언제나 기도함으로
성령의 풍성함을 맛보게 하소서.
나의 필요를 기도할 때 들어주심을 믿게 하소서.

삶 속에서 주님이 함께 하심을 보게 하시고
기도함으로 내주하시는 성령으로
주님이 주시는 평안을 얻게 하소서.
기도함으로 불평과 불만에서 떠나 살게 하소서.
감사의 기도가 넘치게 하사 더 큰 응답을 받게 하소서.
신실하신 주님의 영광을 나타내는 데 쓰임 받게 하소서.

오늘의 묵상

기도에는 조건이 따른다. 만약 내가 마음에 죄를 품으면 주께서 듣지 아니하신다. 그리고 의인의
기도는 역사하는 힘이 많다. 그러므로 깨끗케 하는 갈보리 피의 능력 아래 내 죄를 끊임없이 가져
가야만 하며 내 모든 기도 생활 가운데 하나님의 영광만을 구해야 한다. 그러면 역사가 일어날 것
이다. 만약 내가 누군가를 미워하고 있다는 것을 깨닫게 되면 나는 즉시 그를 위해 기도하기를 시
작하며 그를 미워할 수 없음을 알게 된다. 내 발은 항상 내 눈을 따라가는데 기도는 내 눈을 주 예수
께만 고정시켜 준다. 내가 하나님의 도우심을 의지할 때 내 기도 생활은 항상 나의 생존에 있어 자
연스럽고 당연한 것이며 규칙적이면서 절대적으로 필요한 호흡과 같아진다. (데이비드 헤인즈)

오늘의 말씀

진실로 너희에게 이르노니 무엇이든지 너희가 땅에서 매면 하늘에서도 매일 것이요 무엇이든지 땅에서 풀면 하늘에서도 풀리리라 진실로 다시 너희에게 이르노니 너희 중에 두 사람이 땅에서 합심하여 무엇이든지 구하면 하늘에 계신 내 아버지께서 저희를 위하여 이루게 하시리라 두 세 사람이 내 이름으로 모인 곳에는 나도 그들 중에 있느니라.

(마태복음 18:18-20)

오늘의 기도

주님을 만날 시간을 만들게 하소서

삶 속에서 어려움을 만났을 때
기도로 주님을 만날 시간을 만들게 하소서.
주님을 온전히 영접하게 하시고
주님 안에 머물러 떠나지 않게 하소서.
삶의 순간순간마다 주님을 만나게 하소서.

오늘도 잠에서 쉼을 얻게 하시고
깨어나 새로운 날을 맞이하게 하신 주님
말씀 속에서 영적으로 훈련된 삶을 살게 하소서.
전심으로 기도할 수 있는 믿음과 용기를 주사
입을 열어 기도하게 하소서.

나의 삶 속에서 주님의 뜻이 이루어지게 하소서.
성령의 은혜로 기도하고픈 마음이 솟아나게 하소서.
날마다 기도함으로 온전히 순종하게 하소서.
기도로 나의 마음을 주님께 집중하게 하소서.

오늘의 묵상

우리 그리스도인들의 믿음은 지극히 개인적인 것이지만 또한 결코 고립할 수 없는 것이다. 우리의 믿음이 충만한 데까지 이르기 위해서는 반드시 공공의 것이 되어야한다. 마치 주님께서 "하늘에 계신 내 아버지시여"가 아니고 "하늘에 계신 우리 아버지시여"라고 기도하라고 가르치셨다. 기도의 응답을 받은 기쁨과 감격은 그것을 다른 사람과 나눌 때 더 분명해지고 커진다. 그러나 남을 위해 기도하는 모임에서 얻는 큰 유익은 "나도 그들 중에 있느니라"는 약속의 성취를 항상 깨닫는 것이다. 기도는 하나님과 연락을 갖고 그분의 임재를 만끽하는 가장 기본적인 방법이다. (필리스 톰슨)

오늘의 말씀

여호와의 말씀이니라 너희를 향한 나의 생각을 내가 아나니 평안이요 재앙이 아니라 너희에게 미래와 희망을 주는 것이니라 너희가 내게 부르짖으며 내게 와서 기도하면 내가 너희들의 기도를 들을 것이요 너희가 온 마음으로 나를 구하면 나를 찾을 것이요 나를 만나리라

(예레미야 29:11-13)

오늘의 기도

고요히 묵상하는 시간

고요히 묵상하는 시간
주님의 거룩함을 닮아가게 하소서.
주님을 만나기 위한 조용한 공간에서
구별된 시간 고요히 묵상하므로
주님을 바라보게 하소서.

고요히 묵상하므로
주님의 인도하심을 받게 하소서.
고요히 묵상하므로
주님의 가르침을 받게 하소서.

오늘의 묵상

항상 하나님을 묵상하며 쉼 없이 기도하는 것은 우리가 마땅히 해야 할 일이다. 그렇지 못하다면 적어도 하루 중 기도를 위한 특별 시간을 정하여 그 시간만이라도 하나님께 온전히 집중해야 한다. 기도할 수 있는 자연스런 기회들이 있다. 아침에 일어났을 때, 일을 시작하기 전, 식사 직후, 그리고 잠자리에 들기 전 등이 있다. 물론 이것은 초보에 불과하다. 기도할 때 하나님을 제한하지 말라. 이런저런 방법으로 기도에 응답해달라고 하는 것은 당신이 신경 쓸 문제가 아니다. 기도는 흥정이나 조건을 정하는 시간이 아니다. 당신이 원하는 것이나 필요한 것을 하나님께 구하기 전에 그분의 뜻이 이루어지기를 구하라. 그렇게 함으로써 당신의 뜻은 하나님의 뜻에 복종하게 된다. (존 칼빈)

1월 7일 — 내 마음이 빈 두레박이 되게 하소서

오늘의 말씀

또 여호와를 기뻐하라 그가 내 마음의 소원을 네게 이루어 주시로다 네 길을 여호와께 맡기라 그를 의지하면 그가 이루시고 네 의를 빛 같이 나타내시며 네 공의를 정오의 빛 같이 하시리로다

(시편 37:4-6)

오늘의 기도

내 마음이 빈 두레박이 되게 하소서

내 마음이 빈 두레박이 되게 하소서.
은혜의 우물에서 사랑을 길어 올리게 하소서.

내 마음이 빈 두레박이 되게 하소서.
축복의 우물에서 소망을 길어 올리게 하소서.

내 마음이 빈 두레박이 되게 하소서.
기도의 우물에서 응답을 길어 올리게 하소서.

내 마음이 빈 두레박이 되게 하소서.
말씀의 우물에서 믿음을 길어 올리게 하소서.

오늘의 묵상

기도할 때 하나님의 임재를 정말로 인식하고 있는지 아니면 단순히 사람들의 눈을 의식하면서 하는지 분별하도록 하라. 주목받고 인정받고 싶어 하는 것은 자연스러운 일이다. 그러나 이것을 위해 장시간 기도한다면 실제로 기도하는 것은 아니다. 혼자 기도할 때나 다른 사람들과 기도할 때나 당신의 기도가 틀에 박힌 기도가 되지 않게 하라. 진정한 영적 체험이 되기를 소원하라. 기도할 때 당신의 영이 혼란스러우면 실제로 당신은 기도 속에 들어가 있는 것이 아니다. 마치 정원에 어슬렁거리며 장사하는 사람과 같다. (에바그리우스 폰티쿠스)

1월 8일　　주여 빛으로 인도하소서

오늘의 말씀

구원의 투구와 성령의 검 곧
하나님의 말씀을 가지라 모든
기도와 간구를 하되 항상 성령
안에서 기도하고 이를 위하여
깨어 구하기를 항상 힘쓰며 여
러 성도를 위하여 구하라 또
나를 위하여 구할 것은 내게
말씀을 주사 나로 입을 열어
복음의 비밀을 담대히 알리게
하옵소서 할 것이니

(에베소서 6:17-19)

오늘의 기도

주여 빛으로 인도하소서

빛을 하나님께서 있으라 하셨기에
빛이 있고 빛이 하나님이 보시기에도 좋았습니다.

주여 빛으로 인도하소시.
어둠은 죄악을 불러 죄를 저지르게 하고
죄 가운데 살게 하여
어둠은 하나님이 싫어하십니다.

주여 빛으로 인도하소서.
빛 가운데서, 빛의 자녀들로, 빛을 발하며
하나님이 보시기에 좋은 삶을 살게 하소서.

오늘의 묵상

만일 우리가 그리스도께서 현재 하시는 일에 그와 함께 하려 한다면 우리는 많은 시간을 들여 기도
해야 한다. 우리는 우리 자신을 정직하고, 계속적이며, 끈질기며, 깨어, 모든 상황을 이겨내며 기도
를 드려야 한다. 무시로 많은 시간을 들여 계속하는 기도가 "부활하신 나의 주님께서 지금 하시는
일이다" 이 사실보다 더 나에게 기도의 중요성을 인식시켜 준 것은 없다. (R. A. 토레이)

오늘의 말씀

이로써 우리도 듣던 날부터 너희를 위하여 기도하기를 그치지 아니하고 구하노니 너희로 하여금 모든 신령한 지혜와 총명에 하나님의 뜻을 아는 것으로 채우게 하시고 주께 합당하게 행하여 범사에 기쁘시게 하고 모든 선한 일에 열매를 맺게 하시며 하나님을 아는 것에 자라게 하시고 그의 영광의 힘을 따라 모든 능력으로 능하게 하시며 기쁨으로 모든 견딤과 오래 참음에 이르게 하시고 우리로 하여금 빛 가운데서 성도의 기업의 부분을 얻기에 합당하게 하신 아버지께 감사하게 하시기를 원하노라

(골로새서 1:9-12)

오늘의 기도

주님 안에서 날마다

주님 안에서 날마다
기쁨으로 감사로 사랑으로 살아가게 하소서.

하루를 살면서도, 일주일을 살면서도
한 달을 살면서도, 일 년을 살면서도
일생을 살면서도
주님 안에서 날마다 기도와 감사와 말씀으로
주님을 향하여 무한한 설레임으로
예배 드림 속에 살아가게 하소서.

오늘의 묵상

우리는 모든 걱정거리가 산재한 세상에서 살고 있다. 혹자는 걱정거리를 가리켜 "작은 두려움의 시냇물"이라 정의한 바가 있다. 마음에서 그 작은 시냇물이 흐르다가 이내 모든 다른 생각들이 거대한 수로를 형성한다는 것이다. 설교가 존 라이스가 이렇게 말했다. "걱정이란 하나님께서 마침표를 찍은 곳에 또다시 물음표를 찍는 것이다." 플론 쉰 감독은 "걱정이란 무신론의 한 형태이다. 걱정이란 믿음의 부족, 하나님을 신뢰하는 마음의 부재를 드러내기 때문이다."라고 지적한 바가 있다. (로버트 모건)

1월 10일 홀로 있을 때에도

여호와여 주의 도를 내게 보이시고 주의 길을 내게 가르치소서 주의 진리로 나를 지도하시고 교훈하소서 주는 내 구원의 하나님이시니 내가 종일 주를 기다리나이다 여호와여 주의 긍휼하심과 인자하심이 영원부터 있었사오니 주여 이것들을 기억하옵소서

(시편 25:4-6)

오늘의 기도

홀로 있을 때에도

황량한 들판에 홀로 있을 때에도
나는 혼자가 아닙니다.

내 몫의 사랑보다
늘 풍성히 베풀어 주시는
주님이 언제나 함께 하여 주십니다.

내 몫의 기도로
다 드리지 못함을 용서하소서.
내 몫의 사랑보다 더
사랑하며 베풀며 살기를 원합니다.
주님은 한순간이 아니라
영원히 우리와 함께 동행하여 주십니다.

오늘의 묵상

"우리의 구하는 것이나 생각하는 것에 더 넘치도록" 하실 능력이 있을 뿐 아니라 그렇게 하실 의사가 있으신 살아 계신 하나님의 자녀가 된다는 것이 무엇을 의미하는지 어떻게 하면 깨달을 수 있을까? 하나님은 "내게 구하라 내가 이방 나라를 네 유업으로 주리니 네 소유가 땅 끝까지" 이른다고 하셨다. 구해야 한다. 하나님이 그것을 우리에게 주실 것이다. 구원받지 않는 우리가 구하기를 기다린다. 하나님이 우리가 구하기를 기다리신다. (브라더 앤드류)

1월 11일

일상적인 삶에서 주님을 만나게 하소서

오늘의 말씀

내가 진실로 진실로 너희에게 이르노니 나를 믿는 자는 내가 하는 일을 그도 할 것이요 또한 그보다 큰 일도 하리니 이는 내가 아버지께로 감이라 너희가 내 이름으로 무엇을 구하든지 내가 행하리니 이는 아버지로 하여금 아들로 말미암아 영광을 받으시게 하려 함이라 내 이름으로 무엇이든지 내게 구하면 내가 행하리라

(요한복음 14:12-14)

오늘의 기도

일상적인 삶에서 주님을 만나게 하소서

평행선을 그어 놓은 듯 별다른 변화가 없어 보이는
일상적인 삶에서 주님을 만나게 하소서.
실타래에서 실이 풀어져 있듯이
한가롭게 보이는 시간 속에서 주님을 만나게 하소서.

잠을 불러내어 눕고만 싶어지고
무료함 속에 나른함에 빠져들고 싶고
한 잔의 커피를 마시며 책을 보거나
한가롭게 이야기를 나누고 싶을 때
주님을 만나게 하소서.

특별히 긴장할 필요가 없고
무언가 요구할 필요를 느끼지 못하고
별 탈 없이 잘 돌아가는 것처럼 느껴질 때
주님을 만나게 하소서.

우리의 삶에서 주님이 함께 하심을
잊어버리려고 할 때 속 깊고 따뜻한
주님의 마음을 새롭게 알 수 있도록
주님을 만나게 하소서.

오늘의 묵상

종교개혁자로 유명한 루터가 어느 날 강아지에게 고기를 주려고 했다. 그러자 강아지는 입을 크게 벌리고 주인이 주려고 하는 고깃덩어리를 올려다보고 두 눈을 반짝이고 있었다. 이것을 보고 루터가 말했다. "이 개가 고기를 보는 것처럼 나도 그렇게 기도할 수 있으면 좋겠다. 이 개의 생각은 오로지 한 조각의 고기만을 향하고 있으며 다른 잡념이나 희망에 대해서는 전혀 생각하지 않기 때문이다."

1월 12일 — 매일 매일 삶의 순간순간마다

오늘의 말씀

우리 가운데서 역사하시는 능력대로 우리가 구하거나 생각하는 모든 것에 더 넘치도록 능히 하실 이에게 교회 안에서 그리스도 예수 안에서 영광이 대대로 영원무궁하기를 원하노라 아멘

(에베소서 3:20-21)

오늘의 기도

매일 매일 삶의 순간순간마다

매일 매일 삶의 순간순간마다
주님의 말씀을 묵상하며
주님의 뜻을 마음 판에 새기게 하소서.
주님의 말씀이 생명으로 적용되게 하여 주시고
나의 삶 속에 주님의 말씀의 능력이
정하신 목적대로 나타나게 하소서.

하나님의 생각하심과 믿음이
나의 생각과 믿음 속에 자리 잡게 하시고
풍성한 결실을 이루게 하소서.
말씀 속에 주님의 뜻에 합당한
기도를 통하여 주님의 손길이 함께 하심을
삶 속에서 느끼게 하여 주소서.

매일의 삶의 순간순간마다
주님의 생명의 말씀을 묵상하며
기도하며 바른 삶을 살게 하소서.

오늘의 묵상

기도의 가장 중요한 목적은 하나님과의 일치이다. 기도가 하나님께 더 가까이 나아가는 것을 도와주지 못한다면 의미가 없다. 기도하기 위해 마련하는 시간, 기도할 때 하는 말, 기도하려는 노력, 사랑하시는 주님의 모습 앞에 고요히 자신을 내어드림 이 모두가 하나님의 존재하심의 가장 중요한 목적인 하나님과의 하나가 되기를 바란다. 주님으로부터 무엇인가를 받고자 하는 목적을 갖고 간구하는 청원 기도도 하나님을 신뢰하는 마음을 깊게 하여 주므로 주님과 더욱 가까이 하나가 되게 한다. (빌 쇼크)

오늘의 말씀

수고하고 무거운 짐 진 자들
아 다 내게로 오라 내가 너희
를 쉬게 하리라 나는 마음이
온유하고 겸손하니 나의 멍에
를 메고 내게 배우라 그리하
면 너희 마음이 쉼을 얻으리
니 이는 내 멍에는 쉽고 내 짐
은 가벼움이라 하시니라

(마태복음 11:28-30)

오늘의 기도

주님의 말씀으로 영적인 성숙을 이루게 하소서

주님의 말씀이 화살처럼 나의 마음에 꽂혀
삶이 새롭게 변화되게 하여 주시고
영적인 성숙을 이루게 하소서.
내적인 성숙과 외적인 성숙이
합력하여 선을 이루게 하소서.

주님의 능력으로 강한 믿음을 갖게 하시고
연약하여 지칠 때에도
주님을 의지하므로 회복되게 하소서.
삶의 모든 부분들이 주님의 은혜로
형통함을 맛보게 하소서.

나의 마음속에 강하게 역사하시는
말씀의 능력을 체험하게 하소서.
어린아이 신앙에 머물러 있는 것이 아니라
주 안에서 자족하며 믿음으로 살게 하소서.
날마다 말씀을 깨달아 영적인 성숙을 하게 하소서.

오늘의 묵상

기도는 모든 슬픔을 모든 치유의 근원을 가지고 가는 것이다. 예수 그리스도의 따뜻한 사랑으로 차가운 원한과 분노를 녹이는 것이다. 기쁨이 슬픔을 대신하고 자비가 적의를 몰아내고 사랑이 두려움을 덮으며 온유와 자상함이 미움과 무관심을 몰아내는 공간을 마련하는 것이다. 그러나 무엇보다도 기도란 모든 사람을 하나님의 친밀한 사랑으로 이끄시는 예수 그리스도의 사명의 한 부분이 되어 그 자리를 지키는 길이다. (헨리 나우웬)

1월 14일 오직 주님만 바라보게 하소서

오늘의 말씀

여호와여 주의 도를 내게 보이시고 주의 길을 내게 가르치소서 주의 진리로 나를 지도하시고 교훈하소서 주는 내 구원의 하나님이시니 내가 종일 주를 기다리나이다 여호와여 주의 긍휼하심과 인자하심이 영원부터 있었사오니 주여 이것들을 기억하옵소서

(시편 25:4-6)

오늘의 기도

오직 주님만 바라보게 하소서

나의 구주가 되시는 주님
내 마음에 소망과 기쁨이
오늘도 넘치는 삶을 살게 하여 주소서.

내 눈이 보이는 대로 살아
탐욕의 마음이 생기지 않게 하여 주시고
내 발길이 닿는 대로 가다가
유혹의 길에 들어서지 않게 하소서.

늘 항상 주님이 나를 위하여
지금도 간구하심을 바라게 하사
오직 주님만을 믿고 따르게 하소서.

나의 모든 삶이
주님의 은혜 가운데 이루어졌으니
오늘도 주님만을 찬양하게 하소서.

오늘의 묵상

기도의 비결은 바로 하나님이 원하시는 것을 기도하는 것이다. 그것은 먼저 하나님의 나라와 의를 구하는 것이다. (마태복음 6:33)

그러므로 예수 그리스도께서 강조하셨듯이 기도의 최우선 목표는 인간의 욕구가 채워지는 것이 아니라 하나님의 이름이 거룩하게 되며 그의 나라가 임하여 그의 뜻이 이루어지도록 하는 것이다. 영원토록 추구해야 할 그분의 뜻 안에서만 인간은 그 목적을 성취할 수 있다. (마태복음 6:9-12)

1월 15일

오늘의 말씀

여호와께서 이와 같이 말씀하
시되 지혜로운 자는 그의 지
혜를 자랑하지 말라 용사는
그의 용맹을 자랑하지 말라
부자는 그의 부함을 자랑하지
말라 자랑하는 자는 이것으로
자랑할지니 곧 명철하여 나를
아는 것과 나 여호와는 사랑
과 정의와 공의를 땅에 행하
는 자인 줄 깨닫는 것이라 나
는 이 일을 기뻐하노라 여호
와의 말씀이니라

(예레미야 9:23-24)

오늘의 기도

하루를 시작하며 기도를 드립니다

오 주님! 하루를 시작하며 기도를 드립니다.
오늘도 나를 인도하사
나의 입술과 나의 행동을 지켜 주시고
맡겨진 일에 열심을 내어 최선을 다하게 하소서.

주님은 생명과 구원의 빛이시니
하루 중에 만나는 사람들에게
생명의 복음을 증거 할 기회가 마련되게 하소서.

오 주님! 오늘 하루 동안에도 주님의 자녀로서
살아감이 부족함이 없게 하사
나의 삶의 모습 속에서도 주님이 드러나게 하소서.
오늘도 주님을 닮아가며
주님의 발자취를 따라 살게 하소서.

오늘의 묵상

우리들은 용서의 의미를 바로 알아야 한다. 용서란 용서를 받아본 사람들만이 진정한 용서를 할 수
있기 때문이다. 예수 그리스도의 십자가의 용서의 의미를 아는 사람은 그 용서의 의미를 목숨이 다
할 때까지 전하지 않을 수 없는 것이다. 예수 그리스도의 십자가의 용서는 우리들의 모든 것을 용
서했는데 작은 것을 용서하지 못한다면 그것은 그리스도인의 삶이 아닌 것이다.

1월 16일

오늘의 말씀

너희 중에 누구든지 지혜가 부족하거든 모든 사람에게 후히 주시고 꾸짖지 아니하시는 하나님께 구하라 그리하면 주시리라 오직 믿음으로 구하고 조금도 의심하지 말라 의심하는 자는 마치 바람에 밀려 요동하는 바다 물결 같으니

(야고보서 1:5-6)

오늘의 기도

주님의 은혜로 가득하게 하소서

오 주여! 컵에 물이 가득하여 컵이 비어 있는지
물이 채워 있는지 모를 정도로
주님의 은혜가 충만함을 알게 하소서.

내가 늘 부족함을 느낄 때에는
나의 실수와 잘못과 범죄로 인하여
이렇게 됨을 아오니
죄악을 떠나 늘 가득하게 채워 주시는
주님 안에 살게 하소서.

온 세상에 충만하신 주님께서
우주 속에 가장 작은 존재인 나를 채워 주심은
참으로 놀라운 은혜이니
주여 나를 인도하여 주소서.
늘 나약함을 아오니 온전히 신뢰하며 따르게 하소서.
늘 주님의 은혜가 나의 삶에 가득하게 하소서.

오늘의 묵상

기도란 우리 영의 평안이요, 우리 생각의 평정함이요, 우리 회상이 평탄하게 되는 것이요, 우리 묵상의 자리요, 염려가 그치는 것이요, 걱정이 잠잠해지는 것이다. 기도는 조용한 마음과 흐트러지지 않는 생각의 산물이다. 기도는 자비의 딸이요, 온유의 자매다. 불안하고 산란한 마음으로 하나님께 기도하는 자는 묵상하려고 전장으로 들어가는 자와 같고, 기도실을 군대 막사 안에 설치하는 자와 같으며, 지혜를 찾으려고 최전선에 주둔한 부대를 찾아가는 자와 같다.

오늘의 말씀

하나님이여 내 기도에 귀를
기울이시고 내가 간구할 때에
숨지 마소서 나는 하나님께
부르짖으리니 여호와께서 나
를 구원하시리로다 저녁과 아
침과 정오에 내가 근심하여
탄식하리니 여호와께서 내 소
리를 들으시리로다

(시편 55:1,16,17)

오늘의 기도

내 마음에 믿음의 등불을 켜게 하소서

내 마음에 믿음의 등불을 켜게 하소서.
주님 안에서 세상을 새롭게 보게 하소서.
눈에 보여지는 그대로 보고 판단하지 않게 하시고
그들의 형편과 처지와 아픔을
주님의 십자가를 깊이 묵상함으로 알게 하소서.

내 마음에 사랑의 등불을 켜게 하소서.
주님 안에서 세상을 새롭게 보게 하소서.
내 생각만으로 성급하게
결론부터 내리지 않게 하소서.
그들의 삶의 상태를 알게 하시고
예수 그리스도의 피 묻은 복음을 전하게 하소서.

내 마음에 소망의 등불을 켜게 하소서.
주님 안에서 세상을 새롭게 보게 하소서.
내 마음속에 자리 잡은 그대로
처리하고 싶은 충동에서 벗어나 살펴보게 하소서.
그들의 영혼을 주님께 초점을 맞추어 가며
구원을 위하여 함께 기도하게 하소서.

오늘의 묵상

기도란 하나님과의 관계를 의미하며 하나님과의 대화를 의미한다. 또한 기도란 하나님과 동행하는
삶을 의미하고 하나님을 사랑한다는 고백이며 하나님을 믿고 의지한다는 고백이다. 기도는 곧 인간
의 생사화복을 주장하시는 하나님 앞에 나아가 모든 즐거움과 모든 고민을 함께 나누는 것이다. 그
러므로 기도보다 더 아름다운 것은 없다. 기도는 모든 삶의 중심이 되어야 하며 모든 삶의 진행과 마
지막이 되어야 한다. 이것은 유일하게 하나님의 자녀만이 누릴 수 있는 가장 소중한 특권이다.

1월 18일

오늘의 말씀

여호와께서는 자기에게 간구하는 모든 자 곧 진실하게 간구하는 모든 자에게 가까이 하시는도다

(시편 145:18)

오늘의 기도

삶 속에서 깊은 깨달음을 얻게 하소서

우리의 태어남과 살아감이 은혜입니다.
날마다 주님의 말씀을 귀로 듣게 하사
깊은 깨달음을 얻게 하소서.

다 잡았다가 놓친 듯한 세상의 모든 것들에
실망하거나 좌절하지 않고
영원한 생명을 사모하며 믿음 속에 살게 하소서.

기도할 때마다 주님의 숨결을 느끼게 하시고
기도할 때마다 주님의 손길을 느끼며
기도할 때마다 주님의 사랑을 체험하게 하소서.

잡초 같은 욕망에서 벗어나
모든 것을 있는 그대로 진술하게 고백함으로
죄와 허물과 올무에서 벗어난
영적인 순례자의 삶을 살게 하소서.

날마다 내적 갈망을 성령의 은혜로
주님의 손길이 닿는 곳마다
삶 속에서 깊은 깨달음을 얻게 하소서.

오늘의 묵상

기도는 나를 버리고 하나님을 온전히 바라는 것이다. 하나님은 철저하게 자신을 버리는 사람을 원하신다. 하나님은 인간의 능력이 아니라 하나님의 능력을 소유한 사람을 쓰신다. 기도는 하나님의 능력을 소유하게 만든다. 기도를 통하여 우리의 모든 것을 하나님께 맡긴다면 우리는 능력 있는 그리스도인의 삶을 살아갈 수 있다.

1월 19일 길 잃은 양을 찾게 하소서

오늘의 말씀

여호와여 주는 겸손한 자의 소원을 들으셨사오니 그들의 마음을 준비하시며 귀를 기울여 들으시고

(시편 10:17)

오늘의 기도

길 잃은 양을 찾게 하소서

목자를 떠나 제멋대로 살다가
길 잃은 양을 찾게 하소서.
가시덤불 속에서 깊은 웅덩이에서 나오려고
몸부림치는 양들을 찾게 하소서.

호기심과 유혹에 미혹되어
곁길로 빠져들어 길 잃은 양들을 찾게 하소서.
죽음의 벼랑에 가깝고
죽음의 계곡이 가까워지니
저들을 불러내 올바른 길로 인도하소서.

양들의 이름을 아시는 주님
양들의 이름을 아시는 주님
길 잃은 양들을 인도하여 주소서.

오늘의 묵상

"나는 위대한 선생님께 교육을 받았다"고 말한 세계적인 신유 부흥사인 캐트린 쿨만 여사는 정식으로 신학 교육도 받은 바 없다. 그는 때때로 밤을 세워가며 성경을 읽었다. 그는 이렇게 말했다. "나는 세계에서 가장 위대한 선생님 밑에서 교육을 받았습니다. 그것은 어떤 유명한 대학교나 신학대학교에서 받은 것이 아닙니다. 성령의 가르침이 있는 기도의 학교에서 받은 것입니다."

1월 20일 　 깨어진 나의 마음

오늘의 기도

깨어진 나의 마음

주님을 만난 나의 마음이
깨어진 계란처럼 모든 것이 흘러나와
감당할 수가 없어 울고 말았습니다.

나의 죄악과 욕심으로 얼룩진
나의 상처를 다 드러내 놓고
그 아픔과 그 고통을 감당하지 못했습니다.

주님의 놀라운 사랑의 손길이
내 죄를 용서하시고 상처를 치유하여 주심으로
나의 영혼에 주님의 손길이 함께 함을 알았습니다.
모든 고통은 사라지고 평안이 가득해졌습니다.

나의 모든 것을 있는 그대로 드릴 때
빈 마음이 채워져 모든 죄를 용서하심을 알았습니다.
주님은 친절하신 분입니다.
나를 회복시켜 주시고 새롭게 하여 주시는
주님의 사랑을 받았습니다.
용서를 받음으로 고통이 사라지고
남을 용서할 수 있는 출발점이 되었습니다.

오늘의 묵상

브레 너어드는 눈 날리는 숲에서도 얼굴에 땀방울이 맺힐 정도로 기도했다. 챨스 피니는 하나님과
여러 시간, 여러 날을 함께 보내는 기도의 사람이었다. 죤 낙스는 한밤중에 이렇게 부르짖었다. "오
하나님이여! 내게 스코틀랜드를 주십시오. 그렇지 않으면 죽음을 주십시오"라고 기도했다.

오늘의 말씀

믿음이 없이는 하나님을 기쁘시게 하지 못하나니 하나님께 나아가는 자는 반드시 그가 계신 것과 또한 그가 자기를 찾는 자들에게 상 주시는 이심을 믿어야 할지니라

(히브리서 11:6)

오늘의 기도

내 마음이 진실하게 기도하게 하소서

선하신 주님!
내 마음이 진실하게 기도하게 하소서.
하나님 아버지를 말씀 속에서 신뢰하게 하소서.
주님을 구주로 영접하여 온전한
하나님의 자녀로 기도하게 하심을 감사하게 하소서.

기도를 통하여 주님과 교제를 나누게 하시고
날마다 기도의 응답을 통하여
하나님의 위대하심을 찬양하게 하소서.
기도드림으로 사람들과 사랑을 나누게 하소서.
그들의 이름을 불러 기도하게 하시고
모든 어려움과 고통을 기도로 이겨 내게 하소서.

주님의 손을 잡고 기도함으로
주님의 마음과 내 마음이 이어지게 하시고
주님을 믿으며 진실하게 기도하게 하소서.

오늘의 묵상

불란서 화가 밀레의 "만종"은 세계 명화들 중의 하나이다. 70달러의 물감과 재료를 들여서 그린 그 그림은 어느 미국인에게 125,000달러에 팔려 갔다. 후에 불란서 독지가들에 의해 150,000달러에 다시 되사 온 그 그림은 현재 루브르 박물관에 소장되어 있다. "만종"이란 그림은 젊은 부부가 석양 무렵에 멀리 예배당에서 종소리가 들려오자 괭이와 삽을 놓고 두 손을 모아 하나님께 기도드리는 모습을 그린 것이다. 하나님께 기도하는 모습처럼 귀한 것은 없다.

1월 22일 기도 속에 주님을 만나게 하소서

오늘의 말씀

진실로 다시 너희에게 이르노니 너희 중의 두 사람이 땅에서 합심하여 무엇이든지 구하면 하늘에 계신 내 아버지께서 그들을 위하여 이루게 하시리라 두세 사람이 내 이름으로 모인 곳에는 나도 그들 중에 있느니라

(마태복음 18:19-20)

오늘의 기도

기도 속에 주님을 만나게 하소서

주님 나에게 기도할 수 있는 마음과
기도할 수 있는 시간을 주셨으니
기도 속에 주님을 만나게 하소서.

믿음의 주님에게 기도함으로
주님이 거하시는 곳으로 인도하사
주님의 마음을 알게 하소서.

주님의 말씀이 내 안에 거하므로
주님이 원하시는 기도가 무엇인지를 알아
올바른 기도를 전심으로 기도하게 하소서.

기도가 우리의 삶이 되게 하셔서
주님의 이름으로 기도하게 하소서.
주님의 거룩하심을 나타내게 하시고
주님 우리의 기도를 받아 주소서.

오늘의 묵상

"나는 한낱 불쌍한 인간에 지나지 않습니다. 더욱이 건강한 인간이 아니며 상당히 중증의 환자입니다. 이런 상태에 있을 때 하늘에 누군가가 있어서 나의 하소연을 들어준다면 얼마나 고맙겠습니까? 그러면 한밤중에 잠꾸러기 아틸드(하이네의 아내)가 잠들고 난 뒤에도 나는 외롭지 않을 것입니다. 마음이 내키는 대로 기도도 하고 하소연도 할 수 있습니다. 아내에게 말할 수 없는 일까지도 최고의 그분 앞에 털어놓을 수 있을 것입니다." (하이네)

오늘의 말씀

네 짐을 여호와께 맡기라 그
가 너를 붙드시고 의인의 요
동함을 영원히 허락하지 아니
하시리로다

(시편 55:22)

오늘의 기도

기도의 참된 목적을 알게 하소서

주여!
기도를 언제 하고
기도를 왜 해야 하는지
기도의 참된 목적을 알게 하소서.

주여!
기도를 해야 하는 이유와
기도가 어떤 일을 이루는지
기도의 참된 의미를 알게 하소서.

우리의 기도가 현실에서 도망치려는
일시적인 도피처가 아니라
심령의 변화 속에 믿음으로 체험을 받으며
주님의 힘을 얻는 시간이 되게 하소서.
기도를 통하여 주님 뜻대로 쓰임 받게 하소서.

오늘의 묵상

기도는 사역을 앞서는 것이다.
기도는 하루를 살 수 있도록 우리를 준비시켜 준다.
기도는 사역의 현장 속에서 능력을 가져다 준다.
기도는 결정 내려야 할 시기에 우리의 마음을 분명하게 해 준다.
기도는 우리를 하나님의 계획과 목적 안에 머무르게 해 준다.
기도는 우리로 하여금 인생의 시련들을 진멸할 수 있게 해 준다.
기도는 우리에게 모형이 변화된 삶을 가져다 준다.
기도는 용서하는 마음의 비결이다.
기도는 우리를 그리스도를 향한 온전한 확신과 헌신으로 이끌어 준다.

1월 24일 사람들 속에서

오늘의 말씀

너희가 내 이름으로 무엇을 구
하든지 내가 행하리니 이는 아
버지로 하여금 아들로 말미암
아 영광을 받으시게 하려 함이
라 내 이름으로 무엇이든지 내
게 구하면 내가 행하리라

(요한복음 14:13-14)

오늘의 기도

사람들 속에서

사람들 속에서
그들의 눈빛과 웃음과 눈물이 있는
삶의 모습 속에서
주님의 사랑이 얼마나 놀랍게
표현되고 있는지를 알게 하소서.
주님이 우리와 함께 하심을 체험하게 하소서.

사람들 속에서
그들이 땀 흘려 일하고 쉼을 갖는
삶의 모습 속에서
주님의 손길이 얼마나 놀랍게
보살펴 주고 계시는가를 알게 하소서.
주님이 우리를 인도하심을 체험하게 하소서.

오늘의 묵상

당신은 기도통장을 가지고 있는가? 누구나 저금통장을 2~3개는 가지고 있다고 한다. 저금통장에
돈의 액수가 많으면 어떤 일이 닥쳐도 마음이 든든하고 쉽게 해결할 수가 있다. 믿음의 생활도 마찬
가지다. 지금 우리의 기도통장에는 얼마나 많은 기도 시간이 저금되어 있는가? 그 기도 저금에 따
라서 신앙의 성숙도를 측정할 수가 있는 것이다. 우리들의 기도통장을 분실하지는 않았는가?

1월 25일 　분주한 시간이 다가오기 전에

오늘의 말씀

우리가 알거니와 하나님을 사랑하는 자 곧 그의 뜻대로 부르심을 입은 자들에게는 모든 것이 합력하여 선을 이루느니라 자기 아들을 아끼지 아니하시고 우리 모든 사람을 위하여 내주신 이가 어찌 그 아들과 함께 모든 것을 우리에게 주시지 아니하겠느냐

(로마서 8:28,32)

오늘의 기도

분주한 시간이 다가오기 전에

일상의 분주함이 다가오기 전에
고요한 묵상을 통하여
주님께 기도하게 하심을 감사하게 하소서.

틀에 박힌 삶에 판박이라도 한 듯이
똑같이 살아가는
변화 없는 삶을
성령의 은혜로 새롭게 하소서.

고요히 머리 숙여 기도할 때마다
내 마음을 주님 앞에 다 쏟아 내게 하시고
우리에게 주시는
하루의 일용할 양식에 감사하게 하소서.

오늘의 묵상

신실한 성도가 되는 방법

1. 시간을 정확하게 지켜라.
2. 친절하게 인사하는 자가 돼라.
3. 기쁘게 드리는 자가 돼라.
4. 기꺼이 돕는 자가 돼라.
5. 찬양하는 자가 돼라.
6. 힘써 기도하는 자가 돼라.

오늘의 말씀

이 때에 예수께서 기도하시러 산으로 가사 밤이 새도록 하나님께 기도하시고 밝으매 그 제자들을 부르사 그 중에서 열둘을 택하여 사도라 칭하셨으니

(누가복음 6:12-13)

오늘의 기도

공동체의 아름다움을 이루게 하소서

순수한 사랑의 마음을 주소서.
변화 많은 세상에서 순박함을 잃지 않고
욕심 많은 세상에서 이기심을 줄이며
타락한 세상에서 욕망의 포로가 되지 않게 하소서.

우리의 삶을 풍요롭게 해 주시는
주님의 손길을 발견하며 살게 하시고
삶 속에서 사랑이 필요할 때마다
주님의 사랑을 경험하며 살게 하소서.

우리가 각자의 삶으로 떨어져 살기보다는
믿음으로 하나된 아름다움을 이루게 하소서.

우리의 믿음이 절정을 이루게 하시고
연약할 때마다 위안이 되어 주시는
주님 안에 거하게 하소서.
사랑함으로 하나되어 함께 함으로
공동체의 아름다움을 이루게 하소서.

오늘의 묵상

기도를 아주 강하게 강조하지 않고서는 어떤 강력한 성령의 역사도 일어나지 않았다는 것을 역사 기록은 보여 주고 있다. 그도 그럴 것이 하나님께서는 자신의 영감된 말씀을 통해서는 물론, 기도를 통해서도 사람들과 교통하기로 작정하셨다. 지금도 주님은 하나님 우편에 앉으셔서 우리를 위해 중보의 기도를 하고 계신다. 주님이 우리에게 본을 보여 주셨기에 기도사역이야말로 그리스도인의 소명 중에 최고의 소명이라고 할 수 있다. (보네트 브라일)

1월 27일　　삶의 출구는 하나 뿐입니다

오늘의 말씀

쉬지 말고 기도하라 범사에 감사하라 이것이 그리스도 예수 안에서 너희를 향하신 하나님의 뜻이니라

(데살로니가전서 5:17-18)

오늘의 기도

삶의 출구는 하나 뿐입니다

오 주님!
세상의 죄에서 벗어나는
수많은 출구가 있다고 말하지만
우리의 구원의 출구는
삶의 출구는 하나 뿐입니다.

오직 주님 뿐입니다.

다른 출구는 모두 다
곁길로 가게 합니다.
막다른 길로 가게 합니다.

오 주님!
우리를 하나 뿐인 구원의 출구
양의 문인 주님께로 인도하소서.

오늘의 묵상

기도하는 사람은 그 응답에 동참하게 되고 커다란 기쁨을 나눠 갖게 되며 그것을 통해 자신이 하나님과 협력하는 교제와 사역에로의 부르심을 입었다는 사실을 더욱 느끼게 된다. 그것은 모든 하나님의 자녀의 특권이다. 이것이 바로 주님의 동역자가 되는 특권이다. 기도를 가르친다? 그렇다 다른 사람에게 기도를 가르쳐라. 주께서 우리에게 기도를 가르쳐 주셨듯이 우리도 다른 사람들에게 기도를 가르쳐 주고 싶어질 것이다. 쉬지 말고 기도하라. 기도하다가 절대로 중도에 포기하지 말라. 모든 일에 감사하라. 그리스도 예수 안에서 우리를 향하신 하나님의 뜻이니라. (밴 듀런)

1월 28일 열매 맺는 삶을 살게 하소서

오늘의 말씀

아무 것도 염려하지 말고 오
직 모든 일에 기도와 간구로,
너희 구할 것을 감사함으로
하나님께 아뢰라

(빌립보서 4:6)

오늘의 기도

열매 맺는 삶을 살게 하소서

성령의 열매를 맺는 삶을 살게 하소서.
삶의 나무 치기가 온전히 이루어지게 하소서.
죄악을 뿌리까지 뽑아 주소서.

주님 안에서 포도나무에 붙어 있는 가지가 되게 하소서.
가장 아름다운 탐스런 열매로 풍성하게 하소서.

우리의 삶이 열매를 맺기 위하여
주님의 부르심을 받았으니 열매를 원하시는 주님께서
열매를 풍성하게 맺게 하여 주소서.

우리가 주님 안에 거하므로
열매를 맺어 열매를 나누게 하소서.
주님 안에서 풍성함이 넘치게 하사
이웃과 나누는 삶을 살게 하소서.

오늘의 묵상

하나님은 깨어 계시고 언제나 우리를 관찰하고 계시다는 것은 진실이다. 때론 구하지 않는데도
하나님은 우리를 도우신다. 그러나 항상 기도하는 것이 우리 자신에게 큰 유익이 된다. 기도할 때
우리는 모든 것을 감당하시는 분이 하나님이라는 사실을 깨닫게 된다. 그런 깨달음이 우리를 악한
욕망에서 지켜 준다. 우리가 모든 소원을 하나님의 관점에서 바꾸는 법을 배우게 되기 때문이다.
가장 중요한 것은 이 배움을 통해 하나님이 공급자라는 사실을 깨달으며 진정한 감사로 가득 찬다
는 것이다. 기도는 우리에게 모든 것이 하나님의 손으로부터 흘러나온다는 사실을 기억하게 한다.
(존 칼빈)

1월 29일　삶의 균형을 이루게 하소서

예수께서 한 곳에서 기도하시
고 마치시매 제자 중 하나가
여짜오되 주여 요한이 자기
제자들에게 기도를 가르친 것
과 같이 우리에게도 가르쳐
주옵소서
(누가복음 11:1)

오늘의 기도

삶의 균형을 이루게 하소서

우리가 주님을 믿음으로
죄악의 올무에서 벗어나게 하시고
영원한 안식을 얻게 하여 주소서.
주님을 온전히 영접하므로
날마다 주님을 찬양하며 살게 하소서.

믿음이 없이는 삶의 균형을 이룰 수 없으니
주일을 온전히 성수함으로
시간의 균형을 이루게 하시고
물질을 온전히 드림으로
물질의 균형을 이루게 하시고
섬김과 봉사와 나눔으로
사랑의 균형을 이루게 하소서.

우리의 내면 깊이 말씀을 새김으로
영성의 식탁이 풍성하게 하소서.
오늘도 하나님이 임하심을 알게 하사
우리의 영혼이 쉼을 얻게 하소서.

오늘의 묵상

진실한 기도는 성령께서 이끄신 것이어야 한다. 하나님과 멀리 떨어져 동행하기에 천국의 교제를
위한 언어에는 비교적 낯설기 때문이다. 기도 생활은 내면의 생활이며, 영적인 생활이다. 그런데
많은 사람들이 이것을 깨닫지 못하며 실제로 그러한 생활을 별로 원치 않는다. 기도 생활은 너무도
끊임없는 심령을 살펴보게 한다. (A. B. 심프슨)

1월 30일 | 주님의 뜻을 이루어 가게 하소서

오늘의 말씀

백성이 다 세례를 받을새 예수도 세례를 받으시고 기도하실 때에 하늘이 열리며 성령이 비둘기 같은 형체로 그의 위에 강림하시더니 하늘로부터 소리가 나기를 너는 내 사랑하는 아들이라 내가 너를 기뻐하노라 하시니라

(누가복음 3:21-22)

오늘의 기도

주님의 뜻을 이루어 가게 하소서

우리가 어리석어 잘못 행함으로
무질서하게 흐트러졌던
삶의 질서가 바로 잡히게 하소서.

순간적으로 유혹에 빠져들었던
모든 죄악을 훌훌 벗어버리고
주님의 뜻을 이루어 가게 하소서.

세상에서 부질없고 헛된 것들을
좇아다니며 방황하지 않게 하시고
주님이 원하시는 좁은 길로 직행하게 하소서.

죄를 지으면 지을수록 영혼이 위험에 빠지고
주님과 멀리 떨어질 수밖에 없으니
우리의 모든 짐을 받아 주시는
주님께 더욱더 믿음으로 나가게 하소서.

영혼을 새롭게 하사 삶이 정돈되게 하소서.
주님의 치유함 속에 주님의 뜻을 이루게 하소서.

오늘의 묵상

침묵기도 없이 아침을 보내지 말라. 만약 아침에 바쁜 일이 있거나 해야 할 일이 있어서 침묵의 시간을 갖지 못했다면 저녁에 하도록 하라. 그리고 내일 다시 이 정규적인 아침 기도 훈련을 시작하겠다고 다짐하라. (프랜시스 드 살레)

오늘의 말씀

예수의 소문이 더욱 퍼지매 수
많은 무리가 말씀도 듣고 자기
병도 고침을 받고자 하여 모여
오되 예수는 물러가사 한적한
곳에서 기도하시니라

(누가복음 5:15-16)

오늘의 기도

주님 나를 일깨워 주소서

나를 일깨워 주소서. 나를 일깨워 주소서.
내 마음이 열리게 하사
짐승처럼 울고 있는
죄악의 두려움 속에 살지 않게 하시고
죄악의 담벼락에 기대어 살지 않게 하소서.

쏟아지는 햇살같이 어둠을 몰아내고
내 안에 깊숙이 비추는 주님의 빛으로
나약한 믿음에 변화를 주사
주 안에서 새 생명의 기쁨을 얻게 하소서.

나를 새롭게 하소서. 나를 새롭게 하소서.
우리의 마음 가득히 사랑으로 채워 주시고
두 눈을 크게 뜨고 주님의 인도하심을 보게 하소서.
무기력 속에 푸념을 일삼지 말게 하시고
불같이 쏟아져 내리는 성령의 은혜를 받게 하소서.
나의 영혼에도 나의 체온에도
주님의 사랑이 넘쳐흐릅니다.

오늘의 묵상

주님이 지금 그대의 문 앞에 계시면서 막 문을 두드리려 하신다는 것을 생각해 보라. 이런 생각을
하면 법정에 들어가시려고 하는 그대의 재판장에 대한 존경심이 생길 것이며 그분이 늦으시는 것
에 대하여 인내심이 생길 것이다. 두렵기도 하고 기다려지기도 하는 주님은 반드시 오실 것이다.
(이그니의 구에릭)

2월

2월의 기도

떠나지 않을 것 같아
길게만 느껴지던 겨울이
터널을 빠져나가듯
떠나감처럼
절망에서 소망으로
주님을 바라보게 하소서.

오늘의 말씀

그런즉 너희는 먼저 그의 나라와 그의 의를 구하라 그리하면 이 모든 것을 너희에게 더하시리라

(마태복음 6:33)

오늘의 기도

오늘 하루 동안에

오늘 하루 동안에 일어날 모든 일들을
주여 인도하여 주소서.
오늘 하루 동안에 할 일들을 위하여
주여 지혜를 주소서.
오늘 하루 동안에 만나는 사람들을
주여 사랑하게 하소서.
오늘 하루 동안에 가야 할 길을
주여 동행하여 주소서.
오늘 하루 동안 해야 할 기도를
주여 잊지 않게 하소서.
오늘 하루를 허락하여 주심을
주여 감사하게 하소서.

오늘의 묵상

주기도문은 하나님이 나를 세우는 것이야말로 하나님께서 품으신 가장 중요한 뜻이며, 모든 진정한 그리스도인들이 가장 희구하는 것이라는 사실을 아는 기도가 진실한 기도라고 가르쳐 준다. 우리는 자신의 물질적, 영적 필요들을 위해서보다는 하나님의 나라가 세워지는 것을 위해서 더 기도해야 한다. 이것은 기도를 요하는 모든 것들의 진정한 해결책이 하나님의 나라의 회복에 있다는 의미이다. 인간 문제의 근본원인은 인류가 하나님의 질서에서 벗어난 것이다. 세상은 하나님의 질서에 의한 정의로운 통치를 거역하고 있다. 하나님의 나라가 모든 심령 속에 그리고 온 세상에 다시 세워질 때 비로소 얻고자 하는 축복들을 기도응답으로 누리게 될 것이다. (A. B. 심프슨)

오늘의 말씀

내가 그 삼분의 일을 불 가운데에 던져 은 같이 연단하며 금 같이 시험할 것이라 그들이 내 이름을 부르리니 내가 들을 것이며 나는 말하기를 이는 내 백성이라 할 것이요 그들은 말하기를 여호와는 내 하나님이시라 하리라

(스가랴 13:9)

오늘의 기도

우리의 불가능을 가능으로 만드시는 주님

우리의 모든 삶을 바라보시며
어둠의 슬픔과 불가능 속에서도
가능하게 하여 주시는 주님

두려움 속에 악몽을 시달리는
우리의 불신의 마음을 갈라 주사
믿음의 길을 열어 주소서.

전능하신 하나님의 손길을
전적으로 의지하게 하소서.

삶이 풀 수 없을 정도로
꼬이고 얽혀 가더라도
주님께서 어떠한 절망도
소망으로 바꾸어 주시고
우리에게 다가오는 어떠한 아픔도
치료해 주심을 믿습니다.

오늘의 묵상

고대교회의 기도문

날이 저물 때 우리와 함께 하소서. 인생의 황혼기에 접어들 때에도 세상의 종말이 다가올 때에도 우리와 함께 하소서. 고통과 두려움으로 잠 못 이루는 밤 쓰디쓴 죽음과 밤이 우리를 칠 때에도 우리와 함께 하소서.

근심과 두려움을 기도로 바꾸게 하소서

오늘의 말씀

진실로 다시 너희에게 이르노니 너희 중의 두 사람이 땅에서 합심하여 무엇이든지 구하면 하늘에 계신 내 아버지께서 그들을 위하여 이루게 하시리라

(마태복음 18:19)

오늘의 기도

근심과 두려움을 기도로 바꾸게 하소서

곤경의 함정 속에서도
함께 하여 주시고
길이 될 수 없는 바다에도
길을 열어 주시는 주님

우리에게도 구원의 길을 만들어 주사
영생의 길을 열어 주심을 감사드립니다.

주님의 무한하신 능력으로
두려움에서 속박에서 벗어나
소망 중에 하나님을 바라볼 수 있는
믿음을 주시기를 원합니다.

가장 암울한 순간에도
주님을 바라볼 수 있는 믿음을 주소서.
우리의 근심을 기도로
두려움을 기도로 바꾸게 하소서.

오늘의 묵상

도스토예프스키의 기도

기도를 잊지 말라. 만일 그대의 기도가 성실하다면 그대가 기도할 때마다 그 속에 새로운 느낌과 새로운 의미가 있을 것이다. 그 기도는 곧 그대에게 생생한 용기를 줄 것이며 그대는 기도가 곧 하나의 교육이라는 사실을 깨닫게 될 것이다.

2월 4일 　　기도하며 살게 하소서

오늘의 말씀

여자들과 예수의 어머니 마리아와 예수의 아우들과 더불어 마음을 같이하여 오로지 기도에 힘쓰더라

(사도행전 1:14)

오늘의 기도

기도하며 살게 하소서

주님께서 기도를 가르쳐 주시고
기도의 모범을 보여 주심은
놀라운 축복이며 큰 은혜이니
기도하며 살아가게 하소서.

기도 속에서도 생명과 경건이 있으니
기도의 얕은 물가에 서 있지 않고
기도의 심연 속에서
주님이 뜻을 헤아리게 하소서.

모든 유혹에서 벗어나
마음 가득 주님의 사랑을 받게 하소서.
주님께 드린 기도가 응답되어
품안에 돌아옴을 믿게 하소서.

주님을 사랑하며 주님의 뜻대로 살아가며
기도하게 하소서.

오늘의 묵상

기도 명언

하나님의 뜻이 아닌 것을 제외하고는 응답되지 않는 기도란 없다. (코트랜드 마이어)
기도는 하나님으로 하여금 일하시도록 만든다. (E.M. 바운즈)
기도야말로 우리의 사랑이 수직적으로 그리고 수평적으로 자유롭게 흐르게 해 준다. (리차드 포스터)

오늘의 말씀

모든 기도와 간구를 하되 항상 성령 안에서 기도하고 이를 위하여 깨어 구하기를 항상 힘쓰며 여러 성도를 위하여 구하라

(에베소서 6:18)

오늘의 기도

주님의 사랑과 축복을 체험하게 하소서

주님을 온전히 신뢰하게 하소서.
나의 필요만으로
성급하게 요구하지 않게 하소서.

성령의 인도하심 따라
성실하고 신실하게 하여 주사
주님과 친밀하게 교제를 나누게 하소서.

나의 영혼을 지켜 주시고
주님께 온 마음을 다하여
기도하게 하소서.

나의 삶에서 불순물을 제거하여 주시고
천국에서 누릴 영원한 축복을
통하여 미리 맛보게 하소서.
기도 안에 들어 있는
주님의 축복과 사랑을 체험하게 하소서.

오늘의 묵상

해리 트루먼의 기도

제2차 세계대전의 종전이 가까웠을 때였다. 갑자기 미국 대통령이 서거하여 해리 트루먼이 제33대 대통령으로 취임했다. 그는 방송 연설을 하면서 이렇게 기도했다. "하나님의 도우심으로 자기 백성을 다스릴 올바른 지혜를 주옵소서!"

2월 6일 | 나의 삶을 예수로 살게 하소서

오늘의 말씀

아무 것도 염려하지 말고 다만 모든 일에 기도와 간구로, 너희 구할 것을 감사함으로 하나님께 아뢰라

(빌립보서 4:6)

오늘의 기도

나의 삶을 예수로 살게 하소서

오 주여!

나의 삶을
기도로 살고
말씀으로 살고
무릎으로 살고
나의 삶을 예수로 살게 하소서.
아멘!

오늘의 묵상

하루의 일과가 바쁠수록

하루의 일과가 바쁠수록 지나간 하루를 되돌아보는 여유와 시간이 필요하다. 하루 일과를 마치면서 10분이나 15분 정도 할애하면 의미 있고 풍요로운 성찰을 할 수 있다. 귀가해서 하는 것이 여의치 않다고 생각되면 전철이나 택시 안에서도 가능하고 운전하면서도 할 수 있다. 이 성찰을 일상화하면 스트레스 예방은 물론 세상을 긍정적으로 보고 매사에 적극적으로 임하는 마음도 형성된다. 그리스도의 눈으로 보고 그리스도의 귀로 듣고, 그리스도의 마음으로 받아들이고, 그리스도의 입으로 말하는 태도가 나에게도 가능함을 체험하게 되기 때문이다. 조건이 있다면 꾸준하게 성실하게 실천하는 것이다.

2월 7일   주님께 기도드립니다

기도를 계속하고 기도의 감사
함으로 깨어 있으라

(골로새서 4:2)

오늘의 기도

주님께 기도드립니다

주님께 기도드립니다.
나의 삶, 나의 모습,
나의 생각,
나의 모든 것을 다 아시는
주님께 내 마음을 드리게 하소서.

주님께 기도드립니다.
나의 꿈, 나의 영혼,
나의 희망,
나의 모든 것을 다 아시는
주님께 나의 소망을 드리게 하소서.

나의 기도를 들으시고
응답해 주시는
주님께 기도드립니다.

오늘의 묵상

가장 좋은 것

빨리 얻거나 많이 얻는 것보다 보배로운 가치는 으뜸으로 좋은 것을 얻는 것이다. 그리고 주님만이
오직 "가장 좋은 것"을 아시며 다른 누구도 아닌 우리에게 아낌없이 나눠 주시고자 한다. 진정 이
사실을 믿는다면 주님의 뜻에 사람의 생각이 작용해서는 안 된다는 생각을 하게 될 것이다. 기도하
자. 기도하고 또 기다리자. 그러나 기도는 우리의 시작에 불과하며 기도가 아름다움과 선함으로 꽃
피기 위하여 더 넓은 테두리를 우리의 뜨거운 가슴에 품고 인내하며 기다려야 한다.

오늘의 말씀

먼저 내가 예수 그리스도로
말미암아 너희 모든 사람에
관하여 내 하나님께 감사함은
너희 믿음이 온 세상에 전파
됨이로다

(로마서 1:8)

오늘의 기도

기도해야 할 필요를 느끼게 하소서

나의 삶을 변화시킬 수 있는 힘은
기도로 얻을 수 있으니
기도해야 할 필요를 날마다
마음으로 느끼게 하소서.

하루를 기도로 시작하고
하루의 마침을 기도로 이루게 하소서.
기도의 응답을 언제나
미리 준비하여 주시는
주님을 온전히 믿고 기도하게 하소서.

기도함으로
내 마음을 활짝 열어
주님께 드릴 수 있는 자유 함을
생활 속에서 느끼게 하소서.
이 놀라운 은혜를 이루어 갈 수 있도록
기도해야 할 필요를 느끼며 기도하게 하소서.

오늘의 묵상

운전하는 동안에도 기도하라

차를 운전할 때도 기도하기에 무척 좋은 시간이다. 특히 혼자서 운전한다면 더욱 좋을 것이다. 왜
기도하기에 좋은 시간을 허비해 버리고 있는가. 라디오의 음악을 듣는 것도 시간을 보내는 방법이
기도 하지만 가장 좋은 일은 주님과 대화를 하는 것이다. 눈을 뜨고 기도하는 것은 분명 또 다른 경
험일 것이다.

2월 9일 ━ 나를 깨끗하게 하여 주소서

오늘의 말씀

우리가 너희를 위하여 기도할 때마다 하나님 곧 우리 주 예수 그리스도의 아버지께 감사하노라 이는 그리스도 예수 안에 너희의 믿음과 모든 성도에 대한 사랑을 들었음이요

(골로새서 1:3-4)

오늘의 기도

나를 깨끗하게 하여 주소서

주의 능력의 손길로
순수하게 아름답게 창조하여 주신
몸과 영혼을 죄악으로 더럽힌
나를 용서하여 주사 깨끗하게 하소서.

고여 있지 않고 응고되지 않고
언제나 흘러 넘치는 주님의 보혈
십자가의 사랑으로 나를 받아 주심으로
나의 모든 죄악을 용서하여 주소서.

죄악을 떠나 진리의 자유를 얻게 하시고
악을 버리고 주님을 사모하므로
주님의 선하신 모습을 닮아가게 하소서.
거룩하신 나의 주님
나를 깨끗하게 하여 주소서.

오늘의 묵상

요한 웨슬리의 기도

오, 주님이시여! 나로 하여금 쓸모없는 삶을 살지 않도록 하옵소서. 예수님 이름으로 기도합니다. 아멘!

오늘의 말씀

너희도 우리를 위하여 간구함
으로 도우라 이는 우리가 많
은 사람의 기도로 얻은 은사
로 말미암아 많은 사람이 우
리를 위하여 감사하게 하려
함이라

(고린도후서 1:11)

오늘의 기도

좋은 마음으로 말씀을 듣고 지키게 하소서

상처난 마음
삐뚤어지고 고집투성이의 마음으로는
말씀을 온전히 들을 수 없으니
마음의 문을 성령의 은혜로 활짝 열어
좋은 마음으로 말씀을 듣게 하소서.

가장 좋은 마음이 되시는
주님의 마음처럼 온유하고 겸손한 마음이 되어
생명의 말씀을 마음 판에 새기게 하소서.

부드러운 마음
선하고 따뜻한 마음으로
스펀지처럼 주님의 말씀이
내 마음에 스며들게 하여 주사
좋은 마음으로 말씀을 듣고 지키게 하소서.

오늘의 묵상

의심

의심은 장애물을 보지만 믿음은 길을 본다.
의심은 가장 어두운 밤을 보지만 믿음은 낮을 본다.
의심은 한 발자국 떼기를 두려워하지만 믿음은 하늘을 날아오른다.
의심은 "누가 믿느냐?" 묻지만 믿음은 "내가 믿는다"고 대답한다.

2월 11일 주님을 위하여 살게 하소서

오늘의 말씀

이는 모든 것이 너희를 위함
이니 많은 사람의 감사로 말
미암아 은혜가 더하여 넘쳐서
하나님께 영광을 돌리게 하려
함이라

(고린도후서 4:15)

오늘의 기도

주님을 위하여 살게 하소서

바람처럼
불어왔다 가버리고
뜬구름을 잡듯 헛된
세상 것을 잡으려 하기보다
주님을 위하여 살게 하소서.

햇살처럼 따스하게 비치는
주님의 빛으로
삶의 목적과 삶의 의미와
삶의 초점이 분명하게 하소서.

길과 진리와 생명이 되시는
주님께서 날마다 생명의 길
좁은 길로 인도해 주심으로
주님의 손길을 따라
주님을 위하여 살게 하소서.

오늘의 묵상

로오 목사의 기도

18세기 로오 목사는 "경건한 삶을 위하여 아침 9시의 경건한 시간에는 겸손의 기도를 하고 정오인
12시 경건의 시간에는 중보의 기도를 하고 오후 3시 경건의 시간에는 순종의 기도를 하고 저녁 기
도 시간에는 회개의 기도를 하라"고 권면하고 있다.

2월 12일 오직 예수만 바라보게 하소서

오늘의 말씀

그러므로 내가 그리스도를 위하여 약한 것들과 능욕과 궁핍과 핍박과 곤란을 기뻐하노니 이는 내가 약할 그때에 곧 강함이니라

(고린도후서 12:10)

오늘의 기도

오직 예수만 바라보게 하소서

나의 시선의 초점이
오직 예수만 바라보게 하소서.
나의 마음의 초점이
오직 예수만 바라보게 하소서.
나의 영혼의 초점이
오직 예수만 바라보게 하소서.
나의 삶의 초점이
오직 예수만 바라보게 하소서.
나의 꿈의 초점이
오직 예수만 바라보게 하소서.
나의 소망의 초점이
오직 예수만 바라보게 하소서.

오늘의 묵상

웨슬리 어머니의 기도 시간

스잔나 웨슬리는 19자녀의 어머니였다. 그녀에게는 혼자 기도할 시간과 장소가 없었다. 그러나 자녀들은 어머니가 흔들의자에 앉아 앞치마로 머리를 가리고 있으면 어머니가 주님과 이야기하고 있다는 것을 알고 아무도 방해하지 않았다. 스잔나는 자기 자녀들 한 사람 한 사람을 매일 기도로 하나님께 드리고 매주 한 시간씩 그 아이와 둘만의 시간을 보냈다. 존과 찰스 웨슬리의 설교와 노래를 통해서 수만 명이 그리스도인이 되었다. 그들의 사역의 기초를 스잔나 웨슬리가 다져 놓았다.

2월 13일 　　희망의 날이 되게 하소서

오늘의 말씀

이로 말미암아 주 예수 안에
서 너희 믿음과 모든 성도를
향한 사랑을 나도 듣고 내가
기도할 때에 기억하며 너희로
말미암아 감사하기를 그치지
아니하고

(에베소서 1:15-16)

오늘의 기도

희망이 날이 되게 하소서

오늘이
희망의 날이 되게 하소서.
들려오는 소식들이 고통과
절망의 소리로 가득 차지만
주님의 초대를 받은 삶 중에
오늘이 기쁜 날이 되게 하소서.

한 폭의 아름다운 그림처럼
오랜 후에도 기억하여도 좋을
희망의 날이 되게 하소서.
아주 감동적인 날이 되게 하소서.

날마다 크고 작은 고통이 우리에게 다가오지만
우리 삶이 비참하게 끝나지 않도록
구원의 자리로 초대하신
주님의 손길로 인도하소서.
오늘이 희망의 날이 되게 하소서.

오늘의 묵상

기도의 원칙

1. 기도는 예수의 이름으로 해야한다.
2. 마음과 습관과 삶을 통해서 예수 그리스도와 완전히 교제하는 사람이 하는 기도여야 한다.
3. 성경의 가르침과 조화를 이루는 기도여야 한다.
4. 믿음으로 하는 실제적이고 단순하며 정확하고 확신에 찬 기도여야 한다.

2월 14일 기도로 나의 삶이 변화되게 하소서

오늘의 말씀

형제들아 내 마음에 원하는
바와 하나님께 구하는 바는
이스라엘을 위함이니 곧 그들
로 구원을 받게 함이라

(로마서 10:1)

오늘의 기도

기도로 나의 삶이 변화되게 하소서

늘 기도하시던 주님의 삶처럼
나의 삶도 기도로 살게 하사
기도로 나의 삶이 변화되게 하소서.

모든 일을 기도로 이루신 주님
기도가 얼마나 중요하기에
이 땅에 오셔서 기도하시며
기도의 모범을 보여 주시고
지금도 하나님 우편에서 기도하시니
기도하는 삶을 본받게 하소서.

우리의 죄악을 몸소 짊어지시고
십자가에서 대속의 죽음의 순간까지
기도하시고 지금도 기도하시는 주님
기도의 고귀함을 깨닫게 하사
기도로 나의 삶이 변화되게 하소서.

오늘의 묵상

월터 마틴의 진지한 기도

바람 가운데 임하소서. 불 가운데 임하소서.
지진 가운데 임하소서. 아니면 세미한 음성 가운데 임하소서.
오 성령이여. 다만 임하기만 하소서.
임하기만 하소서. 임하기만 하소서.

오늘의 말씀

구하여도 받지 못함은 정욕으로 쓰려고 잘못 구하기 때문이라

(야고보서 4:3)

오늘의 기도

주님을 따르는 삶을 살게 하소서

온 마음과
온 영혼을 다하여
주님을 따르는 삶을 살게 하소서.

우리의 믿음이 반석 위에 세워져
성장한 믿음으로
주님의 제자가 되게 하소서.

말씀으로 무장하여
강하고 담대한
주님의 제자가 되게 하소서.

복잡하고 분주한 삶을
멋지게 살아가기 위하여
주님과 친구가 되어 살게 하소서.

오늘의 묵상

스미스 목사의 기도 제목

1. 주님 마음과 똑같은 마음을 가지는 사람이 되게 하소서.
2. 주님과 동행하게 하여 주소서.
3. 저는 오늘까지 하나님의 일을 하고 복음을 전하오나 내 노력은 분산되었으니 이제는 100% 주님만을 위하여 충성하며 살게 하옵소서.

오늘의 말씀

기도를 계속하고 기도에 감사
함으로 깨어 있으라

(골로새서 4:2)

오늘의 기도

매일매일 주님과 함께

기도의 깊은 골짜기에 들어가게 하사
주님의 뜻에 순종하게 하시고
높고 깊은 믿음 안에서
주님의 영광을 나타내게 하소서.

주님을 신뢰할 때
얼마나 많은 축복이 있는가를
기도함으로 체험하게 하소서.

나의 삶 속에서 관심을 두고 있는 일에
주님도 관심이 있음을 알게 하사
주님께 맡기며 기도하게 하소서.

일상적인 일까지 모든 것을 다
매일매일 기도로 시작하고 감사하게 하소서.
기도함으로 오늘의 양식을 주심을
삶 속에 체험하게 하소서.

오늘의 묵상

리빙스턴의 마지막 기도

복음 전도자로서 제일 먼저 아프리카로 가서 주의 복음을 전파하다가 세상을 떠나던 날 아침에 그
는 자신의 일기 속에서 이런 기도를 하였다. "오 주여! 나의 왕이여!"

오늘의 말씀

내가 그리스도와 함께 십자가
에 못 박혔나니 그런즉 이제는
내가 사는 것이 아니요 오직
내 안에 그리스도께서 사시는
것이라 이제 내가 육체 가운데
사는 것은 나를 사랑하사 나를
위하여 자기 자신을 버리신 하
나님의 아들을 믿는 믿음 안에
서 사는 것이라

(갈라디아서 2:20)

오늘의 기도

다른 사람을 위하여 기도하게 하소서

나만을 위하여 기도하려는
욕심에 이끌리어 마음을 더럽히지 않게 하소서.
다른 사람을 위하여 기도함으로
주님의 손길을 체험하게 하소서.

병자들을 위하여
고아와 과부들을 위하여
소외되고 버림받은 자들을 위하여
불신자들을 위하여 기도하게 하소서.

복음 사역자들을 위하여
선교사들과 가족을 위하여
위정자들과 지도자들을 위하여
세계와 모든 나라를 위하여 기도하게 하소서.

주님께 기도함으로
놀랍게 기도의 응답을 체험하며
기쁨으로 더 큰 영광을 돌리게 하소서.

오늘의 묵상

말씀의 사람이 되려는 열망

1. 하나님의 말씀을 정확하게 이해하도록 하라.
2. 하나님의 말씀을 떠나서는 영적 성장이 불가능하다.
3. 하나님의 말씀은 영적 평안의 무기이다. 4. 우리가 실수하거나 잘못했을 때 깨닫게 해 준다.
5. 하나님의 말씀은 우리 영혼을 위한 영양이 되며 기도는 영혼 운동이다. 이런 것을 통해서 자기
도 모르게 성장하는 것이다.

2월 18일 기도의 습관을 배우게 하소서

오늘의 말씀

우리가 너희 모두로 말미암아 항상 하나님께 감사하며 기도할 때에 너희를 기억함은 너희의 믿음의 역사와 사랑의 수고와 우리 주 예수 그리스도에 대한 소망의 인내를 우리 하나님 아버지 앞에서 끊임없이 기억함이니

(데살로니가전서 1:2-3)

오늘의 기도

기도의 습관을 배우게 하소서

급할 때만 안달을 떨며 기도하고
필요할 때만 기도하려는 습관에서 벗어나
늘 먼저 기도로 시작하기 위하여
기도의 습관을 바꾸게 하소서.

생명력과 진실과
진리의 자유함을 얻을 수 있도록
기도의 통로를 열게 하소서.

주님의 인도하심에 민감하게 하시고
기도 시간을 정하여 기도하게 하시고
기도할 때마다
하나님의 자녀가 되어
기도 드릴 수 있음을 감사하게 하소서.

오늘의 묵상

병들지 않으면

병들지 않으면 드릴 수 없는 기도가 있다.
병들지 않으면 믿을 수 없는 기적이 있다.
병들지 않으면 들을 수 없는 말씀이 있다.
병들지 않으면 가까이 할 수 없는 성소가 있다.
병들지 않으면 가까이 할 수 없는 성안이 있다.
오, 병들지 않았다면 나는 인간일 수도 없다.
(작자 미상)

오늘의 말씀

기도를 계속하고 기도에 감사함으로 깨어 있으라 또한 우리를 위하여 기도하되 하나님이 전도할 문을 우리에게 열어 주사 그리스도의 비밀을 말하게 하시기를 구하라 내가 이 일 때문에 매임을 당하였노라

(골로새서 4:2-3)

오늘의 기도

늘 깨어 기도하게 하소서

늘 깨어 기도함으로 생활의 분주함 속에
주님과의 교제가 적어지므로
주님과의 친밀함이 작아지지 않게 하소서.

언제나 잠잠히 기다려 주시는 주님을
삶의 분주함과 영혼의 간절함으로 가득하여
기도 시간이 작아지지 않게 하소서.

나의 기도가 잠시만 반짝이는 것이 아니라
영원한 빛 가운데로 인도하시는
주님의 이름으로 드리는 기도가 되게 하소서.

분주함으로 주님의 은혜로 주어지는
기도 시간을 놓치지 않게 하소서.
가장 귀한 기도하는 시간이 되게 하시고
깊은 교제로 영적인 충만함을 누리게 하소서.

오늘의 묵상

우리는 이 세상에 살도록 지음 받았지만 또한 천국에 살도록 구속된 존재다. 이 세상은 아름답지만 동시에 타락한 곳이요, 종종 관이 끝까지 득세하는 우중충하고 냉혹한 곳이다. 실망과 불안과 고통과 죽음은 우리의 시선을 하늘로 돌려 최후의 승리에 소망을 둘 것을 일깨워 준다. 예수께서 다시 오셔서 당신의 나라를 세우실 것이다. 그때 모든 눈물은 씻겨지고 모든 상처는 치유될 것이다. 결국 과거 일이나 장래 일이나 그 어느 것도 우리를 주 예수 그리스도 안에 있는 사랑에서 끊을 수 없다. (제럴드 L. 싯처)

2월 20일　주여 지혜를 주소서

오늘의 말씀

너희 중에 아버지 된 자로서 누가 아들이 생선을 달라 하는데 생선 대신에 뱀을 주며 알을 달라 하는데 전갈을 주겠느냐 너희가 악할지라도 좋은 것을 자식에게 줄 줄 알거든 하물며 너희 하늘 아버지께서 구하는 자에게 성령을 주시지 않겠느냐 하시니라

(누가복음 11:11-13)

오늘의 기도

주여 지혜를 주소서

나의 삶 전체를 안아 주시는
주여 지혜를 주소서 고통의 한복판에서도
주님의 원하심을 깨달을 수 있는
믿음과 지혜를 주소서.

나의 삶 전체에서 모든 것을 감싸 주시는
주님의 뜻을 분별할 수 있는
믿음과 지혜를 주소서.

삶의 전체를 보살펴 주시고 지혜를 주소서.
절망의 굴레 속에 말씀을 깨달을 수 있는
믿음과 지혜를 주소서.

나의 삶에서 모든 것을 다 품어 주시는
주님의 사랑을 온전히 받을 수 있는
믿음과 지혜를 주소서.

오늘의 묵상

기도는 하나님의 능력을 열어 놓는 방법이다. 기도란 하나님의 열심을 부여잡는 것이지 하나님의 반대를 극복하는 것이 아님을 알아야 한다. 성경은 우리가 기도로써 담대히 승리를 주장하도록 도전하고 있음을 안다. "그러므로 내가 너희에게 말하노니 기도하고 구하는 것은 받은 줄로 믿으라 그리하면 너희에게 그대로 되리라"(마가복음 11:24). 위대한 목적을 위해 필요한 하나님의 능력과 필요한 은혜는 기도로 구할 수 있다. (존 맥스웰)

2월 21일 기도함으로 주님과 꾸준히 만나게 하소서

오늘의 말씀

형제들아 우리가 너희를 위하여 항상 하나님께 감사할지니 이것이 당연함은 너희의 믿음이 더욱 자라고 너희가 다 각기 서로 사랑함이 풍성함이니 그러므로 너희가 견디고 있는 모든 박해와 환난 중에서 너희 인내와 믿음으로 말미암아 하나님의 여러 교회에서 우리가 친히 자랑하노라

(데살로니가후서 1:3-4)

오늘의 기도

기도함으로 주님과 꾸준히 만나게 하소서

기도는 무대 올리는 연극처럼
몇 장 몇 막에 끝나는 것이 아니오니
항상 기도함으로
주님과 꾸준히 만나게 하소서.

공기로 숨쉬듯,
물을 마시듯,
식사를 하듯,
일을 하듯,
항상 기도함으로
주님과 꾸준히 만나게 하소서.

끊어짐 없이,
정지됨 없이,
뒤틀림 없이,
항상 기도함으로
주님과 꾸준히 만나게 하소서.

오늘의 묵상

자기가 받고자 하는 복에 대한 이런 강렬한 소원이 없이도 착각하지 말자. 나는 결코 그렇게 생각하지 않는다. 자기가 소원하는 바에 대한 극심한 고뇌가 없는 한 기도는 효과적일 수 없다. 사도 바울은 이것을 영혼의 산고라는 말로 표현했다. 예수 그리스도는 동산에서 기도하실 때 "땀이 떨어지는 핏방울 같이" 될 정도로 고뇌하셨다. (찰스 피니)

오늘의 말씀

오라 우리가 굽혀 경배하며
우리를 지으신 여호와 앞에
무릎을 꿇자

(시편 95:6)

오늘의 기도

주여 성령 안에서 기도하게 하소서

우리가 기도를 드릴 때마다
주님께서 도움이 되어 주시고
격려하여 주심을 감사드립니다.

우리가 성령 안에서 기도함으로
하나님을 "아버지"라고 부르게 하소서.
우리가 기도드릴 때
성령께서 연약함을 인도하여 주심으로
기도할 바를 알려 주시고 함께 하여 주소서.

힘들고 지칠 때 주님을 깊이 만나게 하소서.
우리가 성령 안에서 기도함으로
주님을 "나의 구주 그리스도"라
고백하게 하소서.
주님을 나의 고통 속으로 모셔드림으로
평안을 얻게 하소서.

오늘의 묵상

기도는 하나님과의 영적인 대화이다. 사람과 대화를 하듯이 하나님과 대화를 하는 것이다. 대화가
없는 사람은 불행하다. 기도가 없이 살아가는 사람도 역시 불행하다. 우리는 대화를 나누지 않으면
살아갈 수 없다. 하나님은 우리와 대화를 나누시기를 원하신다. 우리는 기도를 해야 한다. 예수 그
리스도를 영접한 사람은 누구나 기도할 수 있다.

오늘의 말씀

하물며 하나님께서 그 밤낮
부르짖는 택하신 자들의 원한
을 풀어 주지 아니하시겠느냐
그들에게 오래 참으시겠느냐

(누가복음 18:7)

오늘의 기도

나의 모습을 온전히 바라보게 하소서

기도할 때마다
나의 모습을 온전히 바라보게 하소서.
주님과 함께 있지 않으면
얼마나 초라한 모습인지 알게 하소서.

주님과 함께 하면
얼마나 성장하며 성숙할 수 있는
축복이 있는지 알게 하소서.

주님이 아니시면
나의 생명도 무의미하오니
주여 기도함으로 내 안에
엄청난 축복이 있음을 알게 하소서.
주님의 구원하심과 인도하심이
얼마나 놀라운 은혜인가를 깨닫게 하소서.

오늘의 묵상

자유를 위한 기도

길이며 진리이시고 생명이신 주여! 우리들을 자유롭게 하시는 진리를 구하오니 우리의 기도를 들
어주소서. 자유는 우리에게 사랑을 받아야 할 것 뿐만 아니라 우리에 의해 누려지기도 해야 하는
것을 우리에게 가르쳐 주소서. 자유의 책 속에만 파묻어 두기에는 너무도 소중한 것입니다. 그냥
사장해 두기에는 너무도 많은 대가를 치러야 하는 것입니다. 우리의 자유는 우리가 하고 싶은 일을
행하는 권리가 아니라 옳은 일 행하기를 즐거워하는 기회인 것을 우리로 하여금 알게 하소서.

2월 24일 　주님이 원하시는 대로 살게 하소서

오늘의 말씀

내가 금식하며 베옷을 입고 재를 덮어쓰고 주 하나님께 기도하며 간구하기를 결심하고

(다니엘 9:3)

오늘의 기도

주님이 원하시는 대로 살게 하소서

주님을 알고
주님을 믿고
주님이 원하시는 대로 살게 하소서.

주님을 사랑하고
주님을 닮기 원하며
주님의 뜻대로 살게 하소서.

나의 모든 마음을 드리기를 원하오니
주님의 뜻대로 인도하소서.
주님이 원하시는 대로 살게 하소서.

오늘의 묵상

기도하는 사람은 자기 자신을 일상의 시간에서 벗어나서 영원과 맞닿도록 해야 한다. 아침에 일하러 가기 전에 기도한다는 것은 우리 자신을 보다 넓은 세상을 접하게 해 준다. 기도는 생의 왜소함을 위로 끌어올려 주는 것이다. 로버트 스티븐슨은 모든 생을 더러운 외양간과 마구간에서 일했던 스코틀랜드의 외양간지기에 관한 이야기를 했다. 스티븐슨은 그 외양간지기에게 "매일 유쾌하지 않은 일을 하면서 지겹지 않은가" 하고 물었다. 그 사람은 "어떤 사명을 가진 사람은 결코 지치지 않는다."라고 대답하였다. 필요를 넘어 어떤 것을 가지고 있는 사람은 지치지 않는다. 매일 기도하는 사람은 매일 자신 너머에 있는 어떤 것과 접촉하는 사람이고 삶에서 신선함을 느낀다. (윌리엄 바클레이)

오늘의 말씀

나는 하나님께 부르짖으리니
여호와께서 나를 구원하시리
로다 저녁과 아침과 정오에
내가 근심하여 탄식하리니 여
호와께서 내 소리를 들으시리
로다

(시편 55:16-17)

오늘의 기도

내 마음을 열어 기도하게 하소서

하나님과 우리 사이에 죄악으로
막힌 담을 헐어 주셔서
중보가 되어 주신 주님
내 마음을 열어 기도하게 하소서.

죄악으로 막혔던 마음의 벽을
다 허물어 주사
주님을 향하여
내 마음을 열어 기도하게 하소서.

주님을 알지 못해
주님을 만나지 못해
주님을 영접하지 못해 열지 못하였던
내 마음을 활짝 열고 기도하게 하소서.
내 마음의 전부를 드리게 하소서.

오늘의 묵상

그리스도만 원할 뿐

어느 날 토마스 아퀴나스가 하나님께 간절히 기도를 드렸을 때 하나님께서 그에게 응답하셨다.
"내가 네게 무엇을 줄까?" 그때 토마스 아퀴나스는 말했습니다. " 저는 아무 것도 원하지 않습니다.
단지 그리스도만 원할 뿐입니다."

날마다 기도하며 살게 하소서

오늘의 말씀

그의 신기한 능력으로 생명과 경건에 속한 모든 것을 우리에게 주셨으니 이는 자기의 영광과 덕으로써 우리를 부르신 이를 앎으로 말미암이라 이로써 그 보배롭고 지극히 큰 약속을 우리에게 주사 이 약속으로 말미암아 너희가 정욕 때문에 세상에서 썩어질 것을 피하여 신성한 성품에 참여하는 자가 되게 하려 하셨느니라

(베드로후서 1:3-4)

오늘의 기도

날마다 기도하며 살게 하소서

나를 향하신 섭리를 기도로 알게 하시니
기도하며 살아가게 하소서.

근심과 걱정에서 벗어나게 하시고
마음을 평안으로 인도하여 주소서.
어떤 어려움도 이겨 내도록 영적인 능력을 주소서.

기도함으로 하나님의 약속하심을 믿게 하시고
말씀을 기초하여 살게 하소서.
기도로 약속을 신실하게 지키며 살게 하소서.

기도함으로 하나님의 약속하심에 초점을 맞추고
능력 있는 그리스도인의 삶을 살아가게 하소서.
날마다 기도하며 살게 하소서.

오늘의 묵상

하나님께서 만일 "주리고 목마른 자는 복이 있나니"(마태복음 5:6)라는 말씀을 우리에게 주시지 않았다면 무엇이 악한 성도들이 절망에 빠지는 것을 막아 줄 수 있었겠는가? 나는 그분이 나와 함께 계시지 않는다는 것, 그래서 그분이 내게 들어오시기를 간구하는 것 외에 내가 할 수 있는 것이라곤 아무것도 없음을 종종 깨닫는다. (홀)

오늘의 말씀

그러므로 우리는 긍휼하심을
받고 때를 따라 돕는 은혜를
얻기 위하여 은혜의 보좌 앞
에 담대히 나아갈 것이니라

(히브리서 4:16)

오늘의 기도

우리의 믿음이 자라게 하소서

나무들이 자라듯이
우리의 믿음이 자라게 하소서.
우리의 믿음이 반석 위에 세워져
견고하여 흔들리지 않게 하소서.

확신 있는 믿음으로 기도함으로
언제나 주님의 손길을 느끼며 살게 하소서.

비가 내리면 초목이 자라듯이
우리의 믿음이 자라게 하소서.
우리의 믿음이 선하고 아름다워
주님께 칭찬을 받게 하소서.

오늘의 묵상

하나님께서는 믿음의 기도에 응답하사 추수한 곡식이 아니라 땅을 주셨다. 우리는 하나님과 연합
하여 이 땅에서 일을 해야 한다. 믿음에는 반드시 우리의 행동이 뒤따라야 한다. 기도하고 행동해
야 한다. 구원은 은혜로 받은 것이지만 우리의 것으로 누리기 위해서는 반드시 복종하는 삶이 따라
야 한다. 믿음의 기도도 마찬가지다. 값없이 주시는 하나님의 은혜로 말미암은 것이지만 우리가 이
를 따라 행동하지 않는다면 절대로 우리의 것이 되지 않는다. (J. O. 프레이저)

2월 28일 · 주님을 의지하며 살게 하소서

오늘의 말씀

두려워하지 말라 내가 너와 함께 함이라 놀라지 말라 나는 네 하나님이 됨이라 내가 너를 굳세게 하리라 참으로 너를 도와 주리라 참으로 나의 의로운 오른손으로 너를 붙들리라

(이사야41:10)

오늘의 기도

주님을 의지하며 살게 하소서

신실하신 나의 주님
우리가 주님을 의지하며 살기를 원하오니
날마다 강한 믿음으로 살게 하소서.

주님의 말씀에 의지하여
주님의 성실하심을 체험하며 살게 하소서.
우리의 오늘의 삶을 성실하게 살게 하소서.

주님을 의지하므로 강한 믿음을 갖게 하사
시련에 시련이 거듭되고
고통과 절망이 다가와도 이겨내게 하소서.

우리의 모든 짐을 주님께 맡기므로
기도의 응답을 체험하게 하소서.
굳세고 강한 믿음으로 살아가게 하소서.

오늘의 묵상

성경에 보면 바울은 그리스도의 심장을 이식받았다고 한다. 그러므로 그리스도인들이 기도를 할 수 있는 것은 바로 예수 그리스도의 심장을 이식받았기 때문이다. 예수 그리스도를 믿기 전에는 절대로 하나님께 기도할 수가 없었다. 심장병 환자이기 때문이다. 그리스도인들에게서는 예수 그리스도의 피가 항상 심장에서 고동치고 있는 것이다. 항상 기도를 통하여 호흡을 멈추지 말아야 한다.

3월

3월의 기도

봄 들판에서
새싹들이 노래하듯
내 마음의 기도를
주님께 드리게 하소서.

3월 1일

소망 중에 주님을 바라보게 하소서

오늘의 말씀

이튿날 그들이 길을 가다가 그 성에 가까이 갔을 그 때에 베드로가 기도하려고 지붕에 올라가니 그 시각은 제 육 시더라

(사도행전 10:9)

오늘의 기도

소망 중에 주님을 바라보게 하소서

우리의 시선으로 찾아오는 것들이
모두 다 아름답고 선한 것만은 아니오니
소망 중에 주님을 바라보게 하소서.

우리가 생각하는 것들을
보기를 원하며
우리가 사랑하는 것들을
보기를 원하며
주님의 선하심으로 인도하심을 받아
믿음의 주요 온전하게 하시는
주님을 바라보게 하소서.

죄악에서 시선을 돌리게 하시고
유혹에서 시선을 벗어나게 하시고
오직 주님을 바라봄으로
새 생명의 기쁨을 얻게 하소서.
나의 시선이 소망 중에
주님을 바라보게 하소서.

오늘의 묵상

당신과 조용히 함께 있고 싶습니다. 하나님. 매일 낮, 매일 밤 집에서나 밖에서도 당신과 조용히 함께 있고 싶습니다. 혼잡한 시장 속에 군중들 가운데서도 당신과 함께 있고 싶습니다. 시끄러운 소요 속에서도 내 마음에 부드럽게 말씀하시는 당신의 음성을 듣고 싶습니다. (무명)

3월 2일 　　삶을 소중하게 살아가게 하소서

오늘의 말씀

이 때에 예수께서 기도하시러
산으로 가사 밤이 새도록 하
나님께 기도하시고

(누가복음 6:12)

오늘의 기도

삶을 소중하게 살아가게 하소서

우리에게 주어진 삶을
소중하게 살아가게 하소서.
쏘아 놓은 화살같이 빠르게 지나가는
삶의 시간들이 의미와 감동이 있게 하소서.

하루 한 순간이 너무도 소중한 시간이오니
주어진 날 동안, 주어진 시간 동안
주 안에서 사랑하며 살게 하소서.

시기하고 미워하며 비난하기보다는
사람을 살리고 키워주는 일에
기도하며 애정을 쏟게 하소서.
주님의 뜻이 이루어지는 시간들 속에
삶을 소중하게 살아가게 하소서.

오늘의 묵상

집 구석구석에서 사람들이 모두 기도하면서 하나님의 긍휼을 구하였다. 문 밖에서도 여러 사람이 가
지도 못하고 서 있지도 못할 정도였다. 사람들마다 자기 영혼에 대한 심각한 염려를 하게 되었다.
자기들 주위에 있는 사람들을 전혀 의식하지 못하고 저마다 자신을 위해 기도하였다. (데이비드 브
레이너드)

오늘의 말씀

육신을 따르는 자는 육신의 일을, 영을 따르는 자는 영의 일을 생각하나니 육신의 생각은 사망이요 영의 생각은 생명과 평안이니라

(로마서 8:5-6)

오늘의 기도

하나님 뜻 안에서 좋은 일 얻기를 구하게 하소서

영적 어두운 세력을 깨뜨림으로
하나님의 뜻 안에서
좋은 길 얻기를 구하게 하소서.

짙은 안개 속에서 어두움으로 모든 것을
파괴하려는 자들에게서 떠나게 하소서.
빛으로 모든 것을 인도하시고
새 생명을 주시는 주님께로 나가게 하소서.

이 땅에서 마귀의 일을 멸하시고
잃은 자를 찾아오시는 주님
주님의 구원의 손을 길게 내밀어 주사
주님의 손을 꼭 잡고 기도함으로
영적인 싸움터에서
주님의 이름으로 승리하게 하소서.

오늘의 묵상

다른 사람들에게 복이 될 수 있도록 "내게 복을 더하소서"라 구하는 것은 좋은 일이다. 하나님이 "나의 지경을 넓히셔서" 하나님 나라를 위해 더 많은 사람에게 손을 뻗게 되는 것은 영광스런 일이다. 인생은 난관들 속에서 우연이 아니라 그분의 주권적인 다스림을 통한 인도하심을 받기 위해 "주의 손으로 나를 도우사"라고 간구하는 것은 옳은 일이다. "나로 환난을 벗어나 근심이 없게 하옵소서."라 기도하는 것은 적절한 일이다. 그러나 기도는 단지 우리의 요구를 알리는 수단이 아니다. 기도는 우리 하나님 아버지와 교제를 추구하는 한 방법이다. (행크 헤네그라프)

3월 4일

오늘의 말씀

내가 복음을 부끄러워하지 아
니하노니 이 복음은 모든 믿
는 자에게 구원을 주시는 하
나님의 능력이 됨이라 먼저는
유대인에게요 그리고 헬라인
에게로나 복음에는 하나님의
의가 나타나서 믿음으로 믿음
에 이르게 하나니 기록된 바
오직 의인은 믿음으로 말미암
아 살리라 함과 같으니라

(로마서 1:16-17)

오늘의 기도

복음을 부끄러워하지 않게 하소서

하나님의 최대 관심은
영혼들이 하나님의 품으로 돌아오는
전도임을 아오니 기도함으로
복음을 기쁨으로 전하게 하소서.
복음을 부끄러워하지 않게 하소서.

나 자신도 복음으로 인해
주님을 시인하고 고백함으로
주님을 영접하였으니
내가 받은 구원의 기쁨을 전함으로
새로운 영혼이 주 앞으로 나오게 하소서.

죄 사함을 얻어 복음으로 주님을 믿어
나의 삶에 놀라운 주님의 일들이
펼쳐짐을 눈으로 바라보며
하나님께 영광을 돌리게 하소서.
주님의 복음을 전함으로 날마다 기뻐하게 하소서.

오늘의 묵상

그리스도인은 예수 그리스도의 복음과 사랑을 나누는 사람들이다. 예수 그리스도의 마음을 배우
지 않으면 이 놀라운 일들을 할 수 없다. 예수 그리스도의 마음을 닮아가는 방법은 말씀과 기도뿐
이다.

오늘의 말씀

여호와여 내 입에 파수꾼을
세우시고 내 입술의 문을 지
키소서

(시편 141:3)

오늘의 기도

기도가 나의 호흡이 되게 하소서

내가 호흡할 수 있는 공기를 주신
전능하신 주님을 찬양하오니
기도가 나의 호흡이 되게 하소서.

삶의 시간 중에 구별된 시간으로
삶의 시간 중에 무시로
기도함으로 주님을 알아가게 하시고
나 자신을 알게 하소서.

나의 삶 속에 가장 먼저 필요한 것이
기도이오니 간절히 기도하게 하소서.
주 앞에 두 무릎을 꿇을 때
어떤 문제도 어려움이 없으니
주여 인도하여 주소서.

기도함으로 기도를 배우게 하시고
사랑함으로 사랑을 배우게 하소서.
기도가 나의 호흡이 되게 하사
시험에 들지 않게 하소서.

오늘의 묵상

아침은 하루 중에 가장 좋은 때이다. 아침에 일찍 일어나기 위해 일찌감치 잠자리에 드는 것이 좋다. 아침은 가장 밝고, 가장 기분 좋고, 하루 중에 가장 문제가 적은 때이다. 아침에 새들은 하나님께 드리는 찬양에 우리를 초대한다. 일찍 일어나는 것은 당신의 건강과 경건에 좋다. (프랜시스 드 살레)

오늘의 말씀

이제부터는 너희를 종이라 하
지 아니하리니 종은 주인이
하는 것을 알지 못함이라 너
희를 친구라 하였노니 내가
내 아버지께 들은 것을 다 너
희에게 알게 하였음이라

(요한복음 15:15)

오늘의 기도

하나님의 부르심에 응답하게 하소서

우리로 세상을 변화시키고자 부르시고
영혼을 구원하여 주시는
하나님의 부르심에 응답하게 하소서.

늘 우리에게 열린 마음으로
우리의 기도를 들어주시는
사랑을 온전히 받아들이게 하소서.

기도로써
하나님의 마음을 알고
하나님의 뜻을 이루어 갈 수 있으니
하나님께 온전히 나가게 하소서.

기도함으로
우리의 기도를 기다리시는
하나님의 부르심에 응답하는
삶을 살게 하소서.

오늘의 묵상

기도가 함축하는 바는 우리의 삶이 아니라 우리 안에 있는 그리스도의 삶이라는 것이다. 궁극적으
로 우리 안에 계신 그리스도를 통해 치유가 이루어진다. 오직 그리스도만이 우리 인간의 소외를 뚫
고 들어와 서로의 관계성에서 또 하나님과의 관계성에서 파괴된 연결들을 다시 회복시켜 준다.
(헨리 나우웬)

오늘의 말씀

마음이 청결한 자는 복이 있
나니 그들이 하나님을 볼 것
임이요 화평하게 하는 자는
복이 있나니 그들이 하나님의
아들이라 일컬음을 받을 것임
이요

(마태복음 5:8-9)

오늘의 기도

삶을 무능력하게 살지 않게 하소서

우리가 하나님의 마음을
움직이는 기도를 드림으로
삶을 무능력하게 살지 않게 하소서.

삶 속에서
하나님의 섭리를 맛봄으로
감동과 도전을 받게 하소서.

우리가 하나님의 자녀로 기도할 수 있는
놀라운 특권을 받았으니 기도함으로
삶 속에서
하나님의 능력을 체험하게 하소서.

주님 안에서 견고한 삶을 살아가므로
세상 돌아가는 대로 살아가는 것이 아니라
하나님의 뜻대로 살게 하소서.
우리의 기도에 응답하여 주심을 믿게 하소서.

오늘의 묵상

기도 훈련을 통해 형성되고 다듬어진 사역자의 영적인 삶이야말로 영적 리더십의 핵심이다. 우리
가 비전을 잃었을 때 아무것도 보여 줄 수 없다. 우리가 하나님의 말씀을 잊어버렸을 때 아무것도
기억할 수 없다. 우리가 우리 삶의 청사진을 묻어 버리면 아무것도 건축할 수 없다. 그렇지만 우리
안에서 생명을 주시는 성령과 계속 교제할 수 있을 때 우리는 사람들을 사로잡는 데서 불러낼 수
있으며 희망을 주는 안내자가 될 수 있다. (헨리 나우웬)

오늘의 말씀

너희 말을 항상 은혜 가운데서 소금으로 맛을 냄과 같이 하라 그리하면 각 사람에게 마땅히 대답할 것을 알리라

(골로새서 4:6)

오늘의 기도

때를 따라 도우시는 은혜를 받게 하소서

늘 죄를 따라 나서기를 즐기며
늘 죄를 감추기를 원하는
불쌍한 영혼을 긍휼히 여겨 주소서.

기도할 때마다 나를 도우시는
주님의 놀라우신 은혜를 사모하게 하소서.
모든 죄악을 깨끗이 씻어 주시는
주님의 보혈로 우리를 구속하여 주소서.

우리가 죄 사함을 받은 확신 속에
강하고 담대하게 하루하루의 삶을 살게 하시고
주님으로 인해 기뻐하며
보람 있게 살아가는 하루가 되게 하소서.
오늘도 때를 따라 도우시는
주님의 은혜를 풍성히 받게 하소서.

오늘의 묵상

안식일의 기도는 평일의 기도와는 다르다. 평일에 우리는 하나님께 우리의 출입을 지켜 달라고 기도한다. 하지만 안식에는 그분의 평안의 장막으로 우리를 맞아 달라고 기도한다. 이러한 이미지가 성경 전체에서 아주 강하게 나타나는 것은 이것이 하나님의 임재를 매우 특별한 방법으로 함축하기 때문이다. (마르바 던)

오늘의 말씀

선을 간절히 구하는 자는 은
총을 얻으려니와 악을 더듬어
찾는 자에게는 악이 임하리라
(잠언 11:27)

오늘의 기도

홀로 은밀한 중에 기도하게 하소서

내 마음이 전심을 다하여
주님께 집중하여 기도하게 하소서.
모든 것에서 벗어나
홀로 은밀한 중에 기도하게 하소서.

분주히 행하던
나 자신의 일에서 벗어나게 하시고
복잡하기만 하던
나 자신의 생각에서 벗어나게 하소서.

기도를 가로막는 온갖 장애물들을
주님의 이름으로 벗어나게 하시고
성령의 인도하심 따라
홀로 은밀한 중에 기도하게 하소서.

오늘의 묵상

기도란 구하는 것이며 거기에는 단순히 우리와 하나님 사이의 인격적 관계 즉 체험적 상호 작용이
전제가 된다. 자녀가 부모에게, 친구가 친구에게 요청하는 경우와 같다. 기도란 우리의 자연스런
관심사를 자연스럽게 표현하는 것이며 하나님은 남을 위한 기도뿐 아니라 나 자신을 위한 기도도
들어주신다. 다시 말하면 성경에 나오는 기도를 보면 분명히 알 수 있다. 그것이 가장 잘 적절하게
나타난 곳이 최고의 기도서인 시편이다. (달라스 윌라드)

3월 10일 기도의 참 의미를 깨닫게 하소서

오늘의 말씀

하나님이 능히 모든 은혜를 너희에게 넘치게 하시나니 이는 너희로 모든 일에 항상 모든 것이 넉넉하여 모든 착한 일을 넘치게 하려 하심이라

(고린도후서 9:8)

오늘의 기도

기도의 참 의미를 깨닫게 하소서

오 주님!
기도함으로
주님과 일체감을 갖게 하소서.

주님이 내 안에
내가 주님 안에 거함을 알게 하소서.

오 주님!
기도함으로 하나님이 우리와 함께 하시고
주님 안에서 우리가
공동체가 됨을 알게 하소서.

기도함으로 하나님이 주신 은총인
기도의 참 의미를 깨닫게 하소서.

오늘의 묵상

쉬지 말고 기도하라

1. 그리스도인이 기도하지 않아도 되는 때는 없다.
2. 그리스도인이 기도할 수 없는 장소는 없다.
3. 그리스도인은 항상 하나님과 대화를 하고 있어야 한다.

그리스도인은 끊이지 말고 우리의 기도의 작은 화살을 발해야 한다. 인생의 염려들, 매일 삶의 수고가 벽난로의 불을 지피지 못하게 만들 때라도 우리는 말로써, 생각으로, 때로는 표정으로 하늘에 계신 우리 아버지께 작은 불티들을 날려 보내야 한다. (잭 하일스)

오늘의 말씀

너희의 믿음의 역사와 사랑의 수고와 우리 주 예수 그리스도에 대한 소망의 인내를 우리 하나님 아버지 앞에서 끊임없이 기억함이니

(데살로니가전서 1:3)

오늘의 기도

우리가 기도드릴 때마다

우리가 기도드릴 때마다
주님이 가까이 계심을 알게 하소서.

주님이 함께 하심으로
우리의 삶이 구원을 받았으며
기쁨과 감격으로 가득함을 감사하게 하소서.

날마다 일어나는 일들 속에서
주님께서 우리에게 가르쳐 주시고자 하심이
무엇인가를 깨닫게 하소서.

우리가 기도드릴 때마다 성령께서 인도하시도록
모든 것을 다 맡기게 하소서.
우리의 마음에 평안이 가득할 때까지
기도드리게 하소서.

오늘의 묵상

기도는 더 많은 승리를 가져온다. 우리가 기도하는 사람들이 우리 기도 응답을 받는다. 저들의 승리는 우리의 감격인 것이다. 저들이 이루는 것들이 우리가 이루는 것이다. 우리가 저들과 한 팀이 되어 저들의 승리의 한 부분이 되는 것이다. 나는 우리가 열심히 기도한 저들이 천국에서 상급을 받을 때 우리도 함께 받으리라 믿는다. 나의 기도 목록에는 미국 전역의 많은 교회들이 있다. 나는 내가 저들 교회의 회원이 된 것처럼 느낀다. 내가 그들 교회에 설교하러 가거나 방문을 하면 나는 저들과 하나가 된 것처럼 느낀다. 저들의 승리는 마치 내가 목회하는 교회에 승리가 주어질 때마다 마찬가지의 기쁨을 내게 준다. (잭 하일스)

3월 12일 주님 앞에 나가게 하소서

오늘의 말씀

야곱이 잠이 깨어 이르되 여
호와께서 과연 여기 계시거늘
내가 알지 못하였도다 이에
두려워하여 이르되 두렵도다
이 곳이여 이것은 다름 아닌
하나님의 집이요 이는 하늘의
문이로다 하고

(창세기 28:16-17)

오늘의 기도

주님 앞에 나가게 하소서

주님은
자연스럽고 친근하게 우리를 만나 주시고
순진한 영합으로 함께 하십니다.
주여! 조용한 시간에
경건한 마음으로 주님 앞에 나가게 하소서.

기도드릴 때
우리의 마음 속에 응답하시는
주님의 마음을 알게 하소서.

주님의 사랑으로 기쁨이 넘치게 하시고
주님이 인도하심으로 행복이 넘치게 하소서.

우리의 삶이 날마다
주님으로 인해 기뻐하게 하소서.

오늘의 묵상

하나님에 대한 분명한 신뢰는 하나님 중심의 삶으로 나아갈 수 있게 하며 기도에 대한 엄청난 힘과
응답을 얻게 하는 튼튼한 기초가 된다. 그 신뢰도가 낮거나 계속 유지되지 않으면 기도의 놀라운
역사를 막아 버리는 중대한 결과를 초래한다. 하나님을 향한 신뢰가 너무나 분명했던 조지 뮬러 그
는 자신의 신뢰보다 오히려 하나님의 신실하심에 날마다 감격하며 살았다. 하나님을 자비하신 아
버지로 100% 신뢰했던 믿음의 사람 그가 조지 뮬러이다. 그의 생애는 하나님의 돌보심과 축복이
끊이지 않았다.

오늘의 말씀

소망이 우리를 부끄럽게 하지
아니함은 우리에게 주신 성령
으로 말미암아 하나님의 사랑
이 우리 마음에 부은 바 됨이니

(로마서 5:5)

오늘의 기도

주님과 깊은 사랑의 대화를 나누게 하소서

오늘도 기도 속에서
내 마음을 주님께 다 표현하게 하소서.

기도할 때마다
답답함이나 외식에서 벗어나
거짓 없는 기도로 있는 그대로
자연스럽게 주님께 보여 드림으로
내 가까이 주님이 다가오심을 깨닫게 하소서.

주님께서 날 사랑하시고
내가 주님을 사랑하오니 기도함으로
주님과 깊은 사랑의 대화를 나누게 하소서.

내 깊은 속마음을 아시는 주님께서
깊은 은총으로 함께 하여 주소서.

오늘의 묵상

하나님은 많은 사람을 만나며 화려하게 생활하는 유명인보다 비록 가난하고 배운 것이 없어도 그 모습 그대로 골방에 들어가 기도하는 소수의 사람을 찾으신다. 하나님 앞에서는 사람들이 북적거리는 것이 아닌 은밀한 골방을 택하는 그리스도인이 가장 지혜로운 자이다. 왜냐하면 하나님은 골방에서 용서하시고 골방에서 무한한 사랑과 자비를 베푸시기 때문이다. "골방"이야말로 우리가 찾아야할 중요한 곳이다. 그곳에서 매우 깊고 가치 있는 영적 대화를 나눌 수 있으며 하나님의 풍성하심과 진정한 행복을 맛보게 된다.

오늘의 말씀

너희가 거듭난 것은 썩어질 씨로 된 것이 아니요 썩지 아니할 씨로 된 것이니 살아 있고 항상 있는 하나님의 말씀으로 되었느니라

(베드로전서 1:23)

오늘의 기도

늘 깨어 기도하게 하소서

나의 삶이 무지와 나태와
무관심과 불순종에서 떠나게 하소서.
기도로 인하여
나의 삶이 활력이 넘치게 하소서.

나의 삶이 죄악의 수렁에 빠져 있거나
게으름 속에서 풀어져 있지 않게 하소서.

늘 깨어 기도함으로 기도하게 하소서.
나의 부족하고 결핍된 부분들이
주님의 은혜로 채워지게 하소서.

오늘의 묵상

기도하는 것은 중요한 것이다. 그런즉 명심하자. 우리가 하나님께 구하면 받을 것이다. 구하지 않으면 받지 못할 것이다. 우리는 가끔 이런 말을 한다. "글쎄 무슨 일이 일어나든지 간에 그것은 다 하나님의 뜻이다 . 하나님의 뜻이 예정된 대로 이루어질 것이다. 하나님께서 나에게 허락하신다면 이루어질 것이다." 이 말은 부분적으로 맞는다. "너희가 구하면 내가 시행할 것이다"라는 말씀에는 우리가 구하지 않으면 주지 않겠다는 의미도 포함되어 있다. 그러므로 야고보서 4:2에서 야고보도 "너희가 얻지 못함은 구하지 아니하기 때문이요"라고 분명히 말하고 있는 것이다. (로널드 던)

오늘의 말씀

성도들의 인내가 여기 있나니 그들은 하나님의 계명과 예수에 대한 믿음을 지키는 자니라

(요한계시록 14:12)

오늘의 기도

주님이 나의 목적이 되게 하소서

항상 기도의 자리로
초대하여 주시고
기도할 수 있는 마음을 열어 주시는
주님이 나의 목적이 되게 하소서.

주님께서 나의 친구가 되어주심을
기도함으로 더욱더 알게 하소서.

날마다 주님과 새로운 만남이
날마다 주님과 새로운 교제가
날마다 이루어지게 하소서.

나의 삶의 중심이 주님이 되게 하시고
나의 삶의 목적이 주님이 되게 하소서.

오늘의 묵상

만일 우리가 더 높은 생활을 하기 위해 노력하면서 하나님의 거룩하심과 청결하심을 알려고 애쓴다면 우리에게 필요한 것은 하나님과 접촉을 하는 일이다. 그러면 하나님은 자신을 나타내신다. 예수님이 "당신의 이름이 거룩히 여김을 받으시옵소서"라고 기도하실 때 제자들에게 가르치신 것과 같이 우리는 주님의 이름을 온전히 신뢰해야 한다. 그리스도인으로서 기도하기 위하여 하나님께 나아갈 때는 우리는 하나님께 정당한 자리를 내어 드려야 한다. (드와이트 무디)

3월 16일　늘 진실하게 하소서

오늘의 말씀

아들이 이르되 아버지 내가 하늘과 아버지께 죄를 지었사오니 지금부터는 아버지의 아들이라 일컬음을 감당하지 못하겠나이다 하나

(누가복음 15:21)

오늘의 기도

늘 진실하게 하소서

내 마음을
불순하고 더러운 것들과
거짓이 점령하지 않게 하소서.

세상을 올바르게 바라보게 하소서.
사람들을 올바르게 바라보게 하소서.
나 자신을 올바르게 바라보게 하소서.
내 마음이 순수해 정직하게 하소서.

순전하고 깨끗하고 정결하고 바른 마음으로
선한 목자 되신 주님을 사모하며
주님의 뜻대로 살게 하소서.

오늘의 묵상

기도할 때 요구되는 올바른 태도가 무엇인가? 이에 대해 예수 그리스도는 이렇게 말씀하셨다. "그러므로 내가 너희에게 말하노니 무엇이든지 기도하고 구하는 것은 받는 줄로 믿으라 그리하면 너희에게 그대로 되리라"(마가복음 11:24). 신앙이 무엇인가? 그것은 아직 일어나지 않은 일을 마치 일어난 것처럼 마음 속으로 굳게 믿는 것이다. 우리가 그러한 믿음을 가졌다면 그 믿음대로 행동해야 한다. 우리의 믿음은 자신의 감정이나 눈과 귀로 보고 듣는 것에 기초해서는 안되며 하나님의 말씀에 근거를 두어야 한다. 우리의 감정과 상황은 수시로 변하지만 하나님은 결코 변치 않으신다. (찰스 스탠리)

오늘의 말씀

서서 기도할 때에 아무에게나
혐의가 있거든 용서하라 그리
하여야 하늘에 계신 너희 아
버지께서도 너희 허물을 사하
여 주시리라 하시니라

(마가복음 11:25)

오늘의 기도

주님의 뜻을 알게 하소서

나를 창조하여 주시고
나의 호흡을 허락하여 주신
주님은 위대하고 놀라운 분이시니
기도로 주님의 뜻을 알게 하소서.

주님이 원하시는 것들과
나에게 주신 사명과
나를 인도하시는 섭리를 알아
주님과 동행하는 삶을 살게 하소서.

성령의 도움이 없이는
주님의 뜻을 알 수 없으니
나의 마음을 열게 하사
기도 생활이 성숙되어 감으로
성령의 인도하심을 따라
주님의 뜻을 알게 하소서.

오늘의 묵상

감사하는 일은 성령 충만의 불가피한 결과 중의 하나이다. 모든 일에 감사하는 것을 배우지 못하는
사람은 계속해서 성령으로 기도할 수 없다. 우리가 능력 있는 기도를 하려고 할 때 우리 마음 가운
데 깊숙이 심어야 할 말은 '감사함으로' 이다. (R. A. 토레이)

오늘의 말씀

내가 전심으로 여호와께 감사
하오며 주의 모든 기이한 일
들을 전하리이다 내가 주를
기뻐하고 즐거워하며 지존하
신 주의 이름을 찬송하리니
내 원수들이 물러갈 때에 주
앞에서 넘어져 망함이니이다

(시편 9:1-3)

오늘의 기도

바른 믿음의 삶을 살게 하소서

구원의 반석이 되시는 주님
모나고 삐뚤어진 나의 마음을 새롭게 하사
질서가 잡히고 정돈되게 하여 주셔서
바른 믿음의 삶을 살게 하소서.

우리가 주님을 신뢰하는 만큼
우리에게 신뢰함을 주시니
온전한 믿음으로 주님을 온전히 신뢰하는
바른 믿음의 삶을 살게 하소서.

헛된 방황에서 돌이켜
믿음을 통하여 주님을 바라보게 하시고
시련과 고통을 통하여
반석 위에 세워지게 하소서.

말씀과 묵상을 통하여
단련된 믿음을 갖게 하사
바른 믿음의 삶을 살게 하소서.

오늘의 묵상

기도는 하나님에게서 시작된다. 기도하고자 하는 우리의 욕망은 하나님께서 기도하라고 부르신
결과이다. 하나님께서 우리에게 하실 말씀이 있다는 것이다. 우리의 책임은 우리의 문제나 가능성
에 대해 주님께 우리에게 주시고자 하시는 것을 경청하는 것이다. 하나님은 그것을 밝혀 보이실 것
이다. 그러면 우리는 담대히 이렇게 말할 수 있게 된다. 내가 주님을 찾았습니다. 그러나 후에 알고
보니 주께서 나를 찾으시며 나의 영혼을 움직여 주를 찾게 하셨습니다. 오 참 구주여! 내가 주를 찾
은 것이 아니었습니다. 주께서 찾으셨습니다. (로이드 오길비)

오늘의 말씀

하나님이여 나를 지켜 주소서
내가 주께 피하나이다 내가
여호와께 아뢰되 주는 나의
주님이시오니 주 밖에는 나의
복이 없다 하였나이다 땅에
있는 성도들은 존귀한 자들이
니 나의 모든 즐거움이 그들
에게 있도다

(시편 16:1-3)

오늘의 기도

주님께 나를 온전히 맡기게 하소서

나를 구원하시기 위하여
하늘 보좌를 버리고 이 땅에 오사
십자가에 달리사 보혈의 피를 흘려
우리의 죄악을 씻어 주시고 구속하여 주신
주님께 나를 온전히 맡기게 하소서.

온 우주와 이 세상에서
주님의 사랑보다 고귀하고
아름다운 사랑은 없으니
늘 감사하는 마음으로 살아가게 하시고
주님의 사랑에 나를 온전히 맡기게 하소서.

주님의 구원의 사랑을 받았으니
그 사랑을 배우고 닮아가며
사랑을 실천하는 삶을 살아갈 수 있도록
주님께 나를 온전히 맡기게 하소서.

오늘의 묵상

믿음의 기도에서 우리들의 손은 여전히 주님의 손에 쥐어져 있다. 우리들의 마음은 여전히 순종하고 있다. 그러나 지금 주님께서는 우리들을 무서운 암흑으로부터 햇빛이 비치는 광명으로 인도해 주셨다. 주님께서는 우리들을 안심시키려고 우리들의 손을 꼭 붙잡고 계신다. 우리는 안도감을 느끼며 주님의 얼굴을 올려다본다. 하나님 아버지의 손은 예수 그리스도의 손이다. 처음부터 우리들의 마음은 그것이 진리라는 것을 알았다. 그것은 포기와 믿음의 기도다. 그것도 예수 그리스도를 신뢰하고 의지하며 따라가는 가장 순수한 기도이다. (캐드린 마샬)

3월 20일 　오직 하나된 사랑으로 살게 하소서

오늘의 말씀

하나님이여 나를 살피사 내 마음을 아시며 나를 시험하사 내 뜻을 아옵소서 내게 무슨 악한 행위가 있나 보시고 나를 영원한 길로 인도하소서

(시편 139: 23-24)

오늘의 기도

오직 하나된 사랑으로 살게 하소서

주여!
손에 잡히지 않는 것들을
움켜쥐고 욕심을 내며 살기보다는
주님의 손에 새김같이
기억해 주시고 사랑해 주시는
주님의 확실하고 분명한 사랑에 빠지게 하소서.

말씀이신 주님
날마다 새로운 은혜를 주시는 주님께
나의 모든 삶을 맡기게 하소서.

헛된 것을 따르며 분별없이 살기보다는
참된 진리와 생명의 복음 앞에
성도로서 구별된 삶을 살게 하소서.
주님의 오직 하나된 사랑으로 살게 하소서.

오늘의 묵상

용서를 최우선 순위로 놓고 살았던 요셉의 삶으로부터 시작해서 신약의 베드로의 모습을 살펴보자. 베드로는 예수 그리스도를 부인했지만 성령의 능력으로 다시 하나님의 회복케 하심을 경험했다. 하나님은 이 두 사람을 사용하셨고 이들을 통해 많은 사람들의 삶을 축복하셨다. 진실로 그들은 열매를 많이 맺는 나무와 같다. "그는 시냇가에 심은 나무가 철을 따라 열매를 맺으며 그 잎사귀가 마르지 아니함 같으니 그가 하는 모든 일이 다 형통하리로다"(시편 1:3). (에바 깁슨)

오늘의 말씀

야베스가 이스라엘 하나님께 아뢰어 이르되 주께서 내게 복을 주시려거든 나의 지역을 넓히시고 주의 손으로 나를 도우사 나로 환난을 벗어나 내게 근심이 없게 하옵소서 하였더니 하나님이 그가 구하는 것을 허락하셨더라

(역대상 4:10)

오늘의 기도

나약한 나를 붙잡아 주소서

지극히 부족하고 초라한 나를 사랑하시는
주님 앞에 모든 것을 드러내게 하시고
나를 가장 잘 아시는 주님 앞에
바로 서서 살아가게 하소서.

오 주여!
거짓이 하나도 없으신 주님 앞에
진실하고
참되게 살게 하소서.

주님 안에서
주님의 섭리를 믿으며 살기를 원하오니
나약한 나를 붙잡아 주소서.
강한 성과 같으신 주님 안에서 살게 하소서.

오늘의 묵상

예수 그리스도는 완전히 새로운 친밀함의 단계를 도입하셨다. "이제부터는 너희를 종이라 하지 아니하리니 종은 주인의 하는 것을 알지 못함이라 너희를 친구라 하였노니 내가 아버지께 들은 것을 다 너희에게 알게 하였음이라"(요한복음 15:15). 그런 후에 예수 그리스도께서는 보혜사 성령을 보내 주겠다고 약속하셨다. 성령께서 우리 안에 거하심으로써 우리가 이 땅에서 하나님의 사역에 동참할 수 있도록 도우신다. 하나님께서는 우리를 통해 자신의 사역을 이루어 가신다. (필립 얀시)

오늘의 말씀

그를 향하여 우리가 가진 바 담대함이 이것이니 그의 뜻대로 무엇을 구하면 들으심이라 우리가 무엇이든지 구하는 바를 들으시는 줄을 안즉 우리가 그에게 구한 그것을 얻은 줄을 또한 아느니라

(요한 1서 5:14-15)

오늘의 기도

오직 믿음으로 능력 있는 삶을 살게 하소서

주여!
우리에게 힘을 주사 어떤 처지와
어떤 돌발 상황에서도
무력하지 않은 삶을 살게 하소서.

불의 앞에 떳떳이 대항하게 하시고
악의 세력들을 성령의 능력으로
주님의 은혜로 가쁜한 삶을 살게 하소서.

때때로 다가오는 환난과 시험으로
우리 마음이 상심이 되어
쓸쓸해지거나 나약해지지 않게 하소서.
오직 믿음으로 능력 있는 삶을 살게 하소서.

우리가 예수 그리스도로 옷 입고
당당하게 믿음으로 승리하게 하소서.
모든 일이 하나님의 섭리 안에서 이루어지오니
영원을 소망하며 힘 있게
주님의 이름을 외치며 살게 하소서.

오늘의 묵상

하나님께서 역사하시기로 결정하시면 놀라운 일들이 일어난다. 그러나 우리가 그를 섬기는 것이지 그가 우리를 섬기는 것이 아니다. 기도하는 것은 우리의 순종이다. 치유는 하나님의 선택에 따르는 것이다. 아직 일어나지도 않은 일을 일어난 것으로 주장함으로써 하나님께서 우리의 의지대로 행하라고 강요해서는 안된다. (찰스 H. 크레프트)

오늘의 말씀

나를 사랑하는 자들이 나의 사랑을 입으며 나를 간절히 찾는 자가 나를 만날 것이니라

(잠언 8:17)

오늘의 기도

헌신된 성도의 삶을 살게 하소서

내 마음에 비춰 오는
주님의 빛을 바라보게 하소서.
나 자신만의 안일과
나 자신만의 기쁨과 행복을 위하여
살아가지 않게 하소서.

주님을 섬기며
지극히 작은 자에게도
이웃에게도 가족에게도
주님의 사랑으로 섬기며 살게 하소서.

주님의 신기한 능력으로
주님의 생명과 경건으로
주님의 안위와 사랑으로
헌신된 성도의 삶을 살게 하소서.

오늘의 묵상

기도를 하거나 묵상할 때는 다음과 같은 지침을 가지고 해야 한다.
하루를 시작하기에 앞서서 오늘 할 일을 점검하면서

1. 하나님께 자기의 생각과 행할 일을 어떻게 해야 할지 간구한다.
2. 자기 연민, 거짓, 그리고 이기심에 사로잡히지 않도록 기도한다.
3. 어떤 어려운 일이 닥칠지라도 주님께서 인도하여 주실 것을 간구한다.
4. 자기 뜻에서 벗어날 수 있도록 하나님께 요청한다.
5. 하나님의 뜻이 내게 이루어질 수 있기를 간구한다.
6. 내 이기적인 욕심을 피할 수 있도록 간구한다.

3월 24일   겸손히 주님의 삶을 본받게 하소서

오늘의 말씀

주의 의로운 규례들로 말미암
아 내가 하루 일곱 번씩 주를
찬양하나이다

(시편 119:164)

오늘의 기도

겸손히 주님의 삶을 본받게 하소서

나의 삶의 모든 길이
주님의 보혈에 적셔 있고
주님의 사랑이 감싸고 있으니
겸손히 주님의 삶을 본받게 하소서.

나 나름대로 살아온
벅찬 삶에서 벗어나게 하소서.
내 마음이 흐트러져
욕심과 허영과 낙심과
불만만 가득하지 않게 하소서.

주님께서 단번에 주신 믿음 안에서
몸과 마음과 영혼이
하나가 된 밝은 믿음으로
주님의 거룩한 명령을 따르는
삶을 살게 하소서.

오늘의 묵상

사랑하는 사람 구원을 위한 영적 무장

1. 마른 뼈도 살 수 있다. 하나님께서 구원 못하실 사람은 아무도 없다.
2. 영원 구원을 위해 줄기차게 기도하라. 하나님이 당신의 기도에 응답하신다는 확신을 가지고 지
   속적으로 기도하라.
3. 자신의 믿음의 수준에 염려하지 말라. 사랑하는 사람을 하나님 품으로 돌아오게 기도할 만한 믿
   음이 없다고 염려할 필요는 없다. 믿음도 항상 시켜 주신다. (더치 쉬츠)

오늘의 말씀

솔로몬이 무릎을 꿇고 손을 펴서 하늘을 향하여 이 기도와 간구로 여호와께 아뢰기를 마치고 여호와의 제단 앞에서 일어나 서서 큰 소리로 이스라엘의 온 회중을 위하여 축복하며 이르되 여호와를 찬송할지로다 그가 말씀하신 대로 그의 백성 이스라엘에게 태평을 주셨으니 그 종 모세를 통하여 무릇 말씀하신 그 모든 좋은 약속이 하나도 이루어지지 아니함이 없도다

(열왕기상 8:54-56)

오늘의 기도

내 마음의 창을 닦게 하소서

세속의 욕망에 물든 죄악의 옷을 벗게 하소서.
주님 앞에 회개함으로
주님의 손길로 정결하게 하심으로
내 마음의 창을 닦게 하소서.

부끄러운 지난날들로 더럽혀지고 얼룩져 있으면
주님을 바라볼 수가 없으니

주여! 성령의 은혜로 깨끗하게 하여 주사
세상을 믿음으로 밀고 나가며
주님을 온전히 바라보게 하소서.

오늘의 묵상

우리가 영적 전쟁에서 사용할 수 있는 하나님의 무기란 도대체 무엇일까. 모든 형태의 기도다. 에베소서 6:18은 현재 우리가 참전하고 있는 영적 전쟁의 맥락에서 기도에 대해 언급하고 있다. "모든 기도와 간구를 하되 항상 성령 안에서 기도하고 이를 위하여 깨어 구하기를 항상 힘쓰며 여러 성도를 위하여 구하라" 이 말씀은 다른 그리스도인과의 합심기도, 간구, 성령 안에서의 수고와 기도, 묶는 것과 푸는 것 등 모든 형태의 기도를 포함하고 있다. (더치 쉬츠)

오늘의 말씀

저녁 소제 드릴 때에 이르러 선지자 엘리야가 나아가서 말하되 아브라함과 이삭과 이스라엘의 하나님 여호와여 주께서 이스라엘 중에서 하나님이신 것과 내가 주의 종인 것과 내가 주의 말씀대로 이 모든 일을 행하는 것을 오늘 알게 하옵소서

(열왕기상 18:36)

오늘의 기도

내 마음이 주님을 좇아가게 하소서

날마다 바쁘다는 핑계로
기도를 게을리 하지 않게 하시고
날마다 분주하다는 핑계로
말씀 묵상을 멈추지 않게 하소서.

주님의 깊고 오묘한 사랑으로
날마다 새롭게 하소서.
주님의 넓고 신실한 은혜로
날마다 정결하게 하소서.

주님께 나아감으로 죄 짐을 맡기게 하사
죄 짐의 짐스러움에서 벗어나
주 안의 평안을 누리게 하소서.
내 마음이 항상 주님을 좇아가게 하소서.

오늘의 묵상

목자에 대한 묵상

당신의 목자 되신 하나님께로 오라.
참 양식을 주시는 그분께로 오라.
그분께 나아올 때 이렇게 고백하라.
오 사랑하는 목자시여.
당신은 자신을 드려 당신의 양무리를 먹이십니다.
당신은 나의 일용할 양식이십니다.
(잔느 귀용)

오늘의 말씀

다니엘이 이 조서에 왕의 도
장이 찍힌 것을 알고도 자기
집에 돌아가서는 윗방에 올라
가 예루살렘으로 향한 창문을
열고 전에 하던 대로 하루 세
번씩 무릎을 꿇고 기도하며
그의 하나님께 감사하였더라

(다니엘 6:10)

오늘의 기도

나의 모든 것을 아시는 주님

주님께 귀 기울이며
기도를 드릴 때마다
나의 모든 것을 아시는 주님

나의 모습을 전부다 있는 그대로
고백하게 하소서.
나의 모든 죄악을 용서받게 하여 주시고
나를 죄악에서 정결하게 하여 주소서.

나의 모든 것을 낱낱이 아시는 주님께
하나도 숨김없이 남김없이 다 드리게 하소서.
언제나 또렷하게 내 가슴에 새겨지는
주님의 사랑이 내 안에 가득하게 하소서.

오늘의 묵상

토기장이에 대한 묵상

우리로 깨닫게 하소서. 토기장이 하나님.
(우리를 하나하나 처음 어루만져 준 것은 바로 당신의 손이었습니다)
그러하심은 복 주시기 위함입니다.
상처를 입히거나 훼방하려는 것이 아닙니다.
매순간 고백합니다.
우리에게 사랑스러운 부분이 있다면 그것은 당신이 먼저 사랑해 주셨기 때문입니다.
진흙을 주물러 빚어 주시면서 말입니다.
(마가레트 타이러)

3월 28일 주님의 십자가 앞에 서게 하소서

오늘의 말씀

만물의 마지막이 가까이 왔으
니 그러므로 너희는 정신을
차리고 근신하여 기도하라

(베드로전서 4:7)

오늘의 기도

주님의 십자가 앞에 서게 하소서

주님의 십자가 없이는
텅 빈 것 같은 삶
구원도 없음을 알아 주님께 나갑니다.

주님의 십자가 앞에 서게 하소서.
주님의 십자가를 바라보게 하소서.
주님의 십자가 앞에 무릎을 꿇게 하소서.
주님의 십자가 밑에서 고백하게 하소서.
주님의 십자가 사랑의 흔적을 갖게 하소서.
주님의 구원의 십자가를 전하게 하소서.
주님의 십자가를 자랑하며 살게 하소서.

세상에 붙일 데 없는 나의 마음
오직 예수 안에서 한없이 끝없이
예수 그리스도를 소망하며 살게 하소서.

오늘의 묵상

주여 당신은

주여, 당신은 사람들 가운데서 나를 부르셨습니다. 자, 내가 여기 있나이다. 나는 당신이 준 목소리
로 말했고 당신이 우리 어머니, 아버지에게 가르쳐 주시고 또 그들이 내게 주신 말로 글을 썼습니
다. 나는 지금 장난꾸러기들의 조롱을 받으며 고개를 숙이는 무거운 짐을 진 당나귀처럼 길을 가고
있습니다. 당신이 원하시는 때에 당신이 원하시는 곳으로 나는 가겠나이다. 삼종의 종소리가 울립
니다. (프렌시스 잠)

3월 29일　고독에 머물러 있지 않게 하소서

오늘의 말씀

이 여러 날을 지낸 후 우리가
떠나갈새 그들이 다 그 처자
와 함께 성문 밖까지 전송하
거늘 우리가 바닷가에서 무릎
을 꿇어 기도하고 서로 작별
한 후 우리는 배에 오르고 그
들은 집으로 돌아가니라

(사도행전 21:5-6)

오늘의 기도

고독에 머물러 있지 않게 하소서

나만의 고독에 사로잡혀
홀로 떨어져
나만의 울타리를 쳐 놓고 살지 않고
주님과 동행하는 삶을 살게 하소서.

내가 고독하다 하여도
주님의 처절한 십자가의
고독에 비할 수 없으니

헛된 생각으로
헛된 바람으로
고독에 머물러 있지 않게 하소서.

오늘의 묵상

기도를 시작하세요

기도를 시작하세요. 하나님은 기도를 들어 주십니다.
낙심하지 마세요. 하나님은 열매를 보여 주십니다.
항상 기도하세요. 하나님은 열매를 열리게 해 주십니다.
자주 하나님께 찾아가세요. 하나님은 자주 응답하여 주십니다.
일평생 기도하세요. 하나님은 일평생 도와주십니다.
그리고 영원히 함께 하십니다.

3월 30일 참 기쁨과 참 평안 속에 살게 하소서

오늘의 말씀

여호와와 그의 능력을 구할지어다 그의 얼굴을 항상 구할지어다

(시편 105:4)

오늘의 기도

참 기쁨과 참 평안 속에 살게 하소서

내가 고통 속에 있다 하여도
주님의 십자가의 고통에 비하면
아무것도 아니니
걱정과 염려로
고통에 잡혀 있지 않게 하소서.

한순간뿐인 세상의 기쁨에
도취되어 있지 않고
내 마음을 긍휼히 여기시는
주님 앞에 정직하게 나가게 하소서.

나의 신앙이 윤곽만 있는 것이 아니라
확실하고 분명하게
주님을 구주로 영접하고
주님을 구주로 고백하며
참 평안과 참 기쁨 속에 살게 하소서.

오늘의 묵상

당신이 기도할 수 없다고 느낄 때

당신이 기도할 수 없다고 느낄 때 당신이 주님을 슬프게 해서 그분이 너무나 멀리 계신 듯이 느낄 때 희망을 잃지 마시기 바란다. 그분은 "나의 자녀야! 다시 한 번 해 보아라!"라고 말씀하실 것이다. 더 이상 애쓸 수 없다고 느낄 때 이전에도 너무나 여러 번 실패한 것처럼 느낄 때 하나님은 여전히 당신을 사랑하신다. 그분은 당신이 다시 시작하도록 하시는 출발점이다. (마릴린 베이커)

오늘의 말씀

아론과 그의 아들들에게 말하
여 이르기를 너희는 이스라엘
자손을 위하여 이렇게 축복하
여 이르되 여호와는 네게 복을
주시고 너를 지키시기를 원하
며 여호와는 그의 얼굴을 네게
비추사 은혜 베푸시기를 원하
며 여호와는 그 얼굴을 네게로
향하여 드사 평강 주시기를 원
하노라 할지니라 하라

(민수기 6:23-26)

오늘의 기도

침묵 중에 찾아오시는 주님

침묵 중에 찾아오시는
나를 사랑해 주시는 주님을
조용히 만나고 싶다.

내 마음을 다 열고
주님을 영접하고 싶다.

아무런 말이 없는 듯 하여도
가장 큰 소리로
내 마음을 움직여 주시는
그 큰 음성을 듣고 싶다.

온 마음을 다하여
나의 빈 마음을 채워 주시는
주님을 언제나 만나고 싶다.

오늘의 묵상

주님과 은밀한 교제를 하기 위한 방법

1. 마음을 깨끗이 하라.
2. 그의 계명을 지켜라.
3. 기도하는 마음으로 꾸준히 계속하라.
4. 하나님께 소리 내어 말하는 습관을 길러라.
5. 말씀을 많이 묵상하라.
6. 주의 사역에 부지런하라.

4월

4월의 기도

온 땅에
꽃들이 피어남처럼
우리의 삶에도
믿음의 꽃이 피게 하소서.

내 마음 속 말씀도
활짝 꽃 피게 하소서.
주님을 향하여 두 손 모아
기도하게 하소서.

4월 1일 　주님은 나의 구주이십니다

오늘의 말씀

그러므로 내가 그리스도를 위하여 약한 것들과 능욕과 궁핍과 박해와 곤고를 기뻐하노니 이는 내가 약한 그 때에 강함이라

(고린도후서 12:10)

오늘의 기도

주님은 나의 구주이십니다

풀잎에 이슬같이
한순간뿐인 삶을
주님을 만나 넘치는 기쁨 속에
영원한 생명으로 구원받게 하시니
속 깊은 사랑을 듬뿍 주시는
주님은 나의 구주이십니다.

불어왔다 떠나가 버리는
바람같이 한순간뿐인 삶을
주님을 만나 끝없는 사랑으로
영원한 천국으로 초대받게 하시니
속 넓은 사랑을 풍성하게 주시는
주님은 나의 구주이십니다.

오늘의 묵상

매일 매일에는 놀라움이 있다. 그러나 우리가 기대하고 있을 때에만 그 놀라움이 우리에게 닥쳐왔을 때 그것을 볼 수 있거나 들을 수 있거나 또한 느낄 수 있다. 매일 매일 우리에게 찾아오는 놀라움이 슬픔으로 오든 기쁨으로 오든 그것을 받아들이는 것을 두려워하지 말라. 그 놀라움은 우리의 가슴에 새 자리를 열게 할 것이다. 이 새 자리에서 우리는 새 친구를 환영할 수 있으며, 그리고 우리가 공유하는 인간애를 더욱 완전히 기뻐할 수 있다. (헨리 나우웬)

4월 2일 주님의 눈빛과 마주치게 하소서

오늘의 말씀

그리하면 모든 지각에 뛰어난 하나님의 평강이 그리스도 예수 안에서 너희 마음과 생각을 지키시리라

(빌립보서 4:7)

오늘의 기도

주님의 눈빛과 마주치게 하소서

나의 시선이
죄악에 빠지지 않게 하소서.

언제나 주님을 소망하며
내 마음을 겨냥하여 다가오는
주님의 눈빛과 마주치게 하소서.
내 마음이 뜨거워지게 하소서.

나의 시선이 더럽고 추악한 곳으로
향하지 않게 하시고
주님의 긍휼하심으로 선하신
주님의 뜻을 따라 움직이게 하소서.

나의 시선이
언제나 주님을 바라보게 하소서.

오늘의 묵상

당신이 하나님께 말할 수 있는 까닭은 그분이 들으시기 때문이다. 당신의 목소리는 천국에서 중요하다. 그분은 당신을 아주 진지하게 대하신다. 당신이 하나님의 임재에 들어서면 수행원들은 당신의 목소리를 들으려고 한다. 고개를 무시당할까봐 두려워할 필요가 전혀 없다. 말을 더듬거리거나 두서가 없어도 누구도 당신이 할 말에 마음을 주지 않아도 하나님은 마음을 주신다. 그리고 들으신다. 집중하여 들으신다. 귀 기울여 들으신다. 기도는 값진 보석처럼 소중히 취급된다. (맥스 루케이도)

4월 3일 — 주님의 마음과 하나가 되게 하소서

오늘의 말씀

여호와여 오직 내가 주께 부르짖었사오니 아침에 나의 기도가 주의 앞에 이르리이다

(시편 88:13)

오늘의 기도

주님의 마음과 하나가 되게 하소서

내 마음을 열어 주시는 주님
내 마음을 활짝 열어 주사
주님을 영접하므로
주님의 마음과 하나가 되게 하소서.

기도드릴 때마다
찬양드릴 때마다
말씀을 상고할 때마다

주님의 마음과 내 마음이
하나가 되게 하소서.
내가 주안에 주님이 내 안에
함께 하심을 체험하게 하소서.

오늘의 묵상

리처드 박스터의 기도

온 생명의 영이시여, 당신의 은혜를 우리에게 부어 주소서.
주님이시여, 우리를 복 주시고 지켜 주시옵소서.
주님이시여, 당신의 얼굴을 우리 위에 비춰 주시오며 우리에게 은혜를 주시옵소서.
주님이시여, 당신의 사랑의 빛을 비춰 주시고 지금부터 영원까지 우리에게 평화를 주시옵소서.
아멘!

4월 4일　　　주님 용서하여 주소서

오늘의 말씀

주여 내게 은혜를 베푸소서
내가 종일 주께 부르짖나이다

(시편 86:3)

오늘의 기도

주님 용서하여 주소서

죄에서 조차 주님은 사랑이시니
나의 깜깜한 죄악을 나의 두터운 허물을
몰래 숨겨 놓은 잘못을 주님 용서하여 주소서.

남을 수시로 비난하고 남을 모함하고
틈만 나면 시기하고 질투하는
나의 그릇된 마음을 주님 용서하여 주옵소서.

어울림 속에 살아야할 삶을
늘 튕겨 나오고 싶어 하고
늘 삐딱하고 허물어 놓으려 하는
나의 부족한 마음을 주님 용서하여 주소서.

내 마음 깊은 곳에서
주님의 사랑의 숨결을 느끼며
주님의 보혈로 젖게 하소서.

오늘의 묵상

성 어거스틴의 기도

오! 당신이시여, 당신에게 얼굴을 돌리는 것은 타락이며 당신을 향해 얼굴을 향하게 하는 것은 구원이며 그리고 당신 안에 사는 것은 영원히 사는 것입니다. 우리에게 우리의 책임을 다할 수 있도록 도와주시고 모든 고민에 대해서는 당신의 인도함을 주시고 모든 위험에 대해서는 당신의 지킴을 주시며 모든 슬픔에 대해서는 당신의 평화를 주옵소서. 우리 주 예수 그리스도를 인하여 기도합니다. 아멘!

4월 5일 　내 마음의 상처를 치유해 주시는 주님

오늘의 말씀

밤에 내 영혼이 주를 사모하
였사온즉 내 중심이 주를 간
절히 구하오리니 이는 주께서
땅에서 심판하시는 때에 세계
의 거민이 의를 배움이니이다

(이사야 26:9)

오늘의 기도

내 마음의 상처를 치유해 주시는 주님

세파에 시려운 마음
주님의 사랑으로 녹여 주소서.

늘 쫓기어 살아가는 삶에
여유를 주시고
분주함 속에 기도하지 못함을
핑계로 삼지 말고
기도함으로 평안을 얻게 하소서.

삶의 시련에 부딪혀 만들어진
내 마음의 상처를 치유해 주시는 주님
사람들 속에서 상처받기보다는
사람들 속에서 사랑을 나누며 살게 하소서.

오늘의 묵상

참된 기도의 형태가 어떠해야 하는가에 대해서라면 아무런 정해진 법칙이 없다는 사실이 우선 강
조되어야 한다. 우리는 외면적 형태를 맞추어 아주 정확하게 말을 조립해 갈 수 있지만 그러면서
도 그 안에 의미라고는 전혀 담겨있지 않을 수도 있다. 하나님은 중심을 살피는 분이시다. 그럼에
도 불구하고 우리는 영원하시고 사랑이 많으신 우리의 하늘 아버지께 나아감에 있어서 올바르고
합당한 태도로 나아가기를 힘써야만 한다. (밴 듀런)

4월 6일 　주님의 이름을 부릅니다

내가 밤낮 간구하는 가운데 쉬
지 않고 너를 생각하여 청결한
양심으로 조상적부터 섬겨 오
는 하나님께 감사하고 네 눈물
을 생각하여 너 보기를 원함은
내 기쁨이 가득하게 하려 함이
니

(디모데후서 1:3-4)

오늘의 기도

주님의 이름을 부릅니다

나의 주님 새벽에 눈을 뜨자마자
주님의 이름을 부릅니다.
주여! 새날을 주셔서 감사합니다.
오늘 하루도 주님께서 인도하소서.

우리 가족과 성도들과
목회자들을 인도하여 주소서.
이 나라와 이 민족 그리고
위정자들을 인도하여 주소서.

전세계 사람들과 선교사님들을
주여! 인도하여 주소서.
오늘도 주님과 동행하는 삶을 살게 하소서.

오늘의 묵상

긍정적이든 부정적이든 인간은 인간의 특권 가운데 고통에 대한 탁월한 능력을 가지고 있다. 우리
에게는 예컨대 고통에 관한 책을 읽거나 무서운 경험에 대한 기억을 떠올림으로써 자신을 보호하
고 존중할 줄 아는 독특한 능력이 있다. 어떤 고통들, 예를 들어 슬픔이나 정서적 충격 같은 고통들
은 아무런 신체적 자극이 없다. 두뇌의 연금술에 의해 빚어진 정신 상태다. 이 덕분에 육체적 고통
이 지나갔음에도 불구하고 오래도록 그 고통이 마음속에 맴돈다. 그러나 우리에게 고통이라는 경
험의 본질을 바꿀 수 있는 잠재력을 주기도 한다. 즉, 우리는 고통에 대처하는 법을 배울 수 있고 나
아가 고통과 싸워 승리할 수도 있다. (폴 브랜드)

오늘의 말씀

지존자여 십현금과 비파와 수금으로 여호와께 감사하며 주의 이름을 찬양하고 아침마다 주의 인자하심을 알리며 밤마다 주의 성실하심을 베풂이 좋으니이다

(시편 92:1-3)

오늘의 기도

내 마음을 성령의 불로 뜨겁게 하여 주소서

오 주님!
하늘에 태양도 뜨겁게 타오르게 하시고
우주을 비추며 빛나게 하시는
놀라운 섭리를 믿습니다.

오 주님!
내 마음을 성령의 불로 뜨겁게 하사
죄악이 소멸되고
주님의 말씀으로 단련된
믿음을 소유하게 하소서.

오 주님!
내 마음을 성령의 불로
뜨겁게 하여 주소서.

오늘의 묵상

오 주님, 이 세상은 두려움으로 가득 차 있습니다. 저의 두려움을 두려워하고 있는 사람들을 위한 기도로 바꾸어 주십시오. 그 기도가 다른 사람들의 마음을 격려하게 하소서. 그래야 저의 어두움이 다른 사람들을 위한 치유의 근원이 될 수 있을 것입니다. 오 주님, 당신도 두려움을 아십니다. 오 주님, 저의 두려움이 당신의 두려움에 속하게 하사 그것이 저를 어두움이 아닌 빛으로 이끌어 주소서. (헨리 나우웬)

4월 8일　주 안에서 삶의 모습이 바뀌게 하소서

오늘의 말씀

내가 전심으로 주를 찾았사오니 주의 계명에서 떠나지 말게 하소서

(시편 119:10)

오늘의 기도

주 안에서 삶의 모습이 바뀌게 하소서

주님께 기도를 드림으로
나의 삶의 모습이
주 안에서 바뀌게 하소서.

세상에서 즐기던 마음이
주 안에서 기뻐하게 하소서.
세상에서 부유함을 원하던 마음이
주 안에서 자족하게 하소서.
세상에서 헛된 꿈을 꾸던 마음이
주 안에서 참된 소망을 갖게 하소서.

주님 앞에 굳센 믿음으로
나아감으로 불신앙 안에서 깨어나
기도로 나의 삶의 흐름이
주 안에서 바뀌게 하소서.

오늘의 묵상

간구의 세 가지 비밀이 있다. 첫째, 우리는 사랑의 아버지께 우리 마음의 소원을 구할 때 티끌만큼의 거리낌도 없어야 한다. 둘째, 우리는 우리가 원하는 것이 보다 높은 뜻에 따라 보류될 수 있다는 데 동의해야 한다. 셋째, 우리의 기도의 궁극적 동기는 우리가 하나님에게서 뭔가를 원한다는 것이 아니라 하나님을 원한다는 것이어야 한다. 간디가 쓴 것처럼 "기도는 구하는 것이 아니다. 그것은 영혼의 갈망이다. 기도는 날마다 자신의 연약함을 인정하는 것이다." (캘빈 밀러)

오늘의 말씀

내 영혼이 진토에 붙었사오니
주의 말씀대로 나를 살아나게
하소서
(시편 119:25)

오늘의 기도

삶에 충실하게 하소서

늘 새롭게 살기를 원하면서도
나태해지고 게을러지는
나의 마음을 인도하여 주소서.

맡겨진 일에 최선을 다하며
삶에 충실하게 하소서.

내 삶이 막연한 삶이 아니라
확실하고 분명한 삶이 되게 하소서.

나의 목숨이 다하는 날까지
주님께 충실한 삶을 살게 하소서.
주님으로 인해
나의 삶의 길을 제대로 걷게 하소서.

오늘의 묵상

기도는 우리의 필요를 말씀드리고 하나님의 도우심을 간구하는 것 이상의 더 많은 것을 포함한다.
그것은 성령의 역사하심을 통하여 하나님 아버지와 관계를 더욱 밀접하게 발전시켜 나가는 것이
다. 우리의 기도 생활이 성숙해질수록 우리는 하나님의 뜻을 잘 이해하게 된다. 또한 기도하다보면
우리가 모르고 있을 때 어떻게 기도해야 하는지를 깨닫게 된다. 한편 하나님은 우리를 위해 역사하
실 뿐만 아니라 우리를 통해서도 역사하시기 때문에 기도는 하나님의 응답을 이루는 한 부분으로
우리 자신을 사용하시게 됨을 의미한다. 진실된 중보 기도자는 언제나 하나님의 뜻을 이루기 위해
노력하는 사람들이다. (워렌 워어스비)

4월 10일 | 나의 꿈을 이루어가게 하소서

오늘의 말씀

우리로 하여금 빛 가운데서
성도의 기업의 부분을 얻기에
합당하게 하신 아버지께 감사
하게 하시기를 원하노라

(골로새서 1:12)

오늘의 기도

나의 꿈을 이루어가게 하소서

주님을 따라가며
나의 소박한 꿈을 이루어가게 하소서.

예수로 꿈꾸는 사람이 되게 하소서.
주님의 사역에 꼭 필요한
사람이 되게 하소서.

사람들 속에 꼭 필요한
사람이 되게 하소서.

가정에서, 교회에서, 학교에서,
직장에서, 사회에서,
친구들에게, 이웃들에게
꼭 필요한 사람이 되게 하소서.

오늘의 묵상

하나님의 소명은 그처럼 너무나 인간적인 성향으로 가는 길을 막는다. 우리는 일차적으로 어떤 것을 하도록 혹은 어디엔가에 가도록 부름받은 것은 아니다. 우리는 누군가에게로 부름받았다. 부르심에 대한 올바른 응답은 다른 어떤 것도 다른 누구도 아닌 오직 하나님께만 헌신하는 것이다. (오스 기니스)

4월 11일 　변화된 삶을 살게 하소서

오늘의 말씀

그들을 진리로 거룩하게 하옵
소서 아버지의 말씀은 진리니
이다

(요한복음 17:17)

오늘의 기도

변화된 삶을 살게 하소서

네 가슴에 적셔 오는
주님의 사랑으로
변화된 삶을 살게 하소서.
거룩한 믿음 안에서
꿈을 건축하게 하소서.
주 안에서 변화된 삶을
주님의 복음을 전하게 하소서.
주님의 뜻을 따라 살게 하소서.

오늘의 묵상

하나님이 기도를 들으시는 이유

1. 무한한 자비와 은총의 하나님이시기 때문이다. 우리 모두가 한낱 무가치하고 비열하기 그지없
   는 존재임에도 불구하고 존귀하신 하나님이 우리의 기도를 듣고자 하시는 것은 놀라운 일이다.
   그것은 바로 그분의 자비와 은총이 무한하심을 보여 준다.

2. 우리에게는 하나님께 기도가 상달되도록 도우시는 중보자가 있기 때문이다. 우리의 중보자가
   되시는 분은 그의 피로 우리의 죄를 대속하셨고 하나님께 순종하시므로 우리의 기도가 헛되지
   않도록 하셨다. 지금도 우리를 위해 중보기도를 하고 계신다. 하나님은 우리의 기도를 들으시는
   분이시므로 우리는 낙심치 말고 항상 그를 향해 기도를 해야 한다. 그리고 기도할 때에는 냉랭
   하고 생명 없는 사람처럼 간구하지 말고 열심을 품고 하나님께 씨름을 하듯 간절히 해야 한다.

4월 12일 · 내 삶의 채널이 예수가 되게 하소서

오늘의 말씀

내가 곧 그들을 나의 성산으로 인도하여 기도하는 내 집에서 그들을 기쁘게 할 것이며 그들의 번제와 희생을 나의 제단에서 기꺼이 받게 되리니 이는 내 집은 만민이 기도하는 집이라 일컬음이 될 것임이라

(이사야 56:7)

오늘의 기도

내 삶의 채널이 예수가 되게 하소서

언제나 변함이 없으신 주님!
기도할 때마다 주님께서 가까워짐을 아오니
수시로 바뀌고 변덕스러운 내 삶을
예수께 고정시켜 살게 하소서.

유행과 흐름과 시류에 따라
내 삶의 모습이 달라지는 것이 아니라
내 삶의 채널이 예수가 되게 하소서.

세상의 수많은 구호와 표어도
일시적인 외침이오니
영원한 생명의 말씀 속에서 진리를 깨달아
진리의 말씀을 삶 속에 실천하며 살게 하소서.

오늘의 묵상

예수님이 십자가상에서 죽임을 당하신 것은 우리의 죄들을 사하시기 위함인 것이다. "율법이 육신으로 말미암아 연약하여 할 수 없는 그것을 하나님은 하시나니 곧 죄로 말미암아 자기 아들을 죄 있는 육신의 모양으로 보내어 육신에 죄를 정하사"(로마서 8:3). 이사야는 이렇게 예언했다. "우리는 다 양 같아서 그릇 행하여 각기 제 길로 갔거늘 여호와께서는 우리 모두의 죄악을 그에게 담당시키셨도다"(이사야 53:6). 바울은 이렇게 말했다. "하나님이 죄를 알지도 못하신 이를 우리를 대신하여 죄를 삼으신 것은 우리로 하여금 그 안에서 하나님의 의가 되게 하심이라"(고린도후서 5:21). 이런 식으로 거룩하신 예수님이 세상 죄를 담당하신 것이다. (빌리 그레이엄)

오늘의 말씀

또 기도할 때에 이방인과 같
이 중언부언하지 말라 그들은
말을 많이 하여야 들으실 줄
생각하느니라

(마태복음 6:7)

오늘의 기도

삶 속에서 주님의 모습을 드러내게 하소서

주님과 속삭이려고 기도를 드립니다.
너희는 세상의 빛이라
너희는 세상의 소금이라 하신 주님
우리의 삶 속에서
주님의 모습을 드러내게 하소서.

나약하고 부족한 부분을
더욱더 드러내게 하사
예수 그리스도의 충만함 속에 살게 하소서.

우리의 삶이 그냥 스쳐 지나가는
삶이거나
잠시 머물다 가는 삶이 아니라
주님의 인도함 속에
필요한 곳에 쓰임을 받는 삶이 되게 하소서.

오늘의 묵상

우리는 그리스도의 이름으로 기도해야 한다. 이것은 하나님께서 응답하실 것이라는 보장으로 기도할 때 그리스도의 이름을 의무적으로 갖다 대는 '마술적 공식'이 아니다. 예수님 이름으로 아버지께 무엇을 구한다고 하는 것은 예수께서 요구하시는 것, 그분을 기쁘게 그리고 그분의 역사를 더욱 풍성케 함으로 하나님께 영광을 돌리기를 구한다는 의미이다. (워렌 워어스비)

오늘의 말씀

여호와의 눈은 온 땅을 두루
감찰하사 전심으로 자기에게
향하는 자들을 위하여 능력을
베푸시나니 이 일은 왕이 망
령되이 행하였은즉 이 후부터
는 왕에게 전쟁이 있으리이다
하매

(역대하 16:9)

오늘의 기도

나의 삶이 익어가는 과일 같게 하소서

주님!
모든 나무에 큰 나무 한 그루가 있듯이
내 마음의 믿음의 씨앗 안에
예수의 희망이, 예수의 비전이 있게 하소서.

나의 삶이 주님 안에서
탐스럽게 익어 가는 과일 같게 하소서.

한 번뿐인 소중한 삶을
멋과 맛 그리고 아름다움으로 익어가게 하소서.
언제나 모든 영광을 나의 삶을 축복하시는
주님께 영광을 돌리게 하소서.

오늘의 묵상

당신은 기도의 특권을 갖고 있다. "걱정할 만한 기력이 있다면 왜 기도하지 않는가?"라고 적혀 있
는 액자를 나는 여러 가정에서 보았다. 근심하는 마음을 치료할 수 있는 최선책은 기도이다. "오,
우리는 얼마나 자주 평안을 상실한 채, 필요 없는 고통을 안고 사는지 그러나 전혀 그것을 감당할
힘이 없기에 기도로 모든 것을 하나님께 아뢸 뿐이네." 그러나 하나님이 우리의 기도에 응답하시
고 또 마음에 평안을 주시고자 할 때, 우리는 몇몇 조건들에 직면하지 않을 수가 없다. 실상 이런 조
건들을 대한다고 하는 것 자체가 복이다. (워렌 워어스비)

4월 15일 주님만 사랑하며 살게 하소서

오늘의 말씀

하나님이여 나를 지켜 주소서
내가 주께 피하나이다 내가
여호와께 아뢰되 주는 나의
주님이시오니 주 밖에는 나의
복이 없다 하였나이다 땅에
있는 성도들은 존귀한 자들이
니 나의 모든 즐거움이 그들
에게 있도다

(시편 16:1-3)

오늘의 기도

주님만 사랑하며 살게 하소서

주님만 사랑하며 살게 하소서.

내 안에 스며드는
주님의 사랑.
내 안에 고여드는
주님의 사랑.
내 안에 넘치는
주님의 사랑.
내 안에서 쏟아지는
주님의 사랑.

내 주님만이 나의 소망이시니
나에게 구원을 베풀어 주신
내 주님만이 나의 소망이시니
주님만 사랑하며 살게 하소서.

오늘의 묵상

사랑을 표현하는 것은 중요한 효과

사랑을 표현하는 것은 왜 그렇게도 중요합니까? 사랑의 표현은 가까운 관계에 있는 사람들에게 있어서 친밀감을 계속 유지시켜 주는 접착제이기 때문입니다. 그것은 사랑을 표현하는 사람에게나 그 사랑의 표현을 받는 사람에게나 그 두 사람의 관계성도 중요한 영향을 끼칩니다.

4월 16일 — 좁은 길로 인도하소서

오늘의 말씀

여호와여 의의 호소를 들으소
서 나의 울부짖음에 주의하소
서 거짓 되지 아니한 입술에
서 나오는 나의 기도에 귀를
기울이소서 주께서 나를 판단
하시며 주의 눈으로 공평함을
살피소서

(시편 17:1-2)

오늘의 기도

좁은 길로 인도하소서

어두운 골목
후미진 골목에서 방황하지 않게 하소서.
길이요 진리요 생명이신
주님께서 인도하시는
좁은 길로 인도하소서.

그 길이 우리의 눈과 겉보기에는
좁은 길일지라도 들어서면
이 세상에서 가장 넓은 길
사랑과 진리가 충만하고
소망이 충만한 길이오니
좁은 길로 인도하소서.

밝은 길 주님의 은혜가 가득한
구원의 길, 새 생명의 길
주님께서 인도하여 주시는
좁은 길로 인도하소서.

오늘의 묵상

십자가는 역사적인 사건이다. 예수 그리스도는 죄에 속한 육신의 법의 능력으로부터 신자들을 해
방시키기 위하여 죽으셨다. 신자들은 그리스도 안에서 죽은 것이다. 십자가는 모든 형태의 죄를 하
나님께서 싫어하신다는 것을 나타낸다. 성도들은 십자가가 없었던 것처럼 살 수는 없을 것이다.
(빅터 매튜스)

오늘의 말씀

하나님이여 찬송이 시온에서
주를 기다리오며 사람이 서원
을 주께 이행하리이다 기도를
들으시는 주여 모든 육체가
주께 나아오리이다

(시편 65:1-2)

오늘의 기도

하나님의 온전하신 뜻을 분별하게 하소서

죄악의 깊은 상처를
신음하거나 고함치지 말게 하시고
주님을 따르게 하사
모든 죄악에서 놓임을 받게 하소서.

내 마음이 겸손히 낮아지게 하시고
하나님의 온전하신 뜻을 분별하게 하소서.

복음에 눈을 떠서
주님을 새롭게 바라보게 하시고
주님을 섬기며 따르게 하사
내 한 목숨의 바람이 주님이 되게 하소서.

내 마음이 항상 주님을 사모하며
주님의 뜻을 온전히 깨닫게 하소서.

오늘의 묵상

기도는 원기 회복의 시간이다. 하워드 테일러는 그의 아버지 허드슨 테일러에 대해 이렇게 말했다.
"중국에서 지난 40년 동안 아버지가 무릎을 꿇은 것을 하나님이 하루도 보시지 않고서 해가 뜬 적
이 없다."

오늘의 말씀

하나님이여 내 기도에 귀를 기울이시고 내가 간구할 때에 숨지 마소서 내게 굽히사 응답하소서 내가 근심으로 편하지 못하여 탄식하오니 이는 원수의 소리와 악인의 압제 때문이라 그들이 죄악을 내게 더하며 노하여 나를 핍박하나이다

(시편 55:1-3)

오늘의 기도

사랑의 열정이 있게 하소서

나보다 나를 항상 먼저 찾아 주시고
내 마음에 항상 머물기를 원하시는 주님

주님이 날 사랑하신다는
그 말 한마디가
나의 삶을 변화시키니
주님의 사랑에 머물게 하소서.

그 크신 은혜를 온전히 받아들이게 하사
삶 속에서
마음 속에서
하나님의 온전하신 뜻을 분별하게 하소서.

뜨거운 고백의 눈물을 쏟아내게 하사
주님을 향하여
내 마음에 불타오르는
사랑의 열정이 있게 하소서.

오늘의 묵상

많은 사람들은 기도를 하지 않거나 기도를 할 줄 모른다. 그것은 그들의 생활에 기도를 방해하는 그 어떤 장애가 있다는 데 원인이 있다. 사람이 자기 생활에 있어서 평강, 기쁨, 안정 그리고 승리가 없다는 것들이 장애의 원인이 된다. 이사야 선지자는 "여호와의 손이 짧아 구원치 못함이 아니요 귀가 둔하여 듣지 못하심도 아니라 오직 너희 죄악이 너희와 너희 하나님 사이를 내었고 너희 죄가 그 얼굴을 가리워서 너희를 듣지 않으시게 함이니"라고 말한다. 신앙생활에서 큰 병은 죄라고 하나님께서는 아주 명백하게 우리에게 말씀하신다. (제이네카)

오늘의 말씀

사랑 안에 두려움이 없고 온전한 사랑이 두려움을 내쫓나니 두려움에는 형벌이 있음이라 두려워하는 자는 사랑 안에서 온전히 이루지 못하였느니라

(요한1서 4:18)

오늘의 기도

이 세대를 본받지 않게 하소서

주님이 원하시는 모습이 아닌
이 세대를 본받지 않게 하소서.
먹물과 시궁창보다 더럽게 오염되어 흘러내리는
이 세대를 본받지 않게 하소서.

나를 짓궂게 만들어 놓은
분별도 염치도 없는 이 악한 세대를 본받지 않고
주 안에서 선하게 착하게 살게 하사
주님을 본받게 하소서.

선으로 악을 이기게 하사
쏟아지는 빛같이 주님의 거룩한 보혈로 쓰임을 받은
주님의 자녀답게 구별된 성도의 삶을 살아
사랑의 빚 외에는 아무 빚도 지지 않게 하소서.

오늘의 묵상

우리 모든 그리스도인이 한 사람도 빠짐없이 남을 위하여 기도하되 더욱 기도할 필요가 있다. 솔직하게 말하면 나 자신도 남을 위하여 충분할 만큼 기도하고 있지 못하다. 나는 나의 아내와 가족, 친척과 동료 목회자 및 신자든 불신자든간에 친구들을 위하여 기도해 주어야 한다. 최소한 건실한 그리스도인이라면 매일 중보기도를 포함한 기도의 시간을 정해야 할 것이다. 얼마나 오랫동안 기도할 것인가에 대해서는 나중에 논의하기로 하자. 단지 남을 위해 기도하는 것이 몇몇 사람을 위한 것이 아니라 모든 그리스도인을 위하여 꼭 필요한 것임을 강조하고자 한다. 중보기도는 모든 그리스도인의 책임이다. (피터 와그너)

4월 20일 주 안에서 살게 하소서

오늘의 말씀

여호와여 내가 주께 피하오니
나를 영원히 부끄럽게 하지
마시고 주의 공의로 나를 건
지소서 내게 귀를 기울여 속
히 건지시고 내게 견고한 바
위와 구원하는 산성이 되소서

(시편 31:1-2)

오늘의 기도

주 안에서 살게 하소서

내 가슴을 치고
통곡하고 싶을 때
주님을 향해 기도하게 하소시.

주님을 향한 절박한
그리움이 있게 하소서.

주님이 없이는
살기를 원치 않게 하소서.
주님의 품 안에서 살게 하소서.

한순간 왔다가
한순간 떠나가 버리는 삶보다
주님이 함께 하시는
영원히 지속될 천국에 소망 있음을
내 마음에 확정하게 하소서.

오늘의 묵상

찰스 킹슬리의 기도

오! 주님이시여. 당신께 간구하오니. 당신께서 우리에게 바라시는 대로 저희가 순수하고, 온화하며, 진실되고, 고결하며, 정중하고, 관대하며, 유능하고, 책임감 있는, 유익한 자들이 되기까지 우리를 인도하시고 우리를 가르치시며, 우리를 강건케 하옵소서. 당신의 존귀와 영광을 위하여 기도하옵니다. 아멘!

4월 21일 지금 내가 주님의 이름으로

오늘의 말씀

허물에 사함을 얻고 그 죄의 가리움을 받는 자는 복이 있도다. 마음에 간사가 없고 여호와께 정죄 당치 않는 자는 복이 있도다. 내가 토설치 아니할 때 종일 신음하므로 내 뼈가 쇠하였도다.

(시편 32:1-3)

오늘의 기도

지금 내가 주님의 이름으로

지금 내가 주님을 알고
주님을 믿으며 주님을 사랑할 수 있음은
얼마나 놀라운 은혜이며
얼마나 놀라운 축복입니까.

지금 내가 주님의 이름으로
기도할 수 있으며
지금 내가 주님의 이름으로
찬양할 수 있으며
지금 내가 주님의 이름으로
복음을 전할 수 있으니
얼마나 놀라운 은혜입니까.

이 마음이 주님의 날이 오기까지
이 마음이 주님의 나라에 이를 때까지
지켜지게 하소서. 변하지 않게 하소서.

오늘의 묵상

조웨트의 기도

우리 아버지시여, 우리에게 당신의 뜻을 알 뿐 아니라 그것을 실천할 수 있는 길도 가르쳐 주소서. 최선의 것을 행할 수 있는 길도 가르쳐 주소서. 우리의 잘못으로 그 목적을 흐리지 않도록 도와주소서. 우리 주님 예수 그리스도 이름으로 기도합니다. 아멘!

오늘의 말씀

우리 능력 되신 하나님께 높이 노래하며 야곱의 하나님께 즐거이 소리할지어다 시를 읊으며 소고를 치고 아름다운 수금과 비파를 아우를 지어다. 월삭과 월망과 우리의 절일에 나팔을 불지어다.

(시편 81:1-3)

오늘의 기도

내 마음이 뜨겁도록 기도하게 하소서

내 마음을 내 눈물을 다 쏟아 뜨겁게
기도하게 하소서.

분주한 일상에 빠져 있고 갖가지 형식에 얽매여
남들의 눈치를 보며 드리는 기도가 아니게 하소서.

나의 삶을 잘 아시는 주님께 내 마음의 모든 것을
남김없이 다 쏟아 내어 내 중심이 뜨겁도록
기도 드리는 기도의 시간을 갖게 하소서.

오 주님! 이 시간만큼은
내 마음이 뜨겁도록 기도드리게 하소서.

오늘의 묵상

바우간의 기도

오! 주 하나님이시여, 함께 살고 있는 사람들 가운데 좋은 모범이 되게 하시며 그 모든 행함 가운데서는 바르고 진실하며 의무를 수행하는 데는 매우 양심적인 사람이 되게 하시며 모든 즐거운 때는 깨끗하고 절도 있게 하시며 모든 사람들에 대해서는 사랑을 가지고 예의 바르게 살게 하시며 예수 그리스도의 마음이 우리 속에 형상을 이루게 하시며 모든 사람들에게 우리야말로 주님의 제자임을 알리게 하여 주시옵소서. 주 예수 그리스도 이름으로 기도드립니다. 아멘!

4월 23일 사람들과의 약속을 지키며 살아가게 하소서

오늘의 말씀

여호와여 주께서 주의 땅에 은혜를 베푸사 야곱의 포로 된 자들이 돌아오게 하셨으며 주의 백성의 죄악을 사하시고 그들의 모든 죄를 덮으셨나이다

(시편 85:1-2)

오늘의 기도

사람들과의 약속을 지키며 살게 하소서

아주 작게만 보이는 약속들도
소중하게 생각하며 꼭 지키는 습관을 갖게 하소서.
나에게 다른 사람이 약속을 지키지 않았을 때
불쾌함과 야속한 마음이 드는 것을 아오니
사람들과의 약속을 지키며 살게 하소서.

시간의 약속, 물질의 약속, 사랑의 약속,
믿음의 약속, 기도의 약속,
수많은 약속들 속에 신뢰가 있으니
약속을 지키는 일들이 습관이 되게 하소서.

기도함으로 주님과 교제의 약속도
지키며 나갈 수 있는 강하고 담대한 믿음을 주소서.

오늘의 묵상

성 어거스틴의 기도

사랑하는 주님이시여, 오늘 밤 깨어 있는 자와 울고 있는 자를 돌봐 주시며, 당신의 천사들로 하여금 잠든 자를 돌보게 하여 주십시오. 오, 주님이시여, 병든 자들을 위로하여 주시며 피곤한 자들에게 쉼을 주십시오. 죽어가는 자에게 복을 내려 주십시오. 고난 당하는 자를 위로하시며 고민하는 자를 위로하여 주십시오. 그리고 기뻐하는 자를 지켜 주십시오. 이 모든 것을 당신의 사랑을 의지하여 기도합니다. 아멘!

4월 24일 불필요한 것들을 잊게 하소서

오늘의 말씀

만군의 여호와여 주의 장막이 어찌 그리 사랑스러운지요 내 영혼이 여호와의 궁정을 사모하여 쇠약함이여 내 마음과 육체가 살아 계시는 하나님께 부르짖나이다

(시편 84:1-2)

오늘의 기도

불필요한 것들을 잊게 하소서

지나간 것들을 쓸데없이 기억해 내어
고민이나 고독에 빠지지 않게 하소서.
나의 삶 속에서
불필요한 것들을 다 잊게 하소서.

찌꺼기 같은 것들이 너무나 많이 남아 있으면
내일을 향한 소망을 갖고 살아감에
걸림돌이 되오니 나의 삶 속에서
불필요한 것들을 다 잊게 하소서.

사랑의 기억들과 아름다운 기억들을
남기기 위하여 오늘을 아름답게 살게 하소서.

오늘의 묵상

기도는 복종이다. 하나님의 뜻에 대한 복종과 그 뜻에 대한 협력 내가 배에서 갈고리를 던져 해안으로 잡아끌려 한다면 해안이 내게로 끌려오는가 아니면 내가 해안으로 끌려가는가? 기도는 하나님을 내 뜻에 따라 끌어오는 것이 아니고 나의 뜻을 하나님의 뜻에 맞추는 것이다. (스탠리 존스)

4월 25일 생명 길을 보여 주소서

오늘의 말씀

하늘이 하나님의 영광을 선포
하고 궁창이 그의 손으로 하
신 일을 나타내는도다 날은
날에게 말하고 밤은 밤에게
지식을 전하니 언어도 없고
말씀도 없으며 들리는 소리도
없으나 그의 소리가 온 땅에
통하고 그의 말씀이 세상 끝
까지 이르도다 하나님이 해를
위하여 하늘에 장막을 베푸셨
도다

(시편 19:1-4)

오늘의 기도

생명 길을 보여 주소서

주님의 이름으로
내 삶이 건강하게 하여 주시고
주님의 이름으로
내 삶을 구원하여 주셨으니
주님께서 생명의 길을 보여 주소서.

주님께서 착한 일을 행하셨으니
내 삶 속에도 주님께서
착한 일을 행하게 하사
주님의 선하신 성품을 닮아가게 하소서.

주님의 말씀에 든든히 세워 주시고
주님 앞에 내 마음이 바르게 하소서.
주님과의 관계가 바르게 하사
주님께서 우리에게 보여 주시고
새 생명의 길로 인도하소서.

오늘의 묵상

윌리엄 뉴엘은 무릎을 꿇는 것은 단순히 불편하기 때문에 기도하기에 좋은 자세라고 말한다. 다니
엘은 무릎을 꿇었다. 짐 엘리어트는 말하기를 "하나님께서는 여전히 그분의 보좌에 계시고 우리는
여전히 그분의 발등상에 있으며 그 사이에는 무릎의 거리만 있을 뿐이다!" 그는 또한 "무릎으로 나
아가는 자는 절대 물러서지 않는다"라고 말했다. (엘리자베스 엘리어트)

4월 26일　　　　주님 앞에서 기쁨이 충만하게 하소서

오늘의 말씀

네 시대에 평안함이 있으며
구원과 지혜와 지식이 풍성할
것이니 여호와를 경외함이 네
보배니라

(이사야 33:6)

오늘의 기도

주님 앞에 기쁨이 충만하게 하소서

주님께서 지켜 주시는
양심을 따라 살게 하시고
무기력과 좌절 그리고 절망에서 벗어나
주님께서 내려 주시는
은혜에 따라 살게 하소서.

주님 앞에 욕심 없는 순수한
기도를 드리게 하사
거룩함에 이르는 열매를 맺게 하소서.

나의 삶이 세상에서 오는 기쁨보다
주님으로부터 오는 기쁨으로
충만하게 하소서
주님 앞에서 하늘 기쁨이 충만하게 하소서.

오늘의 묵상

피터 마샬의 기도

오! 우리의 아버지되시는 하나님이시여. 우리가 앞으로 일어날 일에 대해 만족하지 않게 하여 주
시오며, 올바른 일이 일어날 수 있게 하는 결단을 도와주시옵소서. 시간이 흐르는 동안에 인내심이
비겁으로 흐르지 않게 도와주시옵소서. 우리의 용기가 뜨겁든지 차갑든지 하게 하옵시며 어떤 일
에 대해서도 물러서지 않게 도와주시옵소서. 예수님 이름으로 기도합니다. 아멘!

오늘의 말씀

우리에게 있는 대제사장은 우리의 연약함을 동정하지 못하실 이가 아니요 모든 일에 우리와 똑같이 시험을 받으신 이로되 죄는 없으시니라 그러므로 우리는 긍휼하심을 받고 때를 따라 돕는 은혜를 얻기 위하여 은혜의 보좌 앞에 담대히 나아갈 것이니라

(히브리서 4:15-16)

오늘의 기도

내 영혼이 간절히 주님을 사모하게 하소서

내 마음이 간절히
내 마음이 간절히 주님을 사모하게 하소서.

불법에서 놓임을 받고
죄에서 가리움을 받게 하사
새로운 믿음 안에서 살게 하소서.

나의 삶이 세상의 흐름을 따라
흘러 흘러만 가지 않게 하시고
주님을 송축하며 소망하며 살아가게 하소서.
날마다 내 영혼이 간절히 사모하게 하소서.

오늘의 묵상

토마스 아놀드의 기도

오! 주님이시여. 우리는 바쁜 세상에서 살고 있습니다. 이 세상에서 우리의 일을 완성하기 위해서는 우리의 눈과 귀와 생각이 필요합니다. 우리가 이 세상에 들어가기 전에 우리의 눈과 귀와 생각을 당신께 맡길 필요가 있습니다. 이것들을 축복하사 그들의 활동을 당신께 위임하게 하옵시며 당신의 자연법칙에 의해 우리의 생각을 초월하여 우리의 심장의 고동과 우리의 혈액의 흐름처럼 우리의 영적인 생명력으로 하여금 우리의 마음이 오직 당신을 섬길 수 없을 때도 계속 활동 할 수 있도록 도와주시옵소서. 우리 주 예수 그리스도 이름으로 기도합니다. 아멘!

오늘의 말씀

게으른 자여 개미에게 가서
그가 하는 것을 보고 지혜를
얻으라 개미는 두령도 없고
감독자도 없고 통치자도 없으
되 먹을 것을 여름 동안에 예
비하며 추수 때에 양식을 모
으느니라 게으른 자여 네가
어느 때까지 누워 있겠느냐
네가 어느 때에 잠이 깨어 일
어나겠느냐

(잠언 6:6-9)

오늘의 기도

구원받는 사람들이 날마다 더하게 하소서

이 땅에는 아직도 수많은 영혼들이
길을 잃고 있으니 저들을 인도하여 주소서.
우리가 주님의 인도하심과
주님의 일을 하게됨을 자랑하게 하소서.
생명의 복음으로 인도되어
구원받는 사람들이 날마다 더하게 하소서.

복음을 전하는 입술이 되어
이웃들이 기뻐하게 하소서.
덕을 세우고 선을 행하게 하소서.
내 마음의 진실한 고백이
복음을 전하는 고백이 되게 하소서.
길 잃은 사람들을 주께로 돌아오게 하사
구원받는 사람들이 날마다 더하게 하소서.

오늘의 묵상

우리가 천국을 보게 될 때 우리를 크게 놀라게 해 줄 방으로 가득 차 있다. 그 방에는 큰 박스들이
있는데 깔끔하게 포장되어 있고 예쁜 리본으로 묶여져 당신의 이름이 쓰여져 있을 것이다. "땅에
서는 결코 요구한 적이 없으므로 절대 땅으로 배달하지 말라"고 적혀 있다. 기도는 일이나, 생각하
는 것, 보는 것, 고통 당하는 것, 혹은 주는 것을 위한 대체물이 아니다. 기도는 다른 모든 노력을 위
한 후원이다. (조지 버트릭)

오늘의 말씀

너희 모든 성도들아 여호와를 사랑하라 여호와께서 진실한 자를 보호하시고 교만하게 행하는 자에게 엄중히 갚으시느니라

(시편 31:23)

오늘의 기도

성령을 선물로 받게 하소서

우리가 주님을 영접했을 때
우리가 주님을 믿을 때
주여 성령을 선물로 받게 하소서.

성령 충만함으로 능력 있게 하시고
힘 있고 바른 믿음으로 힘 있게 전하게 하시고
주님의 영광을 드러내게 하소서.

내 모습이 주님 앞에 아름답게 하시고
내 모습이 주님 앞에 정결하게 하소서.
주님의 자녀다운 성도다운 삶을 살게 하소서.

오늘의 묵상

나는 당신이 주님과 교제하고 주님을 읽고 당신 자신과 당신의 필요에 관한 일들을 주님께 아뢰고 주님 자체로 말미암아 주님께 감사하는 데 좀 더 긴 시간을 보낼 것을 권면한다. 당신 자신의 필요뿐 아니라 다른 사람들의 다양한 필요를 위해 기도하고 주님의 말씀을 읽을 때 주님과의 교제는 점점 더 자유로워진다. 다섯 시간, 여섯 시간 또는 좀 더 많은 시간이 흘러가면서 당신은 자신의 압박감들을 벗어 버릴 수 있는 먼 곳에 있는 아주 조용한 사람의 집에 있는 것처럼 고요한 느낌을 갖게 될 것이다. 당신도 그러한 시간을 갖기를 바란다. (에디스 쉐퍼)

4월 30일 　　주님을 향한 목마름이 있게 하소서

오늘의 말씀

너희가 각각 마음으로부터 형제를 용서하지 아니하면 나의 하늘 아버지께서도 너희에게 이와 같이 하시리라

(마태복음 18:35)

오늘의 기도

주님을 향한 목마름이 있게 하소서

거칠고 험난한 삶을 살아가면서
늘 갈한 마음으로 살아가게 하시고
살아가는 사람들이 많고 많은 세상에서
주님을 향한 목마름이 있게 하소서.

내 마음의 우물을
주님의 은혜와 사랑으로 채워 주시고
내 마음의 샘이 축복으로 흘러넘치게 하소서.

주님의 손길을 원하게 하소서.
나의 연약함을 주님의 인도함 받게 하사
주님을 향한 목마름이 있게 하소서.

오늘의 묵상

하나님께서 당신의 시각을 넓히셔서 아이들을 기도라는 영역에 어떻게 사용하려 하는지 보여 주시기 바란다. 하나님이 역사하심을 보면서 당신과 당신 자녀의 신앙이 자라기 바란다. 당신과 당신의 자녀가 하나님의 임재를 점점 더 깊이 경험해 가면서 우리 주 예수 그리스도의 은혜 가운데서 자라기를 바란다. 하나님께서 예비하신 당신의 소명을 이루기 위해 그들을 신앙적으로 잘 준비시키기 바란다. 마지막으로 어린이들이 기도할 때 하나님께서 하시는 놀랍고 두려운 일들을 목격하게 되기 바란다. (체러 플러)

5월

5월의 기도

가시투성이 나무에서
아름다운 장미꽃이 피듯이
모든 사람들이
모든 어려움을 이겨 내고
모든 가정들이 하나같이
주의 사랑으로 화목하게 하소서.

오늘의 말씀

내가 네게 명령한 것이 아니
냐 강하고 담대하라 두려워하
지 말며 놀라지 말라 네가 어
디로 가든지 네 하나님 여호
와가 너와 함께 하느니라 하
시니라

(여호수아 1:9)

오늘의 기도

성령의 바람이 불어오게 하소서

이 땅에는 수많은 바람이 불어옵니다.
봄, 여름, 가을, 겨울
계절을 따라 불어오는 바람
태풍과 세찬 비바람 꽃샘바람도 있지만
내 마음과 내 영혼에
성령의 바람이 불어오게 하소서.

주님의 강한 능력으로
믿음이 쑥쑥 자라나게 하여 주소서.
나를 변화시켜 줄 성령의 바람이 불어오게 하소서.

전능하신 능력으로
나를 새롭게 해 줄 성령의 바람이 불어오게 하소서.

오늘의 묵상

하나님께서는 우리가 구하는 것을 주실 수도 있고, 우리로 하여금 기다리게 하실 수도 있으
며, 우리의 간구를 거절하실 수도 있다. 하나님께서는 우리가 기도하는 궁극적인 목적을 이
루어 주실 수 있다. 그러나 가시를 제거해 주시기를 구하는 바울의 기도에 대하여 그 가시를
제거해 주시기보다는 그 가시 때문에 받는 고통을 이길 수 있는 더 큰 은혜를 주셨던 것과
마찬가지로 기도하는 당사자의 생각과는 전혀 다른 방법으로 우리가 구하는 것을 주실 수도
있다. (카슨)

오늘의 말씀

주의 말씀으로 말미암아 주의 뜻대로 이 모든 큰 일을 행하사 주의 종에게 알게 하셨나이다 그런즉 주 여호와여 이러므로 주는 위대하시니 이는 우리 귀로 들은 대로는 주와 같은 이가 없고 주 외에는 신이 없음이니이다

(사무엘하 7:21-22)

오늘의 기도

사소한 일에 분노하지 않게 하소서

길가의 풀잎에도 생명을 주시는 주님
작고 사소한 일에도 분노하며
화를 내지 않게 하소서.

그냥 스쳐 지나가도 좋고 눈 감은 듯 못 본 척하며
사랑으로 감싸 주어도 좋을 일을 들춰내어
상처를 주지 않게 하소서.

모든 허물을 덮어 주시는 주님의 마음을 닮게 하소서.
사소한 일에도 우쭐대거나 교만하지 않게 하시고
사랑을 베풀며 살게 하소서.

오늘의 묵상

어느 무명인의 기도

그는 무언가 하기 위하여 능력을 구했으나 순종함을 배울 수 있도록 연약함을 주셨고, 더 큰 일들을 위하여 건강을 구했으나 더 나은 일을 하게 하려고 육체의 약함을 주셨으며, 행복을 위하여 부요를 구했으나 지혜로워질 수 있도록 궁핍을 주셨도다. 그가 사람들의 칭찬을 받기 위하여 권세를 구했으나 하나님의 필요성을 깨닫도록 열세함을 주셨으며, 인생을 즐기기 위하여 모든 것을 구했으나 모든 것을 누릴 수 있는 삶을 주셨도다. 그가 구하고 바라던 것은 얻지 못하였으나 그의 기도는 모두 응답되었도다.

5월 3일 혼자 있는 시간의 즐거움을 갖게 하소서

오늘의 말씀

여호와여 주의 도를 내게 보이시고 주의 길을 내게 가르치소서 주의 진리로 나를 지도하시고 교훈하소서 주는 내 구원의 하나님이시니 내가 종일 주를 기다리나이다

(시편 25:4-5)

오늘의 기도

혼자 있는 시간의 즐거움을 갖게 하소서

오 주여!
때로는
혼자 있는 즐거움을 갖게 하소서.

고요히 주님의 말씀을 묵상하며
주님께 기도함으로 성령 충만으로
마음에 번져 오는
영혼의 기쁨을 누리게 하소서.

분주하고 복잡한 일들 속에서 벗어나
주님과 함께 할 수 있는
시간을 갖게 하소서.
주님과 영적인 깊은 교제를
나눌 수 있는 시간을 갖게 하소서.

오늘의 묵상

기도는 그리스도인의 생활의 기본이며 교회 지도자들에게 주어진 명령이다. 기도 없이 예수 그리스도의 제자가 된다는 것은 불가능하다. 기도 생활을 가꾸고 훈련하지 않으면서 예수 그리스도의 제자가 될 수는 없다.

5월 4일   날마다 기쁨이 넘치는 삶을 살게 하소서

오늘의 말씀

마음의 경영은 사람에게 있어도 말의 응답은 여호와께로부터 나오느니라 사람의 행위가 자기 보기에는 모두 깨끗하여도 여호와는 심령을 감찰하시느니라

(잠언 16:1-2)

오늘의 기도

날마다 기쁨이 넘치는 삶을 살게 하소서

내 마음을 주님께 온전히 드림으로
날마다 기쁨이 넘치는 삶을 살게 하소서.

욕망껏, 욕심껏 허영과 환상 속에 살아
공허와 허탈 속에 좌절하지 않게 하소서.
온유와 절제와 겸손과 근신 속에 살아
감동과 감격 속에 살게 하소서.

내주하시는 성령께서 주시는
마음에 잔잔하게 흐르는 평안으로
날마다 기쁨이 넘치는 삶을 살게 하소서.

오늘의 묵상

고든 맥도날드의 기도

거룩하신 하나님!

집에서, 사업장에서, 교회에서, 요즘의 공란의 삶 속에서 우리 앞에 당신의 친밀함으로 초대가 있게 하옵소서. 우리로 하여금 안전한 장소를 세우도록 하시고, 그곳에서 우리의 영혼이 당신의 말씀을 들을 수 있는 평온의 시간을 갖게 하시고, 그 말씀을 우리의 특별한 친구들을 통한 당신의 성령으로서 내리게 하여 주시옵소서. 우리가 그것으로 당신이 원하시는 바를, 추구하시는 바를 배울 수 있기를 바라옵니다. 피곤에 지친 자, 영혼이 고갈된 자, 방향 없고 마비된 자들을 위하여 나는 그들의 영적인 열정의 회복을 위해 기도하오니 그들이 당신의 빛이 되고 세상에 빛이 될 수 있기를 원하옵니다. 아멘!

오늘의 말씀

일의 결국을 다 들었으니 하
나님을 경외하고 그의 명령들
을 지킬지어다 이것이 모든
사람의 본분이니라 하나님은
모든 행위와 모든 은밀한 일
을 선악 간에 심판하시리라

(전도서 12:13-14)

오늘의 기도

나사렛 예수 그 한 분으로

나사렛 예수 그 한 분으로
내 삶에 얼마나 놀라운 변화가
일어났는지 알게 하소서.

큰 모습으로 나에게 다가오심으로
나의 소망이 나의 꿈이
나의 모든 것이 달라지게 하소서.

나사렛 예수 안에 있는 삶이
놀라운 행복, 놀라운 기쁨이 되게 하소서.

오늘의 묵상

하나님께서 우리에게 선물을 주실 때 하나님의 마음, 하나님의 성하고 후하신 마음은 밝게 빛난다.
예수님의 형제인 야고보는 이렇게 말한다. "온갖 좋은 은사와 온전한 선물이 다 위로부터 빛들의
아버지께로부터 내려오나니"(야고보서 1:17). 하나님의 모든 선물은 그분의 사랑을 잘 드러내 준
다. 그러나 십자가의 선물들만큼 그분의 사랑을 나타내 주는 선물은 없다. 포장지가 아니라 예수님
의 수난에 싸여 찾아왔다. 나무 밑이 아니라 십자가 아래 놓여졌다. 리본이 달린 것이 아니라 피가
뿌려져 있다. (맥스 루케이도)

오늘의 말씀

믿음은 바라는 것들의 실상이
요 보이지 않는 것들의 증거
니 선진들이 이로써 증거를
얻었느니라

(히브리서 11:1-2)

오늘의 기도

새롭게 주님을 전하는 사람들

오늘도 복음 안에서 새롭게 주님을 만나고
삶의 기적을 일으키며 주님을 영접하는 사람들을
인도하여 주소서.

주님의 인도하심이 참으로
놀랍고 놀랍기에 구원받은 감격으로
주님을 찬양하는 무리들을 인도하여 주소서.

오늘도 말씀 안에서
세상의 모든 것들을 떨쳐 버리고
새롭게 변화된 삶으로 주님을 전하게 하소서.
모두 다 주 안의 즐거움이 가득하게 하소서.

오늘의 묵상

시편 1편에는 하나님의 말씀을 기뻐하는 사람의 모습이 그려져 있다. 그는 성경을 묵상하는 법을
배운 사람이다. 그랬을 때 어떤 결과가 있는가? 그는 바람에 날리는 갈대가 아니라 단단히 심어진
나무와 같다. 그런 사람의 인격이 견실하다. 그뿐만 아니라 그런 사람은 생산적이다. 계절을 좇아
과실을 맺는다. 그 외에도 그런 사람은 영적인 활력이 넘친다. 그의 인생은 시들지 않는다. 무슨 일
을 하든지 간에 번성한다. 영적 견고함, 활력, 생산성을 가진 그런 사람은 진정한 의미에서 행복하
다. 즉, 시종일관 진정으로 기쁨을 누릴 수 있다. (그라운즈)

5월 7일 우리에게 믿음을 더하여 주소서

오늘의 말씀

그가 우리를 대신하여 자신을 주심은 모든 불법에서 우리를 속량하시고 우리를 깨끗하게 하사 선한 일을 열심히 하는 자기 백성이 되게 하려 하심이라

(디도서 2:14)

오늘의 기도

우리에게 믿음을 더하여 주소서

우리의 삶을 앞과 뒤를 분간할 수 없는
극한 상황이 찾아온다 하여도
걱정과 염려로 실패하는 삶보다는
믿음으로 새롭게 변화된 삶을 살게 하소서.

모든 것을 인도하여 주시고 책임져 주시는
주님을 온전히 믿고 따르게 하소서.

믿음의 리듬에 맞추어가며
행복한 그리스도인으로 살게 하여 주소서.
전능하신 강한 팔로 힘 있고 능력 있게
우리를 붙들어 주심으로
주님 안에서 살게 하소서.

오늘의 묵상

기도는 하나님이 우리를 대신하여 무엇인가를 하시는 것이 아니라 우리가 스스로 할 수 있도록 하나님이 도와주시는 것이다. 기도는 상황을 바꾸는 것이 아니다. 우리 자신을 바꾸는 것이다. 이것이 이미 말한 기도의 두 가지 법칙이다. 다시 두 가지가 더 있다. 기도는 도피가 아니라 정복이다. 기도는 우리를 도와서 어려운 처지에서 피하게 하여 주는 속임수는 아니다. 기도는 우리를 도와서 어려운 상황에 직면하여 이를 정복하게 해 주는 것이다. (윌리엄 바클레이)

오늘의 말씀

그러므로 각처에서 남자들이 분노와 다툼이 없이 거룩한 손을 들어 기도하기를 원하노라

(디모데전서 2:8)

오늘의 기도

주님이 나에게 없으면

주님이 나에게 없으면
나는 초라하고 아무 쓸모가 없는
빈 그릇일 뿐이오니
주님을 따라 닮아가며 섬기게 하소서.

주님이 나에게 없으면
나는 더럽혀지고 깨어져 버린
나약한 그릇일 뿐이오니
주님을 따라 닮아가며 섬기게 하소서.

나를 깨끗이 씻어 주사
주님의 필요하심에 따라
쓰임이 필요한 곳에 쓰임 받게 하소서.

오늘의 묵상

분노, 증오, 반감 등 모든 종류의 인간적인 악덕으로 성령을 근심하게 하는 것은 그리스도인의 생활에 있어서 다른 어느 죄보다도 더욱 큰 영향을 끼치며 그리스도인의 간증을 허물어 버리고 만다. 우리 마음속으로부터 나오는 악독과 노함, 분냄, 떠듬, 훼방, 악의로 성령을 근심하게 한다는 것을 분명히 알 수 있다. 헌신된 그리스도인들도 종종 무슨 이유에서인지는 모르나 의외로 이런 분노로부터 나오는 모든 감정을 죄로 간주하려 들지 않는 것 같다. 그렇게 되면 안에서 소동하는 감정을 통제하지 못하게 되며 음주, 노름, 더러운 말 등 외적인 습관을 극복하고 그리스도인으로서의 성공적 생활을 하지 못하게 된다. (팀 라헤이)

5월 9일 　우리의 믿음이 성장하게 하소서

오늘의 말씀

그의 십자가의 피로 화평을
이루사 만물 곧 땅에 있는 것
들이나 하늘에 있는 것들이
그로 말미암아 자기와 화목하
게 되기를 기뻐하심이라

(골로새서 1:20)

오늘의 기도

우리의 믿음이 성장하게 하소서

우리의 삶을 안일하고
평안하게만 두지 마소서.
주님의 뜻을 따라서 훈련과 연단을 통하여
믿음이 더욱더 성장하게 하소서.

큰 믿음을 소유하게 하여 주셔서
주님께서 나의 삶의 주님이 되어 주소서.
오직 하나님의 능력으로,
오직 하나님의 방법으로,
주님의 인도하심을 믿고 따르게 하소서.

주님께서 모든 것을 공급하심과
주께서 우리에게 힘주심을 알게 하소서.
주님의 이름으로 우리를 구원하여 주소서.

오늘의 묵상

기도는 하나님께 이야기한다기보다는 오히려 하나님께 듣는 일이다. 하나님이 해 주실 것을 말씀
드린다기보다는 오히려 하나님이 바라시는 것을 듣는 일이다. 기도는 물론 말하는 것으로 시작되
어야 하지만 언제나 듣는 일로써 마쳐야 한다. 기도란 글자 그대로 "하나님이시여, 당신은 내가 무
엇을 하기를 바라십니까?"하는 것이다. 많은 사람들이 기도를 그만두어 버리는 것은 기도부터 잘
못된 점을 기대하기 때문이다. (윌리엄 바클레이)

오늘의 말씀

하나님께서 지으신 모든 것이
선하매 감사함으로 받으면 버
릴 것이 없나니 하나님의 말
씀과 기도로 거룩하여짐이라
(디모데전서 4:4-5)

오늘의 기도

주님의 사랑 속에 소중한 삶을 살게 하소서

흘러가는 세월 속에 같은 속도로 걸으며 뛰며
수많은 사람들 속에 파묻혀 살다가
주님을 찾아 기도하오니 받아 주소서.
이 순간 기도가 하늘까지 올라가기를 원하오니
주여! 받아 주소서.

주님의 이름으로 수없이 사랑한다고
고백하고 다짐하지만 늘 내 안에 머물러 있고
나만의 욕심과 슬픔 속에 갇혀 살 때가 많으니
나의 삶을 인도하여 주소서.
주님의 사랑을 내 마음속에 그리게 하사
주님의 사랑 속에 소중한 삶을 살게 하소서.

오늘의 묵상

베르니 메이는 그 편지에서 선교회 본부를 방문한 어느 번역 선교사의 이야기를 적었다. 그 선교사의 고백을 들어 보자. "나는 이곳에서 두 가지 목적을 가지고 시간을 보내려고 합니다. 첫째는, 가능한 한 영적인 싸움에 관해서 많은 것을 배우려고 합니다. 선교지에서의 싸움은 더 이상 기후나 말라리아나 민속 신앙에 대한 것이 아닙니다. 우리의 싸움은 정사와 권세와 이 세상 주관자, 곧 에베소서 6장에 나오는 하늘의 악한 영들과의 싸움입니다. 둘째는, 우리와 함께 기도할 사람을 찾는 일입니다. 선교지의 영적 어두움의 세력을 깨뜨리는 유일한 길은 기도뿐입니다. 우리를 위해 중보 기도해 줄 사람이 필요합니다." (피터 와그너)

5월 11일 주님을 만남이 축복이 되게 하소서

믿음의 기도는 병든 자를 구
원하리니 주께서 그를 일으키
시리라 혹시 죄를 범하였을지
라도 사하심을 받으리라 그러
므로 너희 죄를 서로 고백하
며 병이 낫기를 위하여 서로
기도하라 의인의 간구는 역사
하는 힘이 큼이니라

(야고보서 5:15-16)

오늘의 기도

주님을 만남이 축복이 되게 하소서

우리에게 불어오는 불결한 바람은 떠나가게 하시고
성령의 바람이 불어와 주님의 손길을 느끼게 하소서.

홀로 견디기엔 늘 두려움이 많은 세상살이에서
내 마음을 애태우는 모든 것들이
때로는 너무나 부질없고 아무 소용이 없으니
날 부르시는 주님의 음성의 간절함을 알게 하소서.

빛으로 다가오는 주님의 사랑에
고마움과 감사함을 느끼게 하소서.
너무나 빠르게 흘러만 가는 시간 속에
주님을 만남이 놀라운 축복이 되어
그 사랑에 싸여 소중한 삶을 살게 하소서.

오늘의 묵상

하나님의 말씀은 "진정으로 선포되고 성만찬은 올바르게 집행되어야 한다." 예배에는 적절한 찬송
과 친밀하면서도 깊은 뜻을 담은 기도가 있어야 한다. 목회자와 성도들은 그러한 예배 행위를 제공
하고 참여하는 데 상호 보완적인 책임을 담당해야 한다. 그런 예배에서 생명력이 넘치는 경험의 부
재란 있을 수 없다. 왜냐하면 근거가 확실한 성경적인 예배는 영원히 창조적이기 때문이다. 솔로몬
의 성전으로 향해가는 무리에서 벗어나 지루하게 시편을 노래하는 자의 모습을 상상하는 것은 불
가능하다. 사도들이 선포가 많은 이들(유두고를 제외하고)을 졸리게 할만큼 지루했을 것 같지는
않다. (유진 피터슨)

5월 12일 　골방 기도

오늘의 말씀

그러므로 너희 마음의 허리를 동이고 근신하여 예수 그리스도께서 나타나실 때에 너희에게 가져다 주실 은혜를 온전히 바랄지어다

(베드로전서 1:13)

오늘의 기도

골방 기도

홀로 있는 외로움 때문에
고독에 파묻혀 몸부림치지 않고
마음을 모아 주님께 간절히 기도하게 하소서.

기도 제목 하나하나 기도하다 보면
나를 위한 기도보다 남을 위한 기도를 드림으로
마음에 평안과 넘치도록 간절히 기도하게 하소서.
기도할 것 없는 것처럼 중언부언하던 기도가
살아 있는 기도로 바뀌게 하소서.

주님의 기도하심처럼 나를 위한 기도보다
남을 위한 기도의 시간을 많이 갖게 하소서.
우리를 보혈의 피로 값 주고 사신
주님께 기도함으로 영혼과 육신에 건강함을 주시고
기쁨 속에 사랑할 수 있는 마음이 되게 하소서.
홀로 있을 때 골방 기도로 주님을 만나게 하소서.

오늘의 묵상

우리는 지금 세련되고 현대적인 삶을 살고 있다. 하지만 갈급한 마음으로 절실하게 기도해야 할 때가 있다. 분투해야 하며, 염치 불구하고 끈덕지게 기도에 매달려야 하는 때가 있다. 성경에 기록된 대부분의 기도는 기도라기보다 차라리 "울부짖음"이다. 히브리어나 헬라어로 된 성경 원문을 보더라도 그 분위기가 실로 격한 것을 알 수 있다. 내 말을 반대하는 사람도 있겠지만 성경은 그러한 기도를 "하늘로 돌진하는 기도, 하늘을 관통하는 기도"로 인식하고 있다. 의인의 열정적인 기도는 실로 역사하는 힘이 크다. (홍해의 법칙)

5월 13일 　무거운 짐을 서로 나누어 지게 하소서

오늘의 말씀

이 예언의 말씀을 읽는 자와
듣는 자와 그 가운데에 기록
한 것을 지키는 자는 복이 있
나니 때가 가까움이라

(요한계시록 1:3)

오늘의 기도

무거운 짐을 서로 나누어 지게 하소서

우리들의 무거운 짐을
서로 돌아보아 나누어 지게 하소서.
홀로 질 때 무겁기만 하던 것들도
나누어 지면 행복으로 기쁨으로 바꾸어지오니
한 마음이 되게 하소서.

서로 함께 사랑함으로 영혼을
진정으로 사랑하고 있음을 믿게 하소서.

부족함을 깨닫게 하사 더욱더 믿게 하시고
영혼의 짐을 모두 다 온전히 맡기므로
우리가 서로 삶의 무거운 짐을
나누어 질 수 있는 사랑을 갖게 하소서.

오늘의 묵상

기도는 하나님께로 향하는 생각, 무언의 생각, 말을 통한 생각, 노래로 표현되는 생각, 소리 높여
할렐루야 외치는 생각, 다함께 손뼉 칠 때의 생각. 기도는 하나님께로 향하는 생각, 감사와 희망과
믿음, 무한한 사랑의 생각, 이런 생각이 하나님께로 갈 때 그것이 진심어린 기도라오! (엘리스 데비
비슨)

5월 14일 **주님 저들을 구원하여 주소서**

오늘의 말씀

너희 중에 누구든지 지혜가 부족하거든 모든 사람에게 후히 주시고 꾸짖지 아니하시는 하나님께 구하라 그리하면 주시리라

(야고보서 1:5)

오늘의 기도

주님 저들을 구원하여 주소서

외면하는 사람들
떠나려고 하는 사람들
바라보지 못하는 사람들
주님 저들을 구원하여 주소서.

아직도 길을 잃어버려 갈 길을 못 찾는
잃어버린 양 같은 이들을 위하여 기도하게 하소서.
주님 저들의 마음을 열어 주소서.
주님 저들의 눈을 열어 주소서.

저들의 마음 속에 주님을 영접하여
온전히 구원받게 하소서.
저들이 구원을 받을 때까지
내 영혼 깊은 곳에서 눈물로써
구원받을 때까지 기도드리게 하소서.

오늘의 묵상

눈이 먼 상태에서 더듬어 찾지 말게 하시고, 밝은 비전을 갖고 언제나 희망을 말할 수 있고, 무엇이 더욱 유익한가를 알게 하소서. 불길이 약할 때 얇게 차려입은 꼬마들이 거기 앉아 여지껏 누려 보지 못한 즐거움을 맛보는 그때 부드러운 바람이 살며시 불게 하소서. 오는 세월 동안에는 내가 한 말이나 내가 얻으려고 애쓴 이익으로 인해 가슴 아픈 일도, 두 볼이 젖는 일도 없게 하소서. (커서)

오늘의 말씀

만물의 마지막이 가까이 왔
으니 그러므로 너희는 정신
을 차리고 근신하여 기도하
라 무엇보다도 뜨겁게 서로
사랑할지니 사랑은 허다한
죄를 덮느니라

(베드로전서 4:7-8)

오늘의 기도

주님을

주님을
먼발치에서
바라볼 수 있어도 좋은데

주님은
언제나
내 마음에 함께 하십니다.

오늘의 묵상

기도란 무엇입니까?

기도는 천국 발전소에 스위치를 누르는 것입니다.

기도는 천국을 향한 영혼의 간절한 소망입니다.

기도는 회개한 마음에서 피어난 달콤한 향기입니다.

기도는 주님의 현존을 체험하는 것입니다.

기도는 하나님과의 대화 속에서 우리들의 마음을 표현하는 것입니다.

기도는 교회의 원동력입니다.

기도는 영혼이 향하는 가장 원숙한 기술입니다.

기도는 불타는 열정이며 진실한 삶이고 그리스도인의 생활의 호흡입니다.

기도는 하나님의 전능하심을 배우는 가냘픔입니다.

기도는 조용히 문을 열고서 하나님이 계시는 곳으로 들어가는 것입니다.

5월 16일 　분노 속에 사로잡히지 않게 하소서

오늘의 말씀

하나님이여 침묵하지 마소서
하나님이여 잠잠하지 마시고
조용하지 마소서

(시편 83:1)

오늘의 기도

분노 속에 사로잡히지 않게 하소서

마음 속이 부글부글 끓어오르는
분노 속에 사로잡히지 않게 하소서.
미친 듯이 소리지르고 싶고
분풀이를 아무에게나 하고 싶은
충동에서 벗어나게 하소서.

분노를 삭이지 않으면
사랑을 볼 수 없고, 사랑을 할 수 없으니
마음을 차분히 가라앉히게 하소서.

분노는 한 번 왔다가 지나간
폭풍우일 뿐 남기는 것은 아무것도 없으니
불행만 만드는 이유 없는 분노에서 떠나
주님께서 주시는 평온 속에
온유한 마음으로 분노를 잠재우게 하소서.

오늘의 묵상

걱정이란 결코 언덕을 오르지 못한다. 걱정이란 결코 계산서를 지불하지 못한다. 걱정이란 눈물을 마르지 못하게 한다. 걱정이란 두려움을 진정시키지 못한다. 걱정이란 결코 끼니를 요리해 내지도 못한다. 걱정이란 결코 부서진 수레바퀴를 수선해 놓지도 못한다. 마지막으로, 걱정이란 것이 어떤 사람에게도 직업을 얻어 준 적도 없다. 걱정은 결코 이루어 낼 필요가 있는 그 어떤 것도 해낸 적이 없다. 그렇다면 여러분은 왜 걱정으로 시간과 정력을 낭비하고 있는가?

오늘의 말씀

분을 그치고 노를 버리며 불평하지 말라 오히려 악을 만들 뿐이라 진실로 악을 행하는 자들은 끊어질 것이나 여호와를 소망하는 자들은 땅을 차지하리로다

(시편 37:8-9)

오늘의 기도

준비된 삶을 살게 하소서

잠들어 있는 나를 깨우는 자명종 소리가
듣기가 싫어 미움이 생기지 않게 하소서.
그냥 푹 자고 싶은 나태함에서 벗어나게 하소서.

피곤하지 않은데도 자꾸만 게을러지는
나를 일깨워 주소서.
깨워야 일어나는 것이 아니라
스스로 일어나는 습관을 갖게 하소서.

누가 시켜서 일을 하기보다
스스로 찾아서 일을 하게 하소서.
한 발짝 먼저 준비함으로 삶이 여유 있게 하소서.
늘 바쁘게 허둥지둥하기보다는
준비된 삶을 살게 하소서.

오늘의 묵상

토레이의 기도 방해 요소

1. 생활 속에 저지른 죄 때문에 기도가 방해를 받는다.
2. 이기적인 기도는 방해를 받는다.
3. 마음속에 우상은 기도를 방해한다.
4. 인색한 삶이 기도를 방해한다.
5. 남을 용서하지 않으면 기도 생활에 방해를 받는다.
6. 가정이 화목하지 않으면 기도 생활에 방해를 받는다.
7. 의심하는 것이 기도의 방해 요소이다.

5월 18일　　　행복을 원한다면

오늘의 말씀

나는 여호와를 향하여 말하기
를 그는 나의 피난처요 나의
요새요 내가 의뢰하는 하나님
이라 하리니

(시편 91:2)

오늘의 기도

행복을 원한다면

행복을 원한다면
막막한 세상살이 속에서도
마음속에 행복을 그리며 살게 하소서.
주님께서 나에게 주시는
하늘의 축복을 누리며 살게 하소서.

세상이 뿌리째 뒤집혀지기를 바라기보다는
마음부터 새롭게 변화되어
주님의 마음을 닮게 하시고
생활 방식도 새롭게 변화되어
주님의 삶을 닮게 하소서.

주님을 떠올리기만 해도 마음이 행복해져
말씀대로 살 수 있는 믿음을 주사
주님을 만지심을 체험하며
행복 속에 따뜻하고 평안하게 살게 하소서.

오늘의 묵상

기도의 언어는 있었으나 기도의 능력은 없었다. 기도의 소리는 있었으나 기도의 의미는 없었다.
기도의 형식은 있었으나 기도의 내용은 없었다. 기도의 입술은 있었으나 기도의 가슴은 없었다.
기도의 머리는 있었으나 기도의 발길은 없었다. 기도의 생각은 있었으나 기도의 손발은 없었다.
기도의 풀잎은 있었으나 기도의 열매는 없었다. 기도의 하늘은 있었으나 기도의 땅은 없었다.

5월 19일   부드러운 마음으로 살게 하소서

오늘의 말씀

나의 하나님이여 나의 원수에
게서 나를 건지시고 일어나
치려는 자에게서 나를 높이
드르소서 악을 행하는 자에게서
나를 건지시고 피 흘리기를
즐기는 자에게서 나를 구원하
소서

(시편 59:1-2)

오늘의 기도

부드러운 마음으로 살게 하소서

거칠고 힘센 것만이 강한 것은 아니니
부드러운 마음으로 감싸 줄 수 있는
넓은 사랑을 주소서.

강하기만 하면 부러질 수도 있으니
부드러움으로 스며들고 넘치고
흘러 들어가 닿을 수 있게 하소서.

상처받은 마음들을
온유하고 부드러운 마음으로
촉촉하게 적셔 주고 덮어 줄 수 있는
따뜻함이 있게 하소서.

오늘의 묵상

우리의 마음이 예수 그리스도의 마음으로 충만하게 하라.
우리의 심장이 예수 그리스도의 사랑으로 충만하게 하라.
우리의 눈이 예수 그리스도의 열정으로 충만하게 하라.
우리의 손이 예수 그리스도의 섬김으로 충만하게 하라.
우리의 무릎이 예수 그리스도의 기도로 충만하게 하라.

5월 20일 하루 종일

오늘의 말씀

두려워하지 말라 내가 너와
함께 함이라 놀라지 말라 나
는 네 하나님이 됨이라 내가
너를 굳세게 하리라 참으로
너를 도와 주리라 참으로 나
의 의로운 오른손으로 너를
붙들리라

(이사야 41:10)

오늘의 기도

하루 종일

하루 종일
온 종일
주님이 주시는 사랑을
온 마음으로 느끼며
살아갈 수 있는
믿음을 주소서.
아멘!

오늘의 묵상

기도할 때 일어나는 18가지 일

1. 하나님 중심의 사람이 된다.
2. 눈이 열린다.
3. 하나님을 보는 눈이 열린다.
4. 진리를 보는 눈이 열린다.
5. 자기를 보는 눈이 열린다.
6. 사람이 변화된다.
7. 언어의 변화가 일어난다.
8. 구원을 받는다.
9. 성령을 받는다.
10. 능력을 받는다.
11. 평안을 얻는다.
12. 위로를 받는다.
13. 기쁨이 충만하다.
14. 귀신이 쫓겨난다.
15. 초자연적인 응답을 받는다.
16. 하나님의 손길을 얻는다.
17. 하늘이 열린다.
18. 지혜를 얻는다.

오늘의 말씀

너희 안에서 착한 일을 시작하신 이가 그리스도 예수의 날까지 이루실 줄을 우리는 확신하노라

(빌립보서 1:6)

오늘의 기도

이 나라에 참된 부흥이 있게 하소서

주님을 온전히 신뢰하게 하소서.
나약함에 빠져 있으면
한순간에 무너지오니
주님께 기도함으로 성령의 역사 속에서
이 나라에 참된 부흥이 있게 하소서.

성령의 은혜가 파도치게 하시고
성령의 은혜가 바람으로 불어오게 하시고
성령의 은혜가 소낙비처럼 쏟아지게 하소서.

모든 이들이 입으로 주님을 찬양하며
하나님을 향한 열심이 있게 하사
모든 이들이 몸과 마음으로 경배하므로
모든 이들이 온전히 회개하여 돌아옴으로
이 나라가 창조의 성령에 의하여
참된 부흥이 있게 하소서.

오늘의 묵상

예수 그리스도의 겟세마네 기도의 6가지 특성

1. 구세주의 기도는 외로운 기도였다.
2. 구세주의 기도는 겸손한 기도였다.
3. 구세주의 기도는 하나님의 아들로서의 기도였다.
4. 구세주의 기도는 끈기 있는 기도였다.
5. 구세주의 기도는 더없이 진지한 기도였다.
6. 구세주의 기도는 맡기는 기도였다.

5월 22일　끝까지 포기하지 않는 믿음을 주소서

오늘의 말씀

그리스도의 평강이 너희 마음을 주장하게 하라 너희는 평강을 위하여 한 몸으로 부르심을 받았나니 너희는 또한 감사하는 자가 되라

(골로새서 3:15)

오늘의 기도

끝까지 포기하지 않는 믿음을 주소서

영혼을 황폐하게 하는 불신앙을 떠나
생명력 있는 살아 있는 믿음을 갖게 하소서.
능력 있는 믿음으로
험한 세상도 뚜벅뚜벅 걸어가며
자신 있고 당당하게 살아가게 하소서.

주님께서 공급하여 주시는 은혜를
충만히 받아 줄기차게 기도함으로
끝까지 포기하지 않게 하소서.

우리의 믿음이 성장하여
언제나 흔들리지 않는
견고한 믿음으로 똘똘 뭉친 삶을 살게 하소서.

오늘의 묵상

기도하는 어머니

1. 웨슬리 뒤에는 기도하는 어머니 수산나.
2. 어거스틴 뒤에는 기도하는 어머니 모니카.
3. 세례 요한 뒤에는 기도하는 어머니 엘리사벳.
4. 모세 뒤에는 기도하는 어머니 유니게.
5. 사무엘 뒤에는 기도하는 어머니 한나.

5월 23일 　주님의 일에 기대감을 갖고 살게 하소서

오늘의 말씀

주야로 심히 간구함은 너희 얼굴을 보고 너희 믿음이 부족한 것을 보충하게 하려 함이라

(데살로니가전서 3:10)

오늘의 기도

주님의 일에 기대감을 갖고 살게 하소서

변화 없는 삶을 맨송맨송하게 살아가므로
힘이 다 빠져 버린 모습이 되지 않게 하소서.

비전을 갖고 기도함으로 나의 삶 속에서
주님께서 이루어 주실 일들에
기대감을 갖게 하소서.

주님의 능력, 주님의 사랑으로
내가 할 수 있는 일보다 더 많은 일들을 함으로
삶의 달란트에 남김이 있게 하소서.

날마다 나의 삶이 기도함으로
놀라운 변화를 주시는
주님을 향한 기대감으로 살게 하소서.

오늘의 묵상

기도는 부흥으로 가는 길이다. 기도만이 참 영의 태어남이다. 버려진 모든 자를 중보하기 위하여 눈물을 흘리는 자비의 밤들에 그때에 짐들을 내려놓고 모든 죄인들이 소리 내어 울면 모든 사슬은 풀리고 세상 욕망은 사라질 것이다. 그리스도인들이 정결하게 되고 울며 기도할 때 하나님의 생수가 넘쳐흐르고 하나님의 영 앞에 굴복할 것이다. 부흥은 곧 하나님의 길이다. (에스텔레 지포드 잭슨)

5월 24일 　강하고 담대하게 기도드리게 하소서

하나님은 한 분이시요 또 하나님과 사람 사이에 중보자도 한 분이시니 곧 사람이신 그리스도 예수라

(디모데전서 2:5)

오늘의 기도

강하고 담대하게 기도드리게 하소서

주님은 능력의 주님이시니
내 삶 속에서 기적을 체험할 수 있도록
강하고 담대하게 기도드리게 하소서.

주님의 이름으로 기도함으로
주님의 놀라운 은혜로
응답해 주시는 기쁨을 누리게 하소서.

오늘의 삶 속에서도
기도의 응답을 체험하므로
능력 있고 활기찬 성도의 삶을 살게 하소서.
나의 삶의 변화를
나 자신과 주변 사람들이 알아
주님께 모든 영광을 돌리게 하소서.

오늘의 묵상

깰 수 없는 평화와 기쁨을 누리는 방법

1. 아무리 어려워도 하나님의 명령을 행하라.
2. 아무리 가혹해도 하나님이 정하신 일들을 참아라.
3. 아무리 달성하기 어려워 보여도 하나님의 약속들을 이룩하라.
4. 십자가의 대가가 아무리 크더라도 매일 죽으라.
5. 아무리 이해하기가 힘들어도 나의 적들을 사랑하라.
6. 쉬지 말고 기도하고 범사에 감사하라.

5월 25일　　우리의 삶의 초점이 예수가 되게 하소서

오늘의 말씀

경건의 모양은 있으나 경건의
능력은 부인하니 이같은 자들
에게서 네가 돌아서라

(디모데후서 3:5)

오늘의 기도

우리의 삶의 초점이 예수가 되게 하소서

꿈꾸는 자에게는 불가능이 없으니
우리의 삶의 초점이 예수가 되게 하소서.
살아감이 고생도 되고 염려도 되고 근심도 되나
지나고 보면 모두 다 하나님의 은총이오니
꿈을 축소시키지 않고 꿈대로 살아가게 하소서.

꿈을 내버리지 않게 하소서.
예수 그리스도께 맞추는 꿈을 갖게 하사
우리의 삶의 초점이 예수가 되게 하소서.

우리의 꿈은 한순간이 아니라
일생을 아름답게 이루어 가는
꿈을 꾸고 꿈을 이루어 가게 하소서.

오늘의 묵상

기도는 특별한 의상을 요구하지 않는다.　　기도는 특별한 장소를 요구하지 않는다.
기도는 특별한 웅변을 요구하지 않는다.　　기도는 특별한 학식을 요구하지 않는다.
기도는 결코 자랑하지 않는다.　　　　　　기도는 칭찬을 구하지 않는다.
기도는 흔히 가장 고요할 때 가장 강하다.　기도는 한계의 명확성을 문제 삼지 않는다.
기도는 해설을 피한다.
기도는 한정된 시간 속에서 출생했지만 영원을 붙든다.
기도는 약한 자를 강하게 하고 강한 자를 약하게 만든다.
기도는 다가오는 세상 권세를 감동시킨다.

5월 26일 나의 마음이 갈급하게 하소서

오늘의 말씀

자녀들아 우리가 말과 혀로만
사랑하지 말고 행함과 진실함
으로 하자

(요한일서 3:18)

오늘의 기도

나의 마음이 갈급하게 하소서

나의 마음이 비를 바라고 부르는
메마른 땅처럼 주님의 은혜의 부족을 알아
갈급하게 하소서.

주님을 나의 구주로
주님을 나의 인도자로 영접하오니
내 영혼을 구원의 은혜로 적셔 주소서.

주님의 은혜로 나의 삶이 올바르게 하시고
주님이 보시기에 바른 삶을 살게 하소서.
나의 마음이 항상
주님의 은혜를 사모하므로 갈급하게 하소서.

오늘의 묵상

오– 지옥에 소문이 날 정도로 기도한다면!
오– 사단이 더 이상 노릴 수 없을 만큼 기도한다면!
오– 우리가 중보기도하여 파멸의 수라장을 고요하게 할 수 있다면!
오– 우리가 눈물로 호소하여 잡혔던 이들을 자유롭게 할 수 있다면!
오– 교회를 괴롭히는 사단을 붙잡아 멀리 내던져 버릴 수 있다면!
오– 신음하며 기도할 수 있다면!

(레오날드 레이븐 힐)

5월 27일 주님의 음성을 듣게 하소서

오늘의 말씀

내 의의 하나님이여 내가 부를 때에 응답하소서 곤란 중에 나를 너그럽게 하셨사오니 내게 은혜를 베푸사 나의 기도를 들으소서

(시편 4:1)

오늘의 기도

주님의 음성을 듣게 하소서

삶 속에서 주님의 음성을 듣게 하소서.
사람들의 얼굴 모습에서
사람들의 생활 속에서
사람들의 언어 속에서
주님의 음성을 듣게 하소서.

기도 중에 주님의 음성을 듣게 하소서.

나의 기도를 들으시고 기뻐하시며
응답하여 주시고
항상 함께 하여 주시는
주님의 음성을 듣게 하소서.

오늘의 묵상

샘피 박사는 다음과 같이 이야기했다. "위대한 부흥은 그 젊은 목회자와 그 부인으로부터 시작되어 그 교회로 퍼져 나갔다. 나는 영광스러운 부흥에 참여하였고 하나님은 우리를 방문하셨고 우리에게 천국을 불어넣어 주셨다." 우리를 향하신 하나님의 뜻은 서로를 위해 기도하는 것이며 우리 자신들을 위해 기도하는 것이며 우리에게 속한 사람들을 위해 기도하는 것이며 우리 손으로 하는 모든 일을 위해서 기도하는 것이다. 이것이 바로 우리가 해야 할 일이다. (크리스웰)

오늘의 말씀

기도를 들으시는 주여 모든
육체가 주께 나아오리이다
(시편 65:2)

오늘의 기도

나를 향한 주님의 사랑을 알게 하소서

나 때문에
나의 죄악 때문에
십자가에 달리사 피 흘리시고
온갖 수치와 수모를 당하신
나를 향한 주님의 사랑을 알게 하소서.

나를 부르시고
나를 인도하여 주시는
가장 고귀한 사랑, 주님의 사랑
나를 향한 주님의 사랑을 알게 하소서.

주님께 고백하게 하소서.
나의 구주가 주님이심을
주님 앞에 고백하게 하소서.
고백함으로
나를 향한 주님의 사랑을 알게 하소서.

오늘의 묵상

감사하는 그리스도인은 시련과 고통과 상함과 눈물과 재해와 질병과 좌절과 실망을 오히려 하나님
께 찬양한다. "범사에 감사하라 이것이 그리스도 예수 안에서 너희를 향하신 하나님의 뜻이니라"
(데살로니가전서5:18). 감사하는 그리스도인은 보통이 아니다. 그러한 사람들이 세상을 변화시키
는 것은 당연하다. (크리스웰)

5월 29일

오늘의 말씀

여호와여 내 기도를 들으시고
나의 부르짖음을 주께 상달하
게 하소서

(시편 102:1)

오늘의 기도

주님 안에서 안식을 얻게 하소서

외로운 새 한 마리
하늘을 날고 날다 지쳐
날개를 접고 쉬고 싶을 때
주님 안에서 안식을 얻게 하소서.

남들은 새들이 날고 있을 때
행복하다고만 생각하고 있지만
새들도 때로는 날개를 접고
쉬고 싶은 것처럼 삶에 지쳐 슬플 때
주님 안에서 안식을 얻게 하소서.

언제나 주 안에 안식을 누리므로
기뻐하며 살게 하소서.

오늘의 묵상

당신의 마음의 고뇌 가운데 간구하는 기도가 여러 해 동안 아직도 응답되지 못했는가?
믿음이 떨어지기 시작하는가?
소망이 사라지고 있는가?
흘리는 눈물 가운데 모든 것이 헛되다고 생각하는가?
아버지께서 당신의 기도를 듣지 않으셨다고 말하지 말라.
당신의 소원은 이루어지게 될 것이다.- 언젠가, 그리고 어디에선가.

(오스왈드 샌더스)

오늘의 말씀

우리에게 향하신 여호와의 인자하심이 크시고 여호와의 진실하심이 영원함이로다 할렐루야

(시편 117:2)

오늘의 기도

내 마음의 기도

어둡고 침침한 길고 긴 터널을
지나온 듯한 마음이지만
지금은 주님의 빛 가운데 있어
행복하오니 함께 하여 주소서.

모든 일들을 잠시 멈추고
내 마음을 활짝 열어
주님께 기도할 수 있음이
행복하오니 함께 하여 주소서.

나에게 소망의 한 줄기 빛은
주님뿐이오니
내 마음의 기도를 들어주소서.

오늘의 묵상

인간의 고통과 사회의 붕괴에도 불구하고 가족에 대항하는 문화의 세력들이 점점 더 힘을 얻고 있다. 그래서 그리스도인들은 하나님의 사랑과 진리를 토대로 하여 진정 혁명적인 한 가정을 세우라는 부르심을 받는다. 그들은 가족의 안전에 대한 책임과 특권을 위탁받는다. 여호수아의 맹세가 지금만큼 적절했던 시대는 없었다. "오직 나와 내 집은 여호와를 섬기겠노라"(여호수아 24:15).

오늘의 말씀

여호와여 내 기도를 들으시며 내 간구에 귀를 기울이시고 주의 진실과 의로 내게 응답하소서

(시편 143:1)

오늘의 기도

이른 새벽에

아직은 잠이 다 달아나지 않은
졸린 눈으로
주님을 바라봅니다.

눈꺼풀이 무겁고
마음도 새로운 날을 받아들이기엔
어설프기만 합니다.

이른 새벽에
주님을 바라고 믿으며
내 입술로 주님께 기도드립니다.

빛 되신 주님을
내 마음의 빛으로 담으려는
나의 기도를 받아 주소서.

오늘의 묵상

영혼에 대한 부담을 느끼지 못하면 그 사람은 부흥이 반드시 필요하다. 열매 없이 1년, 2년을 보냈다면 어딘가에 크게 잘못되었음을 다시 한 번 기억하라. 이제라도 무릎을 꿇고 자백과 회개의 기도를 드리며 하나님께서 천국 문을 여시고 마음속에 부흥을 주시기를 간구해야 한다. 그리하여 내 마음에 불이 붙은 후에야 다른 사람들 마음에 불씨를 옮길 것이며 결국 온 교회는 하나님을 위한 불덩어리가 될 것이다. (오스왈드 스미스)

6월

6월의 기도

뜨거운 태양의
열기처럼
모든 삶에
열정을 다 쏟아
땀 흘리는
보람으로 살게 하소서.

6월 1일 　　　

오늘의 말씀

수고하고 무거운 짐 진 자들아 다 내게로 오라 내가 너희를 쉬게 하리라 나는 마음이 온유하고 겸손하니 나의 멍에를 메고 내게 배우라 그리하면 너희 마음이 쉼을 얻으리니 이는 내 멍에는 쉽고 내 짐은 가벼움이라 하시니라
(마태복음11:28-30)

오늘의 기도

주님 안으로

세상에서 날 부르는 곳
날 유혹하는 것들이 많고 많지만
나를 생명 길로 인도하시는
주님의 음성을 듣게 하소서.

주님의 은혜 안으로 날마다 한 걸음씩
날마다 한 걸음씩 들어가게 하소서.

세상에 화려함과 부요함 속에
빠져 들고 싶은 충동에서 벗어나
나를 구도자의 길로 인도하시는
주님의 음성을 듣게 하소서.

주님의 은혜 안으로 날마다 한 걸음씩
날마다 한 걸음씩 들어가게 하소서.

오늘의 묵상

여러분, 우리는 기독교의 한 차원 높은 형태를 취해야 합니다. 그렇지 않으면 교회는 물 건너 가 버린 것입니다. 사람들이 갖고 있지 않은 것을 갖고 있다고 공언하는 것은 잘못된 것입니다. 만일 여러분이 유혹을 이기지 못하고 있다면 세상이 여러분을 이기고 있는 것입니다. 그저 무릎을 꿇고 하나님께 도움을 구하십시오. 여러분, 하나님께 나아가서 우리를 감찰해 달라고 간구합시다. 우리가 그저 교회에 다니고 있으니까 모든 것이 좋아질 것이라고는 생각하지 맙시다. 만일 우리가 죄와 싸워 승리하지 못하고 있다면 철저히 잘못하고 있는 것입니다. (드와이트 무디)

6월 2일　주여 나를 도와주소서

오늘의 말씀

예수께서 이르시되 네 마음을 다하고 목숨을 다하고 뜻을 다하여 주 너의 하나님을 사랑하라 하셨으니 이것이 크고 첫째 되는 계명이요 둘째도 그와 같으니 네 이웃을 네 자신 같이 사랑하라 하셨으니

(마태복음 22:37-39)

오늘의 기도

주여 나를 도와주소서

무거운 짐을 옮기는 짐꾼처럼
나의 모든 짐을 홀로 지려는
어리석은 행동에서 벗어나게 하소서.
주님의 도움이 필요하오니
주여 나를 도와주소서.

모든 짐을 맡아 주시는
주님께 나의 모든 죄악의 짐을 벗어 버리고
주님의 보혈로 깨끗하게 씻음을 받게 하소서.

나의 삶이 주님의 은혜로 인하여
독수리 날개 치며 올라감같이
주님을 사모하게 하소서.

주여 나를 도와주소서.
주님을 깊이 알 수 있도록
말씀의 지혜를 열어 주소서.

오늘의 묵상

나를 믿어 주십시오. 이 나라는 진정 구원받을 필요가 있습니다. 술에 빠지고 세속적인 것에서 헤어나지 못하며 죄에 빠져 들고 있습니다. 만일 수백만의 우리 국민이 하나님과 바른 관계를 갖고 진지하게 기도한다면 우리 나라는 구원을 받을 것입니다. 하나님께서 "내 이름으로 일컫는 내 백성이 그들의 악한 길에서 떠나 스스로 낮추고 기도하여 내 얼굴을 찾으면 내가 하늘에서 듣고 그들의 죄를 사하고 그들의 땅을 고칠지라"(역대하 7:14)고 말씀하셨을 때 그것을 가리켜 말씀하신 것이 아닙니까? (허쉘 포드)

오늘의 말씀

내가 달려갈 길과 주 예수께
받은 사명 곧 하나님의 은혜
의 복음을 증언하는 일을 마
치려 함에는 나의 생명조차
조금도 귀한 것으로 여기지
아니하노라

(사도행전 20:24)

오늘의 기도

허무함에 빠져 들 때

삶이 지루하게 느껴지고
허무함에 빠져 들 때
모든 것에서 무조건 벗어나고 싶어질 때
주여 내 마음을 인도하여 주소서.

삶이 싫증 나고
왠지 모든 것이 물거품 같아만 보이고
따분하고 지루하기만 할 때
주여 내 마음을 인도하여 주소서.

내 마음이 갈피를 잡지 못하고
갈팡질팡하며
무슨 일이든지 저지르고만 싶어질 때
주여 내 마음을 인도하여 주소서.

오늘의 묵상

오랫동안 참고 기다려야 한다. 당신이 무엇이든지 단 한 차례 기도 드린 후에 그만두고는 그것을
믿음의 기도라고 하는가? 다니엘을 보라. 그는 스무 하루를 기도했다. 은총을 받기 전에는 물러서
지 않았다. 그는 결심을 단단히 하고 얼굴을 하나님께로 향해 기도하면서 응답되기를 기다렸다. 마
침내 세 이레를 기다린 끝에 응답이 왔다. (찰스 피니)

6월 4일

오늘의 말씀

예수께서 대답하여 이르시되 열 사람이 다 깨끗함을 받지 아니하였느냐 그 아홉은 어디 있느냐 이 이방인 외에는 하나님께 영광을 돌리러 돌아온 자가 없느냐 하시고 그에게 이르시되 일어나 가라 네 믿음이 너를 구원하였느니라 하시더라

(누가복음 17:17-19)

오늘의 기도

내 마음에 믿음의 씨앗이 싹트게 하소서

한 겨울에도 땅 속에 있는 씨앗들은
봄이 오기만을 초조하게 기다리며
얼굴을 내밀 준비를 하고 있습니다.

눈보라가 몰아칠 때에도
봄날 꽃을 피울 기쁨과
여름날 잎새들의 합창 소리와
가을날 열매들의 풍성함을 원하며
봄이 오기만을 기다리고 있습니다.

내 마음에도 믿음의 씨앗이 있습니다.
주님의 은혜로 쑥쑥 자라나
성령의 열매를 풍성하게 맺고 싶습니다.

오늘의 묵상

선한 행실을 소망하는 것으로만 그쳐서는 안 된다. 선택과 행위로 나타나지 않는 소망은 미덕이 아니다. 그렇다고 해서 그런 소망이 반드시 부도덕한 것이라고 말할 수 없다. 그런 소망은 무엇인가를 볼 때에 그것에 연유해서 마음속에 생겨날 것이다. 그러나 그러한 소망이 자발적인 행위를 낳지 못할 때 그것은 미덕이 못 된다. (찰스 피니)

6월 5일 작은 일 속에서

아버지께 참되게 예배하는 자
들은 영과 진리로 예배할 때
가 오나니 곧 이 때라 아버지
께서는 자기에게 이렇게 예배
하는 자들을 찾으시느니라 하
나님은 영이시니 예배하는 자
가 영과 진리로 예배할지니라
(요한복음 4:23-24)

오늘의 기도

작은 일 속에서

무심코 지나쳐 버리고 가 버릴
아주 작고 작은 일 속에서
주님의 뜻을 헤아리며 영광을 돌리게 하소서.

작은 것 속에도 섭리하심이 함께 하심을 알아
작은 것에서부터 소중함과 진실함을 알게 하소서.

작은 일들을 기도함으로
가장 큰일들까지 주님의 인도하심으로
순적하게 인도하여 주심을 체험하며
주님을 높이며 영광을 돌리게 하소서.

오늘의 묵상

우리가 어떤 행동으로 노선을 결정하기 전에 우리는 예수를 바라보며 그를 우리의 모본으로 삼아
야 한다. 예수는 그의 사역을 시작하실 때 40일을 기도로 보냈다. 사람들이 그를 왕으로 삼고자 했
을 때 그는 기도하였다. 그는 제자들이 깨기 전에 밤새도록 기도하신 적이 있으셨으며, 그는 무릎
꿇어 기도하시는 분이다. 그는 나사로를 살리기 전에도 기도하셨고 겟세마네 동산에서 기도하셨
으며 십자가에서 죽으면서도 기도하셨다. 완전하신 예수, 하늘과 땅의 모든 권세를 가지신 그런 예
수께서 기도할 필요가 있었다면 연약하고 죄 많은 우리야 얼마나 기도가 필요하겠는가? (허쉘 포
드)

6월 6일 주님의 사랑 속에는

그러므로 남을 판단하는 사람
아, 누구를 막론하고 네가 핑
계하지 못할 것은 남을 판단
하는 것으로 네가 너를 정죄
함이니 판단하는 네가 같은
일을 행함이니라 이런 일을
행하는 자에게 하나님의 심판
이 진리대로 되는 줄 우리가
아노라

(로마서 2:1-2)

오늘의 기도

주님의 사랑 속에는

주님의 사랑 속에는
구원해 주시는 깊고 깊은 약속이 있습니다.

주님을 만남으로 내 마음에 사랑이 찾아와
나에게 기쁨이 되고 소망이 되었습니다.
주님의 사랑 속에는 영원히 변하지 않는
깊고 깊은 약속이 있습니다.

주님을 만남으로
내 마음에 사랑이 충만하고
그 사랑이 흘러넘쳐
가족과 이웃을 사랑하게 되었습니다.

오늘의 묵상

한 가지 희망이 있다. 단 하나의 대답이 있다. 하나의 치유책이 있다. 복음에 의하면 나사렛 예수는
하나님의 독생자이다. 예수 그리스도는 인류가 어둠 속에 있기 때문에 그리고 이 세상 신에 의해
흘렸기 때문에 지상에 오셨다. 예수 그리스도는 인류를 고칠 수 있는 유일한 치유책을 가지고 오셨
다. 예수 그리스도는 자신의 희생적인 대속의 죽음과 부활로써 죄책의 얼룩을 지우셨다. 우리들의
병들고 마비된 영적 시신경에 새 생명과 힘을 주셨다. 예수 그리스도는 우리로 하여금 하나님을 바
라보게 하고 우리 아버지의 얼굴을 바라보게 하신다. (마틴 로이드 존스)

6월 7일 · 주님의 자비하심을 체험하게 하소서

오늘의 말씀

그는 하나님께 기도하므로 하나님이 은혜를 베푸사 그로 말미암아 기뻐 외치며 하나님의 얼굴을 보게 하시고 사람에게 그의 공의를 회복시키시느니라

(욥기 33:26)

오늘의 기도

주님의 자비하심을 체험하게 하소서

주님을 향한 나의 마음이
성령의 은혜로 정결하게 되어
아름답게 하소서.

더럽고 추한 모든 죄악을 주님께서
씻어 주심을 믿사오니
주님의 자비하심을 체험하게 하소서.

주님의 사랑을 받기 위하여
마음을 모아 드리게 하시고
주님의 택하심을 감사하게 하소서.

주님의 손길로 성결하게
죄 씻음을 받게 하시고
주님의 자비하심을 체험하게 하소서.

오늘의 묵상

우리의 시간 계획표를 조정하고 또 조정한다고 해서 "기도할 시간"이 마련되는 것은 아니다. 오히려 그 시간을 마련하기 위해서 가장 먼저 해야 할 일정표를 버리는 것이다. 진심으로 일정표를 버려야 한다. 그 일정표가 세상일과 사회생활 계획을 관리하고 제 시간에 직장에 나가며 약속 시간을 지키는 일에는 유용할지 모르지만 기도 생활에는 부정적인 영향을 미친다. (유진 피터슨)

6월 8일 나의 삶의 시작이 주님이 되게 하소서

오늘의 말씀

소망의 하나님이 모든 기쁨과 평강을 믿음 안에서 너희에게 충만하게 하사 성령의 능력으로 소망이 넘치게 하시기를 원하노라

(로마서 15:13)

오늘의 기도

나의 삶의 시작이 주님이 되게 하소서

삶의 출발은 길과 같아
어느 길로 들어가느냐가 중요하오니
나의 삶의 시작이 주님이 되게 하소서.

성경이 나의 삶의 나침판이 되게 하사
주님이 나에게 주신 믿음을 따라
지혜롭게 살아가게 하소서.

삶의 동행자가 중요하오니
주님의 인도하심을 따라
주님의 손을 꼭 잡고 살아가게 하소서.
나의 영원한 삶도 주님께서 인도하소서.

오늘의 묵상

다른 사람들이 기도하고 싶게 된 것은 예수께서 기도의 본을 보여 주셨기 때문이라고 할 수 있을 것이다. 그의 제자들이 그에게 와서 그들이 기도할 수 있도록 가르쳐 달라고 하였을 때 예수는 기도하고 계셨다. 제자들이 예수께서 기도를 통하여 무엇을 하실 수 있으며 또 요한도 기도를 통하여 무엇을 할 수 있었는지 보았기 때문에 그들도 기도하고 싶었던 것이다. 기도는 어떤 설교보다도 더 사람들을 감동시킬 수 있는 힘과 아름다움을 사람들에게 줄 수 있다. 하나님 앞에 나가는 비밀을 가진 자만이 다른 사람들로 하여금 그러한 비밀을 가지고 싶게 만들 수 있다. (윌리엄 바클레이)

6월 9일 주님을 만난 기쁨은

오늘의 말씀

사람아 주께서 선한 것이 무엇임을 네게 보이셨나니 여호와께서 네게 구하시는 것은 오직 정의를 행하며 인자를 사랑하며 겸손하게 네 하나님과 함께 행하는 것이 아니냐

(미가 6:8)

오늘의 기도

주님을 만난 기쁨은

나의 힘, 나의 능력으로는
도저히 주님께 가 닿을 수 없는데
주님을 만난 기쁨으로
내 마음이 뜨겁게 출렁거립니다.

죄악 속에 늘 서성거리며
어리석은 나의 삶에
새 생명의 은혜로 함께 하셨습니다.

주님을 만난 기쁨은
내 가슴이 아리도록 날마다 새로워
삶에 날개를 달아 놓은 듯 즐겁습니다.

주님을 만난 기쁨은
늘 새롭게 깨닫는 구원의 기쁨입니다.

오늘의 묵상

어느 성도의 기도

주여! 당신의 찬송을 듣던 저희들의 귀가 소란과 다툼의 소리를 듣지 못하게 하옵소서. 당신의 크신 사랑을 보던 저희 두 눈이 당신의 축복받는 소망을 바라보게 하옵소서. 당신을 찬양하는 노래를 부르던 저희의 혀가 진리를 말하게 하옵소서. 당신의 궁정을 거닐던 저희 발이 믿음의 빛 가운데로 행하게 하옵소서. 그리고 당신의 살아 계신 몸에 참여한 저희들의 몸이 새로운 생명을 입게 하옵소서. 아멘!

6월 10일

오늘의 말씀

너희가 무슨 일에든지 누구를
용서하면 나도 그리하고 내가
만일 용서한 일이 있으면 용
서한 그것은 너희를 위하여
그리스도 앞에서 한 것이니
이는 우리로 사탄에게 속지
않게 하려 함이라 우리는 그
계책을 알지 못하는 바가 아
니로라

(고린도후서 2:10-11)

오늘의 기도

모든 죄악에서 벗어나게 하소서

가을이 오면 나무들이 모든 잎새를
떨구어 내듯 모든 죄악을 다 떨쳐 버리고
나의 죄악에서 벗어나게 하소서.

봄이 오면 나뭇 가지마다
초록색 잎새들이 새롭게 돋아나듯이
나의 삶에 착한 일, 선한 일들이
주님의 은혜로 시작되게 하소서.

나의 삶 전체가 이른 비와 늦은 비의 은혜로
항상 촉촉하게 적셔 주시는
주님의 사랑으로 가득하게 하소서.

나의 죄악에서 벗어나
선한 일들에 지혜롭게 하여 주시고
주님이 주시는 자유를 마음껏 누리게 하소서.

오늘의 묵상

하늘의 아버지시여! 내 병든 마음을 진정시켜 주옵소서.
저로 하여금 땅 위의 모든 유혹을 잊게 하옵소서.
그리하여 당신의 엄위하신 낙원에 들어갈 수 있는 마음의 힘을 외 이 몸에게도 주옵소서.
(에브제니 바라친스키)

6월 11일 　주 안에서 행복하다

오늘의 말씀

내가 간구하는 날에 주께서
응답하시고 내 영혼에 힘을
주어 나를 강하게 하셨나이다

(시편 138:3)

오늘의 기도

주 안에서 행복하다

주님께 속삭이듯 드린
내 마음의 고백을
주님은 기뻐 받으시고
빙그레 웃으신다.

꿈이라도 좋다.
주님이 날 사랑하시고
주님이 날 바라보시고
웃으신다면
나는 주 안에서 행복하다.

오늘의 묵상

기도는
1. 기도는 죄를 고백하는 통로이다.
2. 기도는 하나님의 인도를 받는 방법이다.
3. 기도는 소원을 아뢰는 방법이다.
4. 기도는 타인의 어려움을 도와주는 방법이다.
5. 기도는 하나님께 감사드리는 방법이다.
6. 기도는 하나님께 영광을 돌리는 방법이다.
7. 기도는 자신을 하나님께 드리는 방법이다.

6월 12일 　주님을 사랑하기에

오늘의 말씀
무엇이든지 구하는 바를 그에게서 받나니 이는 우리가 그의 계명을 지키고 그 앞에서 기뻐하시는 것을 행함이라
(요한1서 3:22)

오늘의 기도

주님을 사랑하기에

주님을 사랑하기에
숨겨 두고 움츠리고 있기보다는
누구나 알도록 마음껏 표현하게 하소서.

세상의 알 수 없는 슬픔 때문에
괴로워하고 염려하기보다는
주님을 알면 알수록 기뻐지는
놀라운 사랑에 빠지게 하소서.

주님이 날 사랑하시는 사랑이
너무나 크고 놀랍기에
평생을 두고 표현하며 살게 하소서.
주님을 그리워하오니
내 마음에 담아 두기보다는
마음껏 표현하며 살게 하소서.

주님이 날 구원하신 은혜가
너무나 넓고 깊으니
평생토록 표현하며 기쁨으로 살게 하소서.

오늘의 묵상

기도는 하나님으로 하여금 일하시도록 만든다. (E. M. 파운즈)
기도야말로 우리의 사랑이 수직적으로 그리고 수평적으로 자유롭게 흐르도록 해 준다.
(리차드 포스터)

6월 13일 　 주님께 드린 기도 응답이

오늘의 말씀

우리의 싸우는 무기는 육신에
속한 것이 아니요 오직 어떤
견고한 진도 무너뜨리는 하나
님의 능력이라 모든 이론을
무너뜨리며

(고린도후서 10:4)

오늘의 기도

주님께 드린 기도 응답이

주님께 드린 기도 응답이 왜 이렇게 기다려질까
어떻게 인도해 주실까 어떻게 보여 주실까
주님께서 하실 모든 일에 기대가 됩니다.

주님께서 이루어 주신 일들을 감탄하며
영광을 돌리고 싶습니다.
"오 주님! 이토록 놀라운 이들을
나에게 이루어 주셨습니다!"라는
믿음의 고백이 이루어지기를 원합니다.

주님께 드린 기도의 응답이
기대감 속에 내 삶에 가까이 다가 올 것이기에
설렘으로 가득해집니다.

오늘의 묵상

크롬웰의 식사 기도

영국의 청교도 혁명가인 크롬웰은 식사를 할 때마다 이렇게 기도했다. "사람들 중에는 먹을 것이
있으나 식욕이 없는 사람이 있습니다. 또 사람들 중에는 식욕은 있으나 먹을 게 없는 사람이 있습니
다. 저에게 먹을 음식과 식욕 모두를 주신 하나님. 감사합니다. 아멘!"

6월 14일 나의 마음을

오늘의 말씀

이기는 그에게는 내가 내 보
좌에 함께 앉게 하여 주기를
내가 이기고 아버지 보좌에
함께 앉은 것과 같이 하리라
(요한계시록 3:21)

오늘의 기도

나의 마음을

주님 앞에
나의 온 마음을 한 곳으로 모아
다 비워 내게 하소서.

주님께서 나에게
모자람 없이 넘치도록
채워 주심을 믿게 하소서.

오늘의 묵상

기도를 게을리 하는 이유

1. 기도를 쉬는 것이 죄가 된다고 생각하지 않기 때문이다.
2. 기도가 신앙 생활에서 최우선 순위임을 느끼지 못하기 때문이다.
3. 기도하지 않는 것이 하나님과 만날 약속 시간을 어기는 것임을 알지 못하기 때문이다.
4. 기도는 하나님을 만나는 기쁨의 시간이라고 생각하지 않기 때문이다.
5. 기도는 시간을 낭비하는 것이 아니라 오히려 절약하는 것이라는 사실을 모르기 때문이다.
6. 기도 생활을 게을리 하는 것이 얼마나 어리석은 일인가를 깨닫지 못하기 때문이다.
7. 기도하지 않으로 영혼이 병든다는 사실을 알지 못하기 때문이다.

6월 15일 늘 준비된 삶을 살게 하소서

오늘의 말씀

이로써 그 보배롭고 지극히
큰 약속을 우리에게 주사 이
약속으로 말미암아 너희가 정
욕 때문에 세상에서 썩어질
것을 피하여 신성한 성품에
참여하는 자가 되게 하려 하
셨느니라

(베드로후서 1:4)

오늘의 기도

늘 준비된 삶을 살게 하소서

하루하루의 삶을
항상 서두르며 서툰 몸짓으로만
살아가지 않게 하소서.

천지 만물을 예비하시고 준비하시고
늘 새롭게 하시므로
모든 것들을 질서 있게 운행하시는
주님의 섭리를 따르게 하소서.

하루하루의 삶을
말씀으로 영혼의 양식을 준비하게 하시고
기도함으로 인도하심을 받게 하시고
찬양함으로 기쁨 속에 살게 하소서.
늘 주님 안에서 준비된 삶을 살게 하소서.

오늘의 묵상

기도는 상황을 변화시킨다

펜실베이니아에 사는 한 부인이 기도하는 중에 놀라운 체험을 했다. 그녀는 기도의 능력과 가치를
다른 사람에게 알리고 싶어서 뉴욕의 지하철에 있는 5백여 게시판을 한 달간 세를 주고 빌려 거기
에 다음과 같은 표어를 써 놓았다. "기도는 상황을 변화시킵니다. 기도는 당신을 변화시킵니다."

오늘의 말씀

그는 자기를 경외하는 자들의 소원을 이루시며 또 그들의 부르짖음을 들으사 구원하시리로다

(시편 145:19)

오늘의 기도

주님을 알고 나서

주님을 알고 나서
내 삶의 이야기를 쏟아 놓을 수 있는
기도의 시간이 있음으로 즐겁다.

떠가는 구름 같고
바람처럼 불어왔다 가는
짧게만 느껴지는 세월 속에
내 마음에 소망을 주시고
즐거움 속에 내일을
기대하게 하심이 행복하다.

주님을 알고 나서
주님을 영접하고 나서
진정한 나를 찾아 구원받은 은혜 속에
삶을 살아감이 기쁘다.

오늘의 묵상

기도가 응답되는 함성

아폴로 11호의 자선 독수리호가 성공적으로 달에 착륙했다가 이륙 후 모선 콜롬비아호와 재결합을 시도할 때 산소 분출이 안돼 이를 지켜보던 이들은 긴장과 초조로 손에 땀을 쥐었다. 이때 미국 대통령을 비롯한 온 미국인이 하나님께 기도를 드렸다. 그러자 기적적으로 도킹이 이루어지고 세 우주인이 "할렐루야"를 연발하는 소리가 전파를 타고 지구에 들려왔다. 이는 바로 기도가 응답되는 함성이었다.

6월 17일　　나를 바라보고 계시는 주님

백성들아 시시로 그를 의지하
고 그의 앞에 마음을 토하라 하
나님은 우리의 피난처시로다

(시편 62:8)

오늘의 기도

나를 바라보고 계시는 주님

주님 앞에는 숨길 것이 하나도 없다.
나만이 느낄 수 있는 주님의 눈빛.
주님은 나를 창조하시고
나를 가장 잘 아시며
나를 늘 새롭게 하여 주시는 분이시기에
나의 모습을 있는 그대로 보여 드리고 싶다.

나를 바라보고 계시는 주님 앞에
나를 너무나 잘 알고 계시는
주님 앞에 숨길 것이 하나도 없다.
나만이 느낄 수 있는
나를 사랑하시는 주님의 마음을 알기에
나의 모습을 있는 그대로 보여 드리고 싶다.

오늘의 묵상

복음 전도자의 기도

1. 은밀해야 한다.
2. 명확해야 한다.
3. 담대해야 한다.
4. 끈질기며 지속적이어야 한다.
5. 하나님의 영광을 위한 것이라야 한다.
6. 신앙이 있어야 한다.
7. 예수 이름으로 해야 한다.

오늘의 말씀

이로써 네 믿음의 교제가 우리 가운데 있는 선을 알게 하고 그리스도께 이르도록 역사하느니라

(빌레몬서 1:6)

오늘의 기도

잃어버린 양 한 마리

내가 누굴 찾고 있는지
모른다면
얼마나 불행할까

나는 누구를 찾고 있는지
잘 알고 있다.

내가 주님을 찾고 있는 줄
알았더니
주님이 날 먼저 찾고 계셨다.

내 삶의 모습이
잃어버린 한 마리 양 같아서이다.

오늘의 묵상

윌리엄 카우퍼의 기도

내게 있는 가장 소중한 우상 그것이 무엇이건 간에
주님의 보좌 앞에서 그것을 무너뜨리고
오직 주님만 경배하게 하소서.

나의 걸음이 늘 주께로 가까이 나아가게 하소서.
나의 삶이 잔잔하고 평온하게 하소서.
그렇게도 밝은 빛으로 그 길을 밝혀 주소서.

6월 19일 　주님의 손을 꼭 잡고 살아가고 싶다

오늘의 말씀

나의 의를 즐거워하는 자들이
기꺼이 노래 부르고 즐거워하
게 하시며 그의 종의 평안함
을 기뻐하시는 여호와는 위대
하시다 하는 말을 그들이 항
상 말하게 하소서

(시편 35:27)

오늘의 기도

주님의 손을 꼭 잡고 살아가고 싶다

주님의 손을 꼭 잡고 살아가고 싶다.

다 잡다가 놓친 날들의
안타까움을 뼈아픈 아픔으로
가슴에 새겨 두고 있다.
주님께 가까이 더 가까이 다가가며
모든 어려움을 극복하며 살아가고 싶다.

너무나 멀리 떨어져 있는 듯한
마음이 들 때 절망의 고뇌 속에
고통이 가득해져옴을 알고 있다.
나는 언제나 나의 삶 동안에
주님의 손을 꼭 잡고 살아가고 싶다.

오늘의 묵상

아일랜드인의 기도

시간을 내어 일하라. 그것은 성공의 대가이다.
시간을 내어 생각하라. 그것은 힘의 근원이다.
시간을 내어 놀라. 그것은 영원한 젊음의 비결이다.
시간을 내어 독서하라. 그것은 지배의 기반이다.
시간을 내어 친절을 베풀라. 그것은 행복에 이르는 길이다.
시간을 내어 사랑하고 사랑을 받으라. 그것은 특권이다.
시간을 내어 함께 나눠라. 이기적으로 살기엔 인생은 너무 짧다.
시간을 내어 웃어라. 웃음은 영혼의 음악이다.

6월 20일　삶을 즐겁게 살아가게 하소서

내 마음이 약해 질 때에 땅 끝
에서부터 주께 부르짖으오리
니 나보다 높은 바위에 나를
인도하소서

(시편 61:2)

오늘의 기도

삶을 즐겁게 살아가게 하소서

평범하게 흘러가는 일상일지라도
즐거움을 찾아 기쁨을 소유하며
삶을 즐겁게 살게 하소서.

맴맴 돌고 있는 나날의 삶일지라도
웃음을 찾아 기쁨을 소유하며
삶을 즐겁게 살게 하소서.

나에게 기쁨이 있다면
남에게 나누어 주고
남에게 슬픔이 있다면
나도 함께 나누어 가며
삶을 즐겁게 그리스도인으로 살게 하소서.

오늘의 묵상

기도는 가장 오래되고 가장 보편적이며 가장 강렬한 종교적 본능의 표현이다. 또한 기도는 무한한
양극단을 갖고 있다. 왜냐하면 기도는 어린아이의 입술로도 할 수 있는 가장 단순한 말의 형태임과
동시에 주님께 상달되는 가장 고상한 노래이다. 그리스도인에게 있어 기도는 절대 필요한 호흡이
요, 공기이다.

6월 21일 내일 그 어느 시간에도

자기 아들을 아끼지 아니하시
고 우리 모든 사람을 위하여
내주신 이가 어찌 그 아들과
함께 모든 것을 우리에게 주
시지 아니하겠느냐
(로마서 8:32)

오늘의 기도

내일 그 어느 시간에도

내일 그 어느 시간에도
이 순간이 부끄럽지 않도록
오늘을 살게 하소서.

자나 깨나 주님의 사랑에 폭 젖어 들도록
주 안에서 살게 하소서.
나의 눈망울 속에 주님의 모습이 보이고
마음에 주님의 흔적이 있게 하소서.

삶의 한순간 한순간마다
지금의 나를 바라보아도
이 순간의 삶이 부끄럽지 않도록
주님을 소망하며 살게 하소서.

오늘의 묵상
세상을 사랑하지 말아야 할 이유 5가지

1. 세상은 하나님을 대적한다.
2. 세상은 영적으로 죽어 있다.
3. 주님은 세상으로부터 우리를 구원하기 위해 죽으셨다.
4. 세상은 도덕적으로 타락했다.
5. 세상은 하나님을 향한 우리의 사랑을 미혹시킨다.

6월 22일 — 주님께로 나아갈 좋은 길을 얻게 하소서

오늘의 말씀

그 후에 내가 내 영을 만민에게 부어 주리니 너희 자녀들이 장래 일을 말할 것이며 너희 늙은이는 꿈을 꾸며 너희 젊은이는 이상을 볼 것이며

(요엘 2:28)

오늘의 기도

주님께로 나아갈 좋은 길을 얻게 하소서

말씀 속에서 기도함으로
주님께로 나아갈 좋은 길을 얻게 하소서.

소망 중에 기도하게 하시고
주님의 부르심을 받은 자녀답게
은혜와 평안 속에 살게 하소서.

모든 것이 기쁨이 되게 하시고
모든 것이 소망이 되게 하시고

주님께서 쓰임 받게 하여 주심을 믿고
항상 기도함으로
주님께로 나아갈 좋은 길을 얻게 하소서.

오늘의 묵상

세상에 속하지 않은 그리스도인

그리스도인들은 세상과 구별된 자들이지만 여전히 세상 사람들과 어깨를 부딪치며 살아간다. 그것은 불가피한 일이다. 보트가 물 위에 떠 있을 때는 별 문제가 없다. 하지만 보트 안에 물이 들어오면 문제가 생긴다. 이와 마찬가지로 우리는 세상 속에 살지만 세상과 뒤섞여 살아선 안 된다. 세상이 우리를 지배하게 해서는 안 된다. 우리는 하나님께 속했기 때문에 그들과는 다른 차원에서 활동해야 한다.

6월 23일 · 주님 안에서 기뻐하게 하소서

오늘의 말씀

내 양은 내 음성을 들으며 나
는 그들을 알며 그들은 나를
따르느니라 내가 그들에게 영
생을 주노니 영원히 멸망하지
아니할 것이요 또 그들을 내
손에서 빼앗을 자가 없느니라

(요한복음 10:27-28)

오늘의 기도

주님 안에서 기뻐하게 하소서

세상에서 들려오는 소식은
기쁨의 소식보다
슬픔과 고통과 절망과 죽음의 소식뿐이나
우리는 주님으로 인해 구원을 받았으니
주님 안에서 기뻐하게 하소서.

인내와 연단과 소망 속에
주님을 바라보게 하시고
주님이 인도하시는 은혜 속에
주님을 갈망하며 살게 하소서.

우리가 주 안에서 화목을 얻었으니
주님의 보살핌으로 인해
평안한 삶을 살게 하시고
열심을 품어 주를 섬기게 하소서.

오늘의 묵상

기적이란 자연의 정상적인 질서를 깨뜨리고 일어나는 하나님의 역사이며 하나님의 절대주권에 의
한 것이다. 하나님께서 그의 백성에게 계시하는 방법은 언제나 "말씀에 의해서"이다. 주님의 말씀
을 들을 귀와 깨닫는 마음, 순종하고자 하는 의지가 있다면 우리는 하나님의 비밀을 알 수 있을 것
이다.

6월 24일 　　주님을 깊이 생각하게 하소서

오늘의 말씀

그러므로 너희 죄를 서로 고백하며 병이 낫기를 위하여 서로 기도하라 의인의 간구는 역사하는 힘이 큼이니라

(야고보서 5:16)

오늘의 기도

주님을 깊이 생각하게 하소서

나의 생각이 행동을 만들게 되오니
말씀을 묵상하며 기도함으로
주님을 깊이 생각하게 하소서.

주님이 주시는 참 기쁨과 참 평안을
시시때때로 느끼게 하시고
삶의 깊이를 느끼며 살게 하소서.

주님이 얼마나 날 사랑하시는지
주님이 얼마나 날 축복하시는지
주님을 깊이 생각하게 하소서.

오늘의 묵상

성경적인 기도 방법

1. 예수의 이름으로 기도해야 한다(요한복음 14:13).
2. 믿음으로 간구해야 한다(야고보서 1:6).
3. 예수 안에 거해야 한다(요한복음 15:7).
4. 그리스도의 말씀이 우리 안에 거하도록 해야 한다(요한복음 15:7).
5. 이기적인 동기로 기도해서는 안 된다(야고보서 4:3).
6. 믿고 의심하지 않아야 한다(야고보서 1:6).
7. 고의적으로 죄를 품고 있어서는 안 된다(시편 66:18).
8. 아버지께서 영광을 받으시도록 기도해야 한다(요한복음 14:13).
9. 지속적으로 기도해야 한다(골로새서 4:2).
10. 모든 일이 합력하여 선을 이루도록 해야 한다(로마서 8:28).

6월 25일 　믿음의 도리를 굳게 잡게 하소서

믿음의 도리를 굳게 잡게 하소서

오늘의 말씀

누가 이 세상의 재물을 가지고 형제의 궁핍함을 보고도 도와 줄 마음을 닫으면 하나님의 사랑이 어찌 그 속에 거하겠느냐

(요한1서 3:17)

오늘의 기도

믿음의 도리를 굳게 잡게 하소서

기도와 말씀을 묵상하므로
진하고 진한 주님의 사랑을 깨닫게 하시고
믿음의 도리를 굳게 잡게 하소서.

성령의 은혜 속에 스며드는
새로운 은혜 속에 모든 것들이 새롭고
모든 것이 의미 있게 이루어지게 하소서.

우리에게 주어진 시간 속에
말씀 속에 늘 새롭게 하여 주사
주님의 말씀을 믿게 하시고
믿음의 도리를 굳게 잡게 하소서.

오늘의 묵상

믿음에서 요구되는 3가지

1. 하나님의 약속과 명령을 알아야 한다.
2. 하나님을 믿고 순종하고자 하는 마음을 가져야 한다.
3. 믿음의 결단을 내리고 결단한 바를 철저히 지키겠다는 의지를 가져야 한다.

6월 26일 　주님은 포도나무

오늘의 말씀

주라 그리하면 너희에게 줄
것이니 곧 후히 되어 누르고
흔들어 넘치도록 하여 너희에
게 안겨 주리라 너희가 헤아
리는 그 헤아림으로 너희도
헤아림을 도로 받을 것이니라

(누가복음 6:38)

오늘의 기도

주님은 포도나무

주님의 은혜가 풍성하게 내리게 하여 주소서.
주님은 포도나무요 우리는 가지니
영원히 남을 열매로 잘 자라게 하사
하나님의 영광을 찬양하게 하소서.

주님의 손길이 닿는 곳마다
주님의 축복을 받게 하소서.
내 마음에 부딪쳐 오는
주님의 은혜가 나타나게 하소서.

하루하루 소중한 날마다
삶 속에 깊이 새겨지는
주님의 흔적을 자랑하게 하소서.
주님은 나의 기다림이시니
주님 안에서 날마다 풍성한 열매를 맺게 하소서.

오늘의 묵상

예수께서는 그 당시 제자들에게 하나님을 그의 아버지로 생각하도록 가르치신 기이한 분이셨다.
또한 그분은 그들에게 기도할 때에 하나님을 "아버지"라고 부르도록 가르치기도 하셨다. 그분이
사용하신 아바라는 원어는 문자적으로 아버지를 의미한다. 분명히 예수께서는 제자들에게 하나님
을 친밀한 방법으로 생각하도록 하실 의도로 그렇게 하셨던 것이다.

6월 27일 낮추어 겸손하게 살게 하소서

오늘의 말씀

만군의 하나님 여호와시여 나
는 주의 이름으로 일컬음을
받는 자라 내가 주의 말씀을
얻어 먹었사오니 주의 말씀은
내게 기쁨과 내 마음의 즐거
움이오나

(예레미야 15:16)

오늘의 기도

낮추어 겸손하게 살게 하소서

아무 것도 아니면서 혼자 뽐내고
우쭐대며 교만하지 않게 하소서.
삶의 자세를 낮추어 겸손하게 살게 하소서.

높아지려고 하면 모두다 곁을 떠나고
홀로 외로운 삶을 살게 되오니
낮아지게 하사 서로의 마음을 나누며
겸손히 겸손하게 살게 하소서.

잘 난척하며 우쭐거리는 어리석음은
결국엔 초라함 뿐 돌아서는 잊혀지고
모두들 떠나고 말게 됨을 알게 하소서.
낮아지면 모두 다 다가와 주고
즐거운 삶을 살게 되오니
낮아지게 하사 서로의 사랑을 나누며
겸손히 겸손하게 살게 하소서.

오늘의 묵상

그리스도인이 하나님과 갖는 관계에 있어서 기도는 가장 중요한 의사소통 역할을 한다. 만일 어떤
사람이 자기는 아무개의 좋은 친구라고 말하면서도 그들이 서로 만나거나 대화를 나눈 적이 전혀
없다고 한다면 우리는 그들이 전혀 아무런 관계도 없다고 의심할 것이다. 그와 마찬가지로 만남과
대화가 인간 관계에 중요한 것처럼 기도는 우리와 하나님과의 관계에 아주 중요하다.
(데이비드 왓슨)

오늘의 말씀

너희 선지자들이 성 무너진 곳에 올라가지도 아니하였으며 이스라엘 족속을 위하여 여호와의 날에 전쟁에서 견디게 하려고 성벽을 수축하지도 아니하였느니라

(에스겔 13:5)

오늘의 기도

오직 믿음으로 기도하게 하소서

주님이 늘 새순 나듯이
우리도 새롭게 돋아나도록
오직 믿음으로 기도하게 하소서.

주님이 나를 구원하신 목적이
있는 줄 믿고 기도함으로
축복 받음으로 기도하게 하소서.

우리와 함께 하시는
주님을 온전히 느끼며 살게 하소서.

감정에 치우쳐 살기보다는
성령의 인도함 속에
생활의 시간 사이사이마다
믿음을 떠나는 순간이 없게 하소서.

순간적 충동으로 살지 말게 하시고
영원을 소망하며
주님을 향한 그리움이 늘 있게 하소서.

오늘의 묵상

기도하는 동안 우리는 하나님께 우리의 시간을 드림으로써 우리 자신을 하나님께 쓸모 있는 존재로 만들 수 있으며 또한 그분께 바치고 그분으로부터 받을 수 있다. 기도를 통해서 우리는 그분이 계시다는 사실에 대해 그리고 우리는 그분이 우리에게 의미하는 바에 대한 찬양을 드린다. 그리고 우리는 그분이 우리를 위해 그리고 다른 사람들을 위해 일하신다는 것을 알고 있음을 감사드린다.
(시몬 제킨스)

오늘의 말씀

너희를 불러 그의 아들 예수
그리스도 우리 주와 더불어
교제하게 하시는 하나님은 미
쁘시도다

(고린도전서 1:9)

오늘의 기도

나의 기도드림이

나의 기도드림이
세상에 화려함에 어울리고 싶어 하는
마음에서 떠나 동기가 올바르게 하소서.
내 몸과 마음이 하나가 되어
이기적이지 않게 하시고
하나님의 영광을 드러내게 하소서.

나의 기도드림이 쓸쓸함에서만 벗어나려는
어리석음 때문에 경솔하지 않게 하소서.
진지하고 경건하여 응답될 때까지 기다리며
정결한 마음으로 간절하게 살게 하소서.

나의 기도드림이, 정직한 영이 새롭게 됨으로
강렬한 소원으로 구하오니
기뻐하며 살게 하소서.

오늘의 묵상

우리는 기도로 우리의 분노와 우울을 표현하는 데 있어서 조금도 주저할 필요가 없다. 설사 그것들
이 하나님을 향한 것이라 해도 마찬가지다. 그분은 우리가 고백을 드리기 훨씬 전부터 이미 그것을
알고 계셨으며 그럼에도 변함없이 우리를 사랑해 오셨다. 참으로 이제 우리로 하여금 그 은혜를 소
유하게 하며 그러면서도 그것이 내게서 나온 것이 아니라는 것을 알게 하는 것은 우리 안에서 신실
하게 일하시는 하나님의 바로 그 은혜이다. (데이빗 씨멘즈)

6월 30일　가치 있는 삶을 살게 하소서

오늘의 말씀

그러므로 무엇이든지 남에게
대접을 받고자 하는 대로 너
희도 남을 대접하라 이것이
율법이요 선지자니라

(마태복음 7:12)

오늘의 기도

가치 있는 삶을 살게 하소서

우리의 갈망으로 몸부림칠 것이 아니라
주님이 원하시는 삶을 위한 갈망이 되게 하소서.
우리의 삶에 온갖 모순과 질곡 속에서도
주님의 섭리가 이루어짐으로
가치 있는 삶을 살게 하소서.

하나님의 뜻과 섭리에 따라 살게 하시고
분주하고 바쁜 삶 속에서
욕심과 욕망을 채우기 위하여
주님을 배반하지 않게 하소서.

우리의 소망을 기뻐하시고 들어주심은
주님의 은총이오니 주님의 뜻을 따라
가치 있는 삶을 살게 하소서.
내 영의 시선을 열어 삶의 허기와 공복 속에서도
주님을 바라보게 하소서.

오늘의 묵상

기도할 때 우리는 그리스도께서 보이신 사랑을 기억하게 되고 주변의 거짓 사랑의 형태에 대해서
잊어버리게 된다. 기도는 예수께서 보이신 사랑의 삶에 강한 빛을 비춰 준다. 그분의 사랑은 돌보
아 주고, 값을 지불하고 베풀며 발을 씻기고 상처를 견디는 사랑이었다. (데이비드 일란 허버드)

7월

7월의 기도

초록 빛
새 생명의 자람처럼
우리들의 삶에도
믿음이 쑥쑥
성장하게 하소서.

나의 삶이 한 그루 나무 같다면

오늘의 말씀

믿음이 없이는 하나님을 기쁘시게 하지 못하나니 하나님께 나아가는 자는 반드시 그가 계신 것과 또한 그가 자기를 찾는 자들에게 상 주시는 이심을 믿어야 할지니라

(히브리서 11:6)

오늘의 기도

나의 삶이 한 그루 나무 같다면

나의 삶이 한 그루 나무 같다면
하늘을 향하여 곧게 곧게 잘 자라는
한 그루 나무가 되게 하소서.

나의 삶이 한 그루 나무 같다면
땅을 향하여 쑥쑥 뿌리내리는
한 그루의 나무가 되게 하소서.

빈 가지가지마다 아름답게 하시고
화사하게 꽃 피고 푸르른 잎새가 자라나고
탐스런 열매가 풍성하게 열리게 하소서.
나의 삶이 한 그루 나무 같다면
늘 기도하는 모습으로 자라게 하소서.

오늘의 묵상

기도할 때 우리는 그리스도의 능력을 받는다. 죄와 사랑은 서로 철천의 원수이다. 날마다 우리는 사랑의 마음을 갖지 못하도록 방해하는 죄성을 물리치기 위해 노력한다. 그러나 우리의 노력이 우리 자신이나 다른 사람들의 이기심보다도 더 클 수는 없다. 그리스도의 능력이면 충분하다. 그분의 사랑이 우리로 하여금 사랑에 자유케 한다. 하나님께서 함께 하심으로 우리는 계명을 지킬 수 있는 힘과 용기를 얻는다. 하나님의 가장 큰 계명은 바로 사랑이다. (데이비드 알란 허버드)

오늘의 말씀

너희가 진리를 순종함으로 너
희 영혼을 깨끗하게 하여 거
짓이 없이 형제를 사랑하기에
이르렀으니 마음으로 뜨겁게
서로 사랑하라

(베드로전서 1:22)

오늘의 기도

하나님의 뜻을 구하게 하소서

우리의 기도가 잠시 고개 숙여
그때그때 떠오르는 기도가 되지 않게 하소서.
분명하고 확실한 기도가 되어
하나님을 향하여 도고의 기도를 드릴
사람들을 위하여 집중하여 드리게 하소서.

우리의 기도가 어물거리며
서성거리는 기도가 아니라 하나님의 뜻을
분명하게 구하는 기도가 되게 하소서.
우리의 기도가 하나님의 뜻을 이루는
기도가 되게 하소서.

오늘의 묵상

내 마음이 순수하지 않으면 하나님의 사랑의 표현을 더럽히고 나의 양심은 죄의식으로 짓눌리게
된다. 죄 지은 양심은 사랑의 표현을 더럽히고 나의 양심은 죄의식으로 짓눌리게 된다. 죄 지은 양
심은 사랑의 표현을 제한하고 나를 화장과 분장으로 꾸미도록 부추긴다. 가식적인 삶은 사랑을 위
조하고 사랑으로부터 그 아름다움과 능력을 빼앗는다. 이러한 함정들은 화장과 분장으로도 숨길
수 없는 추함을 낳는다. 아름다움으로 가는 순례의 길은 마음에서 시작된다. (조셉 알드리치)

오늘의 말씀

또 약속하신 이는 미쁘시니
우리가 믿는 도리의 소망을
움직이지 말며 굳게 잡고 서
로 돌아보아 사랑과 선행을
격려하며

(히브리서 10:23-24)

오늘의 기도

만사를 바르게 인도하여 주시는 주님

만사를 바르게
인도하시는 주님
우리가 주님의 뜻에 순복하게 하소서.

만물에 새 생명을
허락하시는 주님
우리가 주님의 말씀에 순복하게 하소서.

만물에 사랑을 듬뿍 주시는 주님
우리가 주님을 깊이 사랑하게 하소서.
만물에 평안을 가득 주시는 주님
우리가 주님의 평안을 누리게 하소서.

오늘의 묵상

나는 최근에 한 경영 훈련 세미나에 참석했는데 거기에서 강사는 가난한 사람들이 부자들을 데리
고 나가 저녁 식사를 대접해야 한다고 말했다. 그의 말이 의미하는 바는 성공에는 비결이 있다는 것
이다. 아름다움도 마찬가지다. 아름다운 사람들은 깨끗한 내면의 모습을 가지고 있으며 균형 잡
힌 규정식을 먹는다. 당신의 영혼의 양식은 어떠한가? 왕의 식탁에서 균형 잡힌 규정식을 먹어 본
적이 있는가? 그분의 식탁은 교리, 친교, 예배, 봉사 사이에서 균형을 이루고 있다. (조셉 알드리치)

오늘의 말씀

복 있는 사람은 악인들의 꾀
를 따르지 아니하며 죄인들의
길에 서지 아니하며 오만한
자들의 자리에 앉지 아니하고
오직 여호와의 율법을 즐거워
하여 그의 율법을 주야로 묵
상하는도다

(시편 1:1-2)

오늘의 기도

나의 삶 속에 성령을 보내 주소서

우리의 몸과 마음과
영혼을 새롭게 할 수 있는 것은
성령뿐이오니 내 삶 속에 성령을 보내 주소서.

성령 충만함이 없이는 주님의 이름을 부를 수도 없고
주님의 복음을 전할 수도 없으니 성령을 보내 주소서.

혼자만 열심을 내어 살아가는
흥분된 영성의 삶이 아니라
성령께서 인도하여 주시는 열정의 삶을 살게 하소서.

주님의 뜻을 이루어 갈 수 있도록
내 삶 속에 성령을 부어 주소서.

오늘의 묵상

하나님을 섬기는 일에는 기쁨이 있다. 우리는 줄 때 받는다. 우리가 축복할 때 축복받으며, 우리가
아름다움을 줄 때 아름다워진다. 우리는 하나님의 목적들을 이루기 위해 그분으로부터 재능을 부
여받았다. 그리고 삶에 있어서의 우리 자아의 실현은 그 목적들을 달성하기 위한 우리의 재능, 능
력, 재원들의 사용과 직접적으로 연결되어 있다.

오늘의 말씀

내가 붙드는 나의 종, 내 마음
에 기뻐하는 자 곧 내가 택한
사람을 보라 내가 나의 영을
그에게 주었은즉 그가 이방에
정의를 베풀리라

(이사야 42:1)

오늘의 기도

우리의 기도가 진실된 기도를 드리게 하소서

우리의 기도가
주님의 참사랑을 체험한 자가 드리는
진실된 기도를 드리게 하소서.

우리의 기도가
주님을 영접한 자가 드리는
참된 기도가 되게 하소서.

우리의 기도가
주님의 구원받은 자가 드리는
복된 기도가 되게 하소서.

우리가 기도할 때마다
주님의 뜻을 분명하게 드리는
능력 있는 기도가 되게 하소서.

오늘의 묵상

제1차 전쟁에 미국이 참전했을 때의 일이다. 미국의 큰 자동차 공장들은 평화시절의 생산체제가
아닌 전쟁물자를 만드는 공장으로 바뀌어졌다. 이 공장의 목적이 완전히 변화된 것이다. 그리스도
인들도 예수를 영접하고 구원받았기에 새로운 변화를 가져온 것이다.

7월 6일 　　우리가 기도함으로

오늘의 말씀

여호와여 주와 같은 이 없나
이다 주는 크시니 주의 이름
이 그 권능으로 말미암아 크
시니이다

(예레미야 10:6)

오늘의 기도

우리가 기도함으로

우리가 기도함으로
주님의 마음을 감동시키고
사람들의 마음을 감동시킬 수 있도록
성령 충만함으로
주님의 이름으로 기도하게 하소서.

우리의 기도가 하나님의 뜻과 일치함으로
성령 충만함으로 변화된 삶을 살게 하소서.

우리가 기도함으로 우리의 생각이 바뀌고
우리의 행동이 바뀌고 삶이 바뀌게 하소서.
우리가 뜨겁고 끈질기게 기도함으로
행함이 있는 삶을 살게 하소서.

오늘의 묵상

여러 면에서 믿음이라고 하는 것은 외바퀴 손수레와 같다. 우리는 손수레를 작동할 수 있도록 그것
뒤에서 어떤 진실한 추진력이 있어야 할 것이다. 전깃불을 발견한 행운 없이는 비행기도 자동차도
가정에 불빛도 없을 것이다. 만일 이 세상의 모든 일들이 "그것은 이루어질 수가 없다"라고 말하는
믿음 없는 사람들에 의해서 진행되어 간다면 우리는 아직도 소망 없이 살고 있는 것이다. 믿음 있
는 자만이 내일을 소망하며 살아가는 것이다.

오늘의 말씀

여호와의 말씀이 내게 임하여 이르시되 인자야 너는 이스라엘의 예언하는 선지자들에게 경고하여 예언하되 자기 마음대로 예언하는 자에게 말하기를 너희는 여호와의 말씀을 들으라

(에스겔 13:1-2)

오늘의 기도

주님의 말씀을 묵상하게 하소서

주님의 말씀을 묵상하게 하소서.
깊이 깨닫게 하여 주시고
우리들의 삶에 적용시키게 하소서.
주님의 말씀을 삶에 나타낼 수 있도록
날마다 묵상하며 기도하며
매일 매일마다 실천하게 하소서.

주님의 말씀으로
우리의 삶이 변화될 것을 믿으며
경건 시간과 더불어
삶이 새롭게 변화되게 하소서.
주님의 말씀을 묵상하게 하소서.
우리의 삶이 영적으로 건강하게 하소서.

오늘의 묵상

레드란왕이라는 중국의 한 성도가 있었다. 이 성도는 매일 하나님의 말씀을 먹고 살기 시작했다. 그는 하루에 구약 2장, 신약 2장, 시편 5장, 잠언 1장을 읽었다. 이렇게 해서 1년에 구약을 1번, 신약을 2번 읽었다. 매일 10장씩 40년 동안 성경을 읽을 때마다 그는 항상 더 새로운 생명을 느낀다고 고백을 했다. 지금부터 우리도 하루에 신약 2장, 구약 2장씩만 읽어 나가자. 이렇게 읽기를 시작하면 우리에게 살아 있는 생명의 말씀이 될 것이다.

7월 8일　　기도 제목이 분명하게 하소서

오늘의 말씀

사랑하는 자들아 너희는 너희
의 지극히 거룩한 믿음 위에
자신을 세우며 성령으로 기도
하며 하나님의 사랑 안에서
자신을 지키며 영생에 이르도
록 우리 주 예수 그리스도의
긍휼을 기다리라

(유다서 1:20-21)

오늘의 기도

기도 제목이 분명하게 하소서

우리의 기도가
중언부언하며 목적이 분명하지 못한
기도가 아니라 제목이 분명하게 하소서.
자신의 욕심만을 채우기 위한 기도가 아니라
하나님의 영광을 드러내게 하소서.

기도가 응답될 때마다 범사에 감사하게 하시고
기도로 삶이 변화될 때마다
주님의 뜻을 이루게 하소서.

우리가 기도드릴 때마다
기도 제목이 분명하게 하소서.
우리의 삶이 나갈 방향을 분명하게 하소서.

오늘의 묵상

헤세의 기도

주여, 저를 절망시켜 주소서. 제 자신에게 그러나 당신께 절망케는 하지 마소서! 혼미의 온 슬픔을
맛보게 하소서. 온 고뇌의 불꽃을 핥게 하소서. 온갖 치욕을 맛보게 하소서. 제가 자신을 가누는 것
을 돕지 마시고 제가 뻗어가는 것을 돕지 마소서. 그러나 저의 온 자아가 파괴되었을 때는 저에게
가르쳐 주소서. 당신이 파괴하였음을 불꽃과 고뇌를 당신이 낳으셨음을 왜냐하면 저는 기꺼이 멸
망하고 기꺼이 죽어 가오리다만 당신의 품 안에서만 죽을 수 있기 때문입니다.

7월 9일　　성령께서 우리를 인도하여 주소서

오늘의 말씀

각각 자기의 일을 살피라 그리하면 자랑할 것이 자기에게는 있어도 남에게는 있지 아니하리니 각각 자기의 짐을 질 것이라

(갈라디아서 6:4-5)

오늘의 기도

성령께서 우리를 인도하여 주소서

우리의 삶을 변화시키며
주님의 뜻에 순종하게 하시는
성령께서 우리를 인도하여 주소서.
주님께서 나를 인도하여 주시고
경건한 삶을 통하여 주님을 닮아가게 하소서.

기도에 더욱더 매진하게 하여 주시고
성실한 삶을 살아 그리스도인으로 성장해 가며
주님의 사랑과 영광을 나타내며 살게 하소서.

성령께서 우리를 인도하여 주소서.
우리의 마음과 생활 속에 함께 하여 주소서.

오늘의 묵상

목동의 주일기도 – 울란트

오늘은 주의 날입니다. 넓은 들에 저 홀로 있습니다. 다시 한 번 아침 종소리가 울리고 나면 멀리서 가까이에 고요만이 차게 됩니다. 엎드려 기도드리면 감사함으로 마음이 떨립니다. 희미한 소리가 들립니다. 보이진 않으나 많은 사람들이 함께 꿇어앉아 기도하는 듯 합니다. 가까운 하늘이나 먼 하늘이나 더할 나위 없이 맑고 장엄하여 하늘은 다시 개벽을 맞는 듯 합니다. 아! 아! 오늘은 주의 날입니다.

오늘의 말씀

내가 그리스도와 함께 십자가에 못 박혔나니 그런즉 이제는 내가 사는 것이 아니요 오직 내 안에 그리스도께서 사시는 것이라 이제 내가 육체 가운데 사는 것은 나를 사랑하사 나를 위하여 자기 자신을 버리신 하나님의 아들을 믿는 믿음 안에서 사는 것이라

(갈라디아서 2:20)

오늘의 기도

예수 그리스도 안에서 거룩하게 하소서

끝없이 허전한 죄 가운데 있었을 때
우리를 부르신 주님 온몸을 성령의 불로
불을 질러 뜨거워지게 하소서.

갈급한 영적인 목마름으로
주님의 이름을 부름으로
은혜와 평강이 넘치게 하소서.

나의 우울함이 한꺼번에 달아나
삶의 목적과 삶의 방향과
삶의 의미가 새롭게 변화되게 하소서.

세속적인 욕심으로 몸부림치던
우리가 주님을 향하여 깨끗하고 진실함으로
주님을 기다리는 믿음을 갖게 하소서.

오늘의 묵상

복음 전도자의 기도

어느 선교사 한 분이 자기의 모든 선교대상자들을 위하여 이렇게 기도를 했다.

"오 주여! 주님께 이 몸을 바칩니다. 영원히 주님의 것만이 되기를 원합니다. 그 외에는 아무것도 없습니다."

오늘의 말씀

평안을 너희에게 끼치노니 곧
나의 평안을 너희에게 주노라
내가 너희에게 주는 것은 세
상이 주는 것과 같지 아니하
니라 너희는 마음에 근심하지
도 말고 두려워하지도 말라

(요한복음 14:27)

오늘의 기도

하나가 되게 하소서

같은 마음으로 같은 뜻으로
오직 예수 안에서 하나가 되게 하소서.

다툼으로 나누어지고
쓰러지고 멸망하오니
뭉쳐 하나가 되게 하사
큰 힘을 발휘하게 하소서.

모이면 기도하고
흩어지면 전도하게 하소서.
오직 예수 안에서 같은 마음
같은 뜻으로 하나가 되게 하소서.

오늘의 묵상

한 작은 기도 - 커서

눈이 먼 상태에서 더듬어 찾지 말게 하시고 밝은 비전을 갖고 언제나 희망을 말할 수 있고 무엇이
유익한 가를 알게 하소서. 불길이 약할 때 얇게 차려입은 꼬마들이 거기 앉아 여지껏 누려보지 못
한 즐거움을 맛보는 그때 부드러운 바람이 살며시 불게 하소서. 오는 세월 동안에 내가 한 말이나
내가 얻으려고 애쓴 이익으로 인해 가슴 아픈 일도 두 볼이 젖는 일도 없게 하소서.

오늘의 말씀

내가 너희 중에서 예수 그리스도와 그가 십자가에 못 박히신 것 외에는 아무 것도 알지 아니하기로 작정하였음이라

(고린도전서 2:2)

오늘의 기도

주의 일에 힘쓰는 자가 되게 하소서

늘 깨어 기도함으로
성령의 불로 온몸을 불 질러
반석 같은 믿음 위에 굳게 서서
주의 일에 힘쓰는 자가 되게 하소서.

게으름을 피우거나 딴청을 부리지 않고
온 마음과 온 뜻과 온 정성을 다 쏟아
주님이 주신 사명을 감당하게 하소서.

외로운 삶의 들판에서 만난
주님의 사랑이 너무 크오니
그 큰 사랑을 받은 자답게
슬기롭고 지혜롭게 준비하며
주의 일에 힘쓰는 자가 되게 하소서.

오늘의 묵상

영광스러운 생명의 주님 – 에드먼드 스펜서

영광스러운 생명의 주님! 사망과 죄를 이기신 이여!
지옥의 고통에 잡힌 우리를 구하사 승리케 하신 이여!
기쁨이 가득한 날이 옵니다. 당신이 죽으심으로 우리가 용서받고 사랑의 피로 죄를 씻으셨으니 영원히 찬양하리로다.
주의 사랑 생각하면 너무 고마워 날마다 주를 사랑하리. 피로써 산 고귀한 사랑 주를 위해 서로 나누리. 우리 사랑하세.
그 사랑 주께서 가르쳐 주셨으니.

7월 13일 　믿음 안에서 굳게 서게 하소서

오늘의 말씀

만일 그리스도 안에서 우리가
바라는 것이 다만 이 세상의
삶뿐이면 모든 사람 가운데
우리가 더욱 불쌍한 자이리라
그러나 이제 그리스도께서 죽
은 자 가운데서 다시 살아나
사 잠자는 자들의 첫 열매가
되셨도다

(고린도전서 15:19-20)

오늘의 기도

믿음 안에 굳게 서게 하소서

상처투성뿐인 삶 속에서도
믿음으로 이겨내므로
믿음 안에서 굳게 서게 하소서.

나에게 달려오는 희망을 발견하게 하시고
심장까지 뜨겁게 달아오르는
주님의 사랑을 받아 의연하게
바르게 곧게 성장하게 하소서.
영원히 쏟아져 내리는
주님의 은혜 속에 살게 하소서.

어떠한 경우도 흔들림이 없이
믿음이 계속해서 성장하게 하소서.
주님의 약속은 신실하시니
주님 안에서 날마다 이기는 삶을 살게 하소서.

오늘의 묵상

소아마비 소녀의 기도
예수님 고마워요.
오른손으로 글씨를 쓸 수 있게 해 주시고
두 눈으로 엄마, 아빠를 볼 수 있게 해 주시고
입으로 찬송할 수 있게 해 주시니
감사합니다. 아멘!

오늘의 말씀

너희 자신을 종으로 내주어
누구에게 순종하든지 그 순종
함을 받는 자의 종이 되는 줄
을 너희가 알지 못하느냐 혹
은 죄의 종으로 사망에 이르
고 혹은 순종의 종으로 의에
이르느니라

(로마서 6:16)

오늘의 기도

이 악한 세대에서 건져 주소서

우리의 죄 때문에
자기 몸을 속죄 제물로 드리신
주님을 사랑합니다.

위험과 두려움이 가득한
이 악한 세대에서 우리를 건져 주소서.
음산한 세속에서 물들지 않게 하시고
온몸에 깔려 있는 불순한 요소를 제거하소서.

기도와 말씀으로 경건의 연습을 통하여
거룩하게 하사
주님의 참 평안과 기쁨이 가득하므로
이 악한 세대에서 구별된 삶을 살게 하소서.

오늘의 묵상

그리스도인들의 타인을 위한 기도 방법 (1)

1. 그들의 눈이 뜨여져 삶의 무한한 공급원이 예수 그리스도 이심을 알게 하소서.
2. 성령으로 강건할 수 있도록 도와주시옵소서.
3. 하나님의 충만한 것으로 충만하게 하옵소서.
4. 예수 그리스도의 사랑을 완전히 이해하고 감사할 수 있게 해 주시옵소서.
5. 다른 사람을 위한 사랑이 넘치기까지 자라날 수 있도록 하옵소서.
6. 선한 것과 악한 것을 분별하여 모든 일에 올바른 판단을 내릴 수 있도록 지켜 주옵소서.

오늘의 말씀

이에 가르쳐 이르시되 기록된 바 내 집은 만민이 기도하는 집이라 칭함을 받으리라고 하지 아니하였느냐 너희는 강도의 소굴을 만들었도다 하시매

(마가복음 11:17)

오늘의 기도

주님의 택하심을 믿게 하소서

나를 택하사 성령으로
거룩하게 하시고 진리의 믿음을 믿게 하소서.
구원을 얻게 하신 주님
나를 구원하시려고 택하심을 믿게 하소서.

복음으로 나를 부르사
내 영혼을 새롭게 하여 주시고
주님의 영광을 드러내어
주님의 이름을 찬양하게 하소서.

믿음 안에 굳게 서서
진리 속에 든든히 서 가게 하시고
예수 안에 굳건히 서게 하소서.

오늘의 묵상

그리스도인들의 타인을 위한 기도 방법 (2)

7. 겉치레와 위선에서 자유로워지며 흠 없는 삶을 살 수 있게 도와주시옵소서.
8. 의의 풍성한 열매를 맺을 수 있게 도와주시옵소서.
9. 그들이 하는 모든 일이 하나님을 기쁘시게 하는 일이 되도록 이끌어 주시옵소서.
10. 그들의 삶에 역사하시는 하나님의 뜻을 알게 하시고 하나님께 모든 것을 의탁하게 하옵소서.
11. 모든 선한 일에 열매를 맺을 수 있도록 역사해 주시옵소서.
12. 하나님을 아는 것에 더욱더 목마르고 주리게 하옵소서.

오늘의 말씀

악인에게는 많은 슬픔이 있으
나 여호와를 신뢰하는 자에게
는 인자하심이 두르리로다

(시편 32:10)

오늘의 기도

그리스도 예수의 선한 일꾼이 되게 하소서

우두커니 서서 헛된 것을
바라보는 것이 아니라
예수 안에 있는 믿음과 사랑으로 살게 하소서.
가슴속에 가득한 희망으로 뿌리내리게 하사
그리스도 예수의 선한 일꾼이 되게 하소서.

주님의 진리 말씀 가운데
분주하며 성실하게 살아가므로
부끄러울 것이 없는 일꾼으로 살게 하소서.
주님께서 쓰심에 합당하게 하사
주님의 선한 일에 쓰임 받게 하소서.

뜨거운 의욕을 쏟아 내는 열정 속에
내 마음에 물결치는 주님의 사랑 속에
주님께서 원하시는 일을 하므로
그리스도 예수의 선한 일꾼이 되게 하소서.

오늘의 묵상

무명 성도의 기도

주님 나는 당신에게 힘, 건강, 부귀, 명예, 행복을 청하였으나 주님은 제게 당신의 뜻 안에서 나약함,
병고, 가난, 비천, 불행을 주셨습니다. 비록 내가 당신께 청한 것은 하나도 받지 못하였으나 당신이
바라시던 그 모든 것을 주셨사오니 참으로 나는 사람들 중에서 가장 복을 많이 받는 사람입니다.

오늘의 말씀

그는 근본 하나님의 본체시나 하나님과 동등됨을 취할 것으로 여기지 아니하시고 오히려 자기를 비워 종의 형체를 가지사 사람들과 같이 되셨고 사람의 모양으로 나타나사 자기를 낮추시고 죽기까지 복종하셨으니 곧 십자가에 죽으심이라

(빌립보서 2:6-8)

오늘의 기도

주님을 사랑함으로

오늘을 종일토록
주님이 함께 하심을 느끼며 살게 하소서.

길을 걸을 때도, 차를 타고 갈 때도,
커피를 마실 때에도, 일을 할 때에도,
식사를 할 때에도, 사람들을 만날 때에도,
휴식을 취할 때에도,
언제나 주님이 나와 함께 하심을 알게 하소서.

여린 감정이 흔들려서
순수한 신앙을 버리지 않게 하소서.
날마다 주님을 더 깊이 생각하며
날마다 주님을 더 깊이 알게 하소서.
주님을 사랑할 수 있음으로
나의 삶이 행복하게 하소서.

오늘의 묵상

우리에게 더 큰 갈망을 주소서

주여, 우리가 지금까지 알았던 어떤 갈망보다도 더 큰 갈망을 우리에게 주소서. 주님의 능력이 보일 때까지 한 마음으로 기다릴 수 있는 은혜를 저희에게 주소서. 축복의 홍수가 바다 물결처럼 우리 모두 위에 넘칠 때까지 주의 자녀들이 무릎을 꿇으며 간청하며 주의 얼굴을 계속 구하게 하소서. (웨슬리 듀웰)

오늘의 말씀

너희는 말세에 나타내기로 예비하신 구원을 얻기 위하여 믿음으로 말미암아 하나님의 능력으로 보호하심을 받았느니라

(베드로전서 1:5)

오늘의 기도

강한 믿음을 소유하게 하소서

울 안에 갇혀 나약해진 마음의
허약함을 허물어 버리고
강한 믿음을 소유하게 하소서.
말로만이 아니라 능력으로 나타나는
실제적으로 강한 믿음을 갖게 하소서.

내 평생을 능력의 손길로 잡아 주시는
주님 안에 살게 하소서.
혼신을 쏟아 구원해 주시는
주님의 열정을 본받게 하소서.

나의 삶을 휘감고 있던 죄악을 풀어 버리고
주님의 품안에 안기게 하소서.
기도함으로 믿음의 결단을 통하여
항상 새롭고 경건한 삶을 살게 하소서.

오늘의 묵상

기도는 하나님과의 대화 속에서 인간의 마음을 표현한 것이다. 기도가 자연스러우면 자연스러울수록 하나님께서 그만큼 더욱 가까이 오신다. 기도는 서로 사랑하는 사람들 사이의 대화이다.

7월 19일　주님이 함께 계시기에

오늘의 말씀

여호와께서는 자기에게 간구
하는 모든 자 곧 진실하게 간
구하는 모든 자에게 가까이
하시는도다 그는 자기를 경외
하는 자들의 소원을 이루시며
또 그들의 부르짖음을 들으사
구원하시리로다

(시편 145:18-19)

오늘의 기도

주님이 함께 계시기에

죄악의 진흙탕 속에 있던 나를
송두리째 안아 주시고
구원의 입맞춤으로 함께 하여 주소서.
사랑으로 내 온몸을 물결치게 하시는
주님이 함께 계시기에
삶을 살아갈 수 있는 용기가 있습니다.

절망의 끝에 매달려 괴로움이 가득한
내 가슴을 사랑으로 풀어 주시고
더럽고 추한 나를 온몸으로 받아 주셔서
구원으로 인도하심을 감사합니다.
사랑으로 내 영혼을 감동하게 하시는
주님이 함께 계시기에
살아 있는 나무처럼 자라날 수 있습니다.

오늘의 묵상

외식하는 자와 이방인의 기도 방법

외식하는 자는 그릇된 동기를 가지고 기도한다.
이방인은 기도하는 태도가 잘못되었다.
외식하는 자의 기도는 사욕을 채우기 위한 것이다.
이방인은 기도의 본질을 오해한다.
외식하는 자는 사람에게 보이려고 기도한다.
이방인은 하나님을 이용하려고 기도한다.
외식하는 자의 실수는 고의적이다.
이방인의 실수는 무지에서 기인한다.

오늘의 말씀

그리스도께서 우리를 자유롭게 하려고 자유를 주셨으니 그러므로 굳건하게 서서 다시는 종의 멍에를 메지 말라

(갈라디아서 5:1)

오늘의 기도

예수 그리스도 주님이십니다

나의 무지를 떠나게 하고
나를 새롭게 하실 분은
예수 그리스도 주님이십니다.

내 절망을 깨고
소망으로 일어설 수 있게 하신 분도
예수 그리스도 주님이십니다.

내 삶을 실감나게
감동시키시는 분도
예수 그리스도 주님이십니다.

내 가슴에서 솟구치고
넘쳐흐르는 분은
예수 그리스도 주님이십니다.

오늘의 묵상

제레미 테일러가 말하는 기도

그리스도는 기도의 힘을 인간의 손에 넘기셨고 인간의 기도는 멸망의 문턱에까지 간 여러 나라와 도시를 건졌다. 기도는 죽은 사람을 부활시켰으며 폭력의 불길을 멈추고 야수들의 입을 막았고 자연의 흐름을 바꾸었으며 비가 내리게 하고 물이 말라 버리게도 했다. 기도는 우리의 연약함에도 불구하고 고통과 박해의 상황들을 견딜 수 있는 힘을 줄 뿐 아니라 하나님을 기쁘시게 해 드리며 우리의 모든 필요를 채워 준다.

오늘의 말씀

사람의 행위가 자기 보기에는
모두 깨끗하여도 여호와는 심
령을 감찰하시느니라

(잠언 16:2)

오늘의 기도

주님의 십자가는 사랑이다

십자가는 예수 그리스도의
사랑의 폭발 장소이다.
주님은 십자가에서 구원과 사랑의 모습을
분명하고 똑똑하게 우리에게 보여 주셨다.

십자가는 보혈의 샘이 터져
죄를 씻기는 장소이다.

하나님의 구원의 결단이
예수 그리스도를 십자가에 못 박아
우리를 죄악에서 건져 주셨다.

우리가 다 이룰 수 없는 구원을
주님은 홀로 다 이루어 주셨다.
주님의 십자가는 사랑이다.

오늘의 묵상

기도

내 영혼을 위해 기도하라. 세상은 생각하는 것들보다 기도에 의해서 더 많은 것들이 이루어진다. 그러므로 나를 위한 그대의 기도 소리를 밤낮으로 샘솟게 하라. 만일 하나님을 알면서도 친구를 위한 기도의 손을 들지 않는다면 머릿속에 맹목적인 삶을 품고 있는 양이나 염소보다 사람이 무엇이 나은가? 둥근 지구는 모든 면에서 황금의 사슬로 하나님의 발 주변에 묶여 있다. (알프레드 테니슨)

7월 22일 주 앞에 설 때면

오늘의 말씀

그가 또 엘리야의 심령과 능력으로 주 앞에 먼저 와서 아버지의 마음을 자식에게, 거스르는 자를 의인의 슬기에 돌아오게 하고 주를 위하여 세운 백성을 준비하리라

(누가복음 1:17)

오늘의 기도

주 앞에 설 때면

주 앞에 설 때면

맨 손으로 서자.
맨 발로 서자.
맨 가슴으로 서자.
맨 몸으로 서자.

주님이 쏟아 주실 사랑이
너무나 크니
내 모습 그대로 서자.

오늘의 묵상

금식의 목적

금식은 영적 목적을 달성하기 위한 수단이다. 따라서 몸을 깨끗이 한다든지 아니면 몸무게를 줄이기 위한 방편으로써 금식은 성경적 의미의 금식이 아니다. 하나님께서 종종 우리로 하여금 금식하게 하실 때가 있는데 이 경우 우리는 금식하는 데 별다른 어려움을 겪지 않는다. 다시 말해 이때 배고픔은 전혀 문젯거리가 되지 않는다. 그러나 체중을 줄이기 위한 금식일 경우에는 잘 알다시피 그것은 매순간 배고픔과의 전쟁이다.

7월 23일　나의 간구함을 들으소서

오늘의 말씀

주께서 심지가 견고한 자를
평강하고 평강하도록 지키시
리니 이는 그가 주를 신뢰함
이니이다

(이사야 26:3)

오늘의 기도

나의 간구함을 들으소서

내 영혼의 외침을
아시는 주여
나의 간구함을 들으소서.

나의 소원을 아시는 주님
간절하게 기도하오니
응답하여 주소서.

나의 영혼을 구겨 놓으려 하고
막막하게 만드는
죄악의 올무에서 벗어나
성령의 인도하심 따라 살게 하소서.

뼛속까지 울리는
나의 간구함을 들어주소서.

오늘의 묵상

우리 인간이 할 수 있는 일은 최선을 다했다. 앞으로 할 일은 하나님께 기도하는 것뿐이다.
(베르너 폰 브라운)
기도는 영혼의 성실한 욕망이요 가슴속에서 떨고 있는 숨겨진 불꽃의 운동이다. (몽고메리)

7월 24일 순수한 마음으로 살게 하소서

오늘의 말씀

누구든지 예수를 하나님의 아들이라 시인하면 하나님이 그의 안에 거하시고 그도 하나님 안에 거하느니라

(요한1서 4:15)

오늘의 기도

순수한 마음으로 살게 하소서

변질되고 오염되는 세상일지라도
변화를 바라고
변형을 바라고
새로움이란 변명으로
타락되는 세상에서
오직 주님을 향한 믿음으로
착하게 착하게 선하게 선하게
순수한 마음으로
정직하게 살게 하소서.

어리석게 보일지라도
나약하게 보일지라도
주님의 능력을 바라고
주님의 권능을 바라며
주님이 원하시는 모습대로
겸손히 겸손하게
온유하게 온유하게 살게 하소서.

오늘의 묵상

나는 전쟁 중에도 매일 성경을 읽고 기도했다. (마이크 클라크)
너희는 마음에 드는 축복을 원하는가? 너 스스로가 근면하라. (푸가 리차드)

오늘의 말씀

이와 같이 너희도 너희 자신을 죄에 대하여는 죽은 자요 그리스도 예수 안에서 하나님께 대하여는 살아 있는 자로 여길지어다

(로마서 6:11)

오늘의 기도

이 순간

내 영혼을 헐어 내는
죄악에서 떠나게 하소서.

이 순간
오직 주님의 품 안에
거하게 하소서.

완악하게 굳어져 있는 내 마음을
성령으로 부드럽게 하여 주소서.
이 순간 천진난만한 어린아이같이
주님을 바라보게 하소서.

오늘의 묵상

예수 그리스도를 기다리는 기쁨

1. 하나님께서 분명하게 약속해 주셨다.
2. 하나님께서 돌보아 주시기 때문이다. 우리가 우리의 삶의 모든 정황을 하나님께 아뢰면 주께서 함께 하시며 돌보아 주시기 때문이다. 기도의 생활 속에서 우리들은 놀라운 기쁨을 맛볼 수 있다.
3. 우리가 가지고 있는 모든 헛된 욕망을 버린다면 기쁨의 삶을 살아갈 수 있다.

오늘의 말씀

나의 구원과 영광이 하나님께 있음이여 내 힘의 반석과 피난처도 하나님께 있도다

(시편 62:7)

오늘의 기도

주님의 음성을 듣게 하소서

만물을 통해
들려주시는
주님의 음성을 듣게 하소서.

말씀을 통해
들려주시는
주님의 음성을 듣게 하소서.

사람을 통해
들려주시는
주님의 음성을 듣게 하소서.

내 마음을 통해
들려주시는
주님의 음성을 듣게 하소서.

오늘의 묵상

하나님의 가족으로 태어나는 방법

하나님의 영원한 가족으로 태어나기 위해서는
1. 당신이 죄인임을 인정해야 한다. (요한1서 1:8)
2. 하나님의 용서를 받아야 한다. (요한1서 1:9)
3. 예수 그리스도를 당신의 삶으로 모셔 들여야 한다. (요한복음 1:12)

7월 27일   소박한 꿈 하나

오늘의 말씀

청년이 무엇으로 그의 행실을
깨끗하게 하리이까 주의 말씀
만 지킬 따름이니이다

(시편 119:9)

오늘의 기도

소박한 꿈 하나

사랑의 주님
소박한 꿈 하나
이루어 주옵소서.

예수 그리스도가
영원히
나의 구주가 되어 주시는
이 꿈 하나
이루어 주옵소서.

오늘의 묵상

구원

구원은 광범위한 단어이며 신약에서는 믿는 사람들에게 이 단어가 세 가지로 사용되었다. 죄와 형
벌로부터 구원을 받았으며 죄를 오염시키는 존재로부터 구원될 것이며 죄를 사랑하게 됨과 죄의
권세로부터 지금 구원을 받는 중이다.

오늘의 말씀

심는 이와 물 주는 이는 한가
지이나 각각 자기가 일한 대
로 자기의 상을 받으리라

(고린도전서 3:8)

오늘의 기도

오 주님!

나의 기도가
주님을 감화하게 하소서.

말씀을 묵상할 때
믿음이 샘솟게 하소서.
찬송을 부를 때
성령이 충만하게 하소서.

나의 기도가
사람들을 감화시키게 하소서.

나의 삶 속에
주님의 뜻을 이루게 하소서.

오늘의 묵상

믿음의 결단의 단계

1. 죄를 자백하라는 것이다.
2. 죄를 버리는 것이다.
3. 용서와 깨끗게 하심에 대한 하나님의 약속을 믿는 것이다.
4. 예수 그리스도를 우리의 죄를 정결케 하는 능력으로써 우리의 삶에 영접하는 것이다.
5. 하나님의 말씀을 그대로 받아들이며 거기에 따라 사는 것이다.

오늘의 말씀

예수께서 그들의 생각을 아시고 이르시되 스스로 분쟁하는 나라마다 황폐하여질 것이요 스스로 분쟁하는 동네나 집마다 서지 못하리라

(마태복음 12:25)

오늘의 기도

내 마음을 열게 하소서

나의 기도가
주님께로 나가는
믿음의 다리가 되게 하소서.

힘들고 지쳐 있을 때도 내 손을 꼭 잡아 주시고
내 마음을 깊게 열어 내 영혼에
주님의 사랑을 새기게 하소서.

기도의 열기가 식지 않게 하소서.
모든 것들이 어둠 속에
휩싸인다 하여도
빛 되신 주님을 바라보게 하소서.

나의 영혼이
주님의 빛으로 가득하게 하소서.

오늘의 묵상

네 자신의 마음 안에

그리스도 베들레헴에 태어나심이 천 수백 번을 헤아리건만 그리스도 네 자신의 마음에 나서지 않으면 그 영혼은 아직 버림받은 것이니라. 십자가만이 내게 구원을 주리니 골고다 언덕의 십자가가 네 마음에 세워지지 않는다면 네 영혼은 영원히 잃어버린 것이다. (실레시우스)

죄에서 멀리 떠나고 악을 버리게 하소서

오늘의 말씀

그런즉 너희는 이 언약의 말
씀을 지켜 행하라 그리하면
너희가 하는 모든 일이 형통
하리라

(신명기 29:9)

오늘의 기도

죄에서 멀리 떠나고 악을 버리게 하소서

죄에 빠지지 않게 하소서.
죄의 올무에 걸리지 않게 하소서.
죄의 사슬에 묶이지 않게 하소서.
죄의 덫에 걸려들지 않게 하소서.
죄의 어둠의 그늘에 갇히지 않게 하소서.
죄의 낚시 바늘에 낚이지 않게 하소서.
죄의 수렁에 빠지지 않게 하소서.
죄의 복잡한 골목길에서 서성이지 않게 하소서.
죄와 사귐을 갖지 않게 하소서.
죄의 손짓을 따라가지 않게 하소서.
죄의 그물에 걸리지 않게 하소서.
죄에서 멀리 떠나고 악을 버리게 하소서.

오늘의 묵상

하나님의 용서를 체험한 쓸모 있는 사람이 되자!
우리에게는 문제가 있다. 그러나 우리에게는 특별한 것이 있다. 우리는 기도를 통하여 하나님을 뜨
겁게 만나 하나님의 자녀임을 확신하는 순간 삶이 달라지는 것을 체험할 것이다.
기도하자! 그리고 하나님의 자녀임을 확신하자!

오늘의 말씀

사람이 무엇이기에 주께서 그를 생각하시며 인자가 무엇이기에 주께서 그를 돌보시나이까

(시편 8:4)

오늘의 기도

내 삶이 다하는 날까지

내 삶이 다하는 날까지
주님의 인도하심 속에 살게 하소서.
내 삶이 다하는 날까지
주님의 용서하심 속에 살게 하소서.
내 삶이 다하는 날까지
주님의 사랑하심 속에 살게 하소서.
내 삶이 다하는 날까지
주님을 의지하며 살게 하소서.
내 삶이 다하는 날까지
주님의 섭리 속에 살게 하소서.
내 삶이 다하는 날까지
주님을 소망하며 살게 하소서.
내 삶이 다하는 날까지
주님의 뜻을 이루는 기쁨을 갖게 하소서.

오늘의 묵상

삶으로 나타내는 믿음을 보이려면

1. 자기를 버려야 한다.
2. 자기의 십자가를 져야 한다.
3. 그리스도의 길을 따라야 한다.

8월

8월의 기도

태양의 열기 속에서
탐스럽게 익어 가는
열매처럼
내 마음에서
성령의 열매가
익어 가게 하소서.

오늘의 말씀

마음이 청결한 자는 복이 있
나니 그들이 하나님을 볼 것
임이요

(마태복음 5:8)

오늘의 기도

용서

내 마음을 열면
한없이 쏟아지는
사랑을 주시는
주님을 사랑합니다.

내 죄를 회개하면
한없이 은혜를 베풀어 주시는
주님의 용서를 믿습니다.

불신으로 잠겼던
모든 문들을
믿음으로 열게 하소서.

어둠에서 떠나
빛으로 오게 하사
나의 죄 짐을 벗게 하신
주님을 찬양합니다.

오늘의 묵상

겸손한 성도가 되는 방법 4가지

1. 죄인인 다른 사람을 자신보다 낫게 여겨라.
2. 언제나 자신이 남보다 부족하다고 생각하라.
3. 자신을 겸손하게 만드시는 분은 하나님이심을 알라.
4. 어떠한 죄인도 하나님이 함께 하시면 거룩한 성도가 됨을 알라.

8월 2일 　나의 죄 짐을 감당하게 하소서

하나님은 한 분이시요 또 하
나님과 사람 사이에 중보자도
한 분이시니 곧 사람이신 그
리스도 예수라

(디모데전서 2:5)

오늘의 기도

나의 죄 짐을 감당하게 하소서

내가 죄인임을 알지 못했을 때
죄의 무거운 짐이
나를 누리고 있어
감당할 수가 없었습니다.

내가 죄인임을 깨닫고
회개했을 때
주님의 도우심으로
맡길 수 있는 힘이 생겼습니다.

오 주여!
나의 죄 짐을 감당하여 주소서.

오늘의 묵상

구원받았음으로 일한다

무디는 이 말을 자주하였다. "회심하기 전 나는 십자가를 향해 일했다. 그러나 그때부터 지금까지
나는 십자가로부터 일해 왔다. 전에는 구원을 받기 위하여 일했다. 그러나 지금은 구원받았음으로
일한다."

8월 3일　　날마다의 삶 속에서

너희 마음을 위로하시고 모든
선한 일과 말에 굳건하게 하
시기를 원하노라

(데살로니가후서 2:17)

오늘의 기도

날마다의 삶 속에서

예수 그리스도가 생각나게 하소서.
예수 그리스도를 만나게 하소서.
예수 그리스도와 동행하게 하소서.
예수 그리스도를 닮게 하소서.
예수 그리스도와 대화하게 하소서.
예수 그리스도의 마음을 알게 하소서.
예수 그리스도를 닮게 하소서.
예수 그리스도의 고난을 체험하게 하소서.
예수 그리스도의 이름을 부르게 하소서.
예수 그리스도의 복음을 전하게 하소서.
예수 그리스도와 영원히 함께 하게 하소서.

오늘의 묵상

요한 웨슬리의 간증

"내가 회심을 하고 중생을 체험하기 전에도 선교사였으며 예수 믿는 사람이었다. 나는 예수를 열
심히 믿었고 온갖 교회 일에 몰두했다. 그러나 그 당시에는 아들의 믿음이 아니요 종의 믿음을 가
졌다." 종의 믿음은 억지로 하는 것이다. 아들의 믿음은 은혜요, 축복이다.

8월 4일 주님은 우리의 기쁨입니다

오늘의 말씀

나는 이제 너희를 위하여 받
는 괴로움을 기뻐하고 그리스
도의 남은 고난을 그의 몸된
교회를 위하여 내 육체에 채
우노라

(골로새서 1:24)

오늘의 기도

주님은 우리의 기쁨입니다

주님은 우리의 기쁨입니다.
이 세상에서 얻을 수 있는
어떠한 기쁨보다 최고의 기쁨은
영혼의 기쁨입니다.

아무리 깊이 숨긴 죄악도 아시는 주님
죄악의 굴레에서 벗어난 기쁨보다
더한 기쁨은 없습니다.

주님께서 죄악의 진창에서 건져 주신
은혜보다 더한 은혜는 없습니다.
영혼에 날개를 단 듯이
기뻐 뛰며 찬양하고픈 생생한 기쁨입니다.

예수 그리스도로 옷 입는 기쁨보다
더한 기쁨이 어디에 있겠습니까
내 마음 속에 참 평안과 기쁨이 넘쳐
감사하며 영광을 돌리고픈 참다운 기쁨입니다.

오늘의 묵상

우리는 그리스도인이라면 항상 기뻐할 수 있는 마음을 가져야 한다. 하나님이 우리에게 주신 미소
는 귀하고 귀한 선물이다. 웃음은 삶을 유쾌하게 만들고 행복하게 만든다. 웃음은 사람들과의 만남
을 행복하게 만들고 가정과 교회를 밝게 해 준다. 웃음은 자신과 주변 사람들을 모두 다 행복하게
만들어 준다.

8월 5일 · 주님을 더 많이 알게 하소서

오늘의 말씀

구원의 투구와 성령의 검 곧
하나님의 말씀을 가지라

(에베소서 6:17)

오늘의 기도

주님을 더 많이 알게 하소서

기도함으로 주님을 더 많이 알게 하소서.
주님의 말씀을 묵상하게 하사
영적인 싸움터에서 날마다
승리하는 삶을 살게 하소서.
세상과 야합해서 죄의 덫에
걸려들지 말게 하시고 연막을 치며 다가오는
죄악을 끊을 수 있는 용기 있는 믿음을 주소서.

팽이처럼 뱅글뱅글 정신없이 돌아가는
삶 속에서 정신을 차리게 하여 주시고
인도하여 주시는 주님을
마음을 다하여 사랑하게 하여 주소서.
기도함으로 큰 위로와 소망을 주시며
평안과 격려를 주시는 주님을
날마다 의지하며 살게 하소서.

오늘의 묵상

앤드류 머레이의 겸손

겸손은 흔들림이 없는 잔잔한 심령이다. 그러므로 그 심령은 걱정 근심에 빠지지 않으며 귀찮아하
거나 괴로워하거나 실망하지 않는다. 아무도 칭찬해 주지 않아도 잔잔하며 불평과 멸시를 받아도
잔잔하다. 그 심령은 주 안에 거하며 은밀한 골방에서 그분과 대화하며 그분의 능력으로 살며 어떠
한 환경에서도 흔들리지 않고 잔잔한 심령으로 살아가는 것이다.

오늘의 말씀

너희가 이같이 어리석으냐 성
령으로 시작하였다가 이제는
육체로 마치겠느냐

(갈라디아서 3:3)

오늘의 기도

주여 나를 불쌍히 여겨 주소서

주여 나를 불쌍히 여겨 주소서.
여리고의 소경처럼 불쌍히 여겨 주소서.
잠잠히 있지 말게 하시고
주님을 외쳐 부르게 하사
주님의 발길을 멈추게 하소서.
죄에 대하여 불신에 대하여
모든 문제를 기도로 응답 받게 하사
한 마음으로 주님을 섬기게 하소서.
날마다 주님의 눈길을 느끼며 살게 하소서.

세속적인 삶에서 힘이 들어 탈진 할 때마다
찾아오는 갈등과 고민을 말씀의 묵상과
기도를 통하여 해결할 수 있는 힘을 주소서.
기도를 통하여 주님을 알게 하시고
모든 문제을 다 털어놓고
모든 죄를 다 털어놓게 하소서.
주여 나를 불쌍히 여겨 주소서.

오늘의 묵상

하나님과 함께 지금 우리가 행복하다는 뜻은 사랑하는 것이다.
그분처럼 돕는 것이다. 그분처럼 주는 것이다.
그분처럼 구원하는 것이다. 그분처럼 그분과 함께 있는 것이다.
스물네 시간 그분께 도달하는 것이다. 끝까지 낮추신 고통의 시간 예수의 모습을 되새기면서
(마더 데레사)

얼마나 좋을까

오늘의 말씀

이제는 전에 멀리 있던 너희가 그리스도 예수 안에서 그리스도의 피로 가까워졌느니라

(에베소서 2:13)

오늘의 기도

얼마나 좋을까

꿈 속에서라도 주님을 만날 수 있다면
얼마나 좋을까
주님의 마음을 닮아
온유하고 겸손할 수 있다면 얼마나 좋을까
주님이 기뻐하시며 웃으신다면
그 웃음을 닮아 웃을 수 있다면 얼마나 좋을까

기도 중에 기도 속에서
주님의 음성을 들을 수 있다면 얼마나 좋을까
말씀 중에 말씀 속에서
주님의 뜻을 알 수 있다면 얼마나 좋을까

오늘의 묵상

십자가를 떠날 때의 우리는 그리스도 그분을 입고 떠나는 것이다. "누구든지 그리스도와 합하기 위하여 세례를 받은 자는 그리스도로 옷 입었느니라"(갈라디아서 3:27). 예수님은 당신에게 잔치를 베푸는 정도로 만족하지 않으셨다. 예수님은 당신에게 자리를 내주는 정도로 만족하지 않으셨다. 예수님은 당신이 만찬에 올 수 있도록 교통편과 비용을 지불해 주시는 정도로 만족하지 않으셨다. 그분은 더 많은 것을 하셨다. 당신이 정식 복장을 갖출 수 있도록 자신의 옷을 내주셨다. 바로 당신을 위해 하신 일이다. (맥스 루케이도)

8월 8일　　나의 기도가

오늘의 말씀

생명의 말씀을 밝혀 나의 달
음질이 헛되지 아니하고 수고
도 헛되지 아니함으로 그리스
도의 날에 내가 자랑할 것이
있게 하려 함이라

(빌립보서 2:16)

오늘의 기도

나의 기도가

오 주님!

나의 기도가
나의 욕심을 채우는
기도가 아니라

주님의 마음처럼
사랑을 나눌 수 있는 힘을
허락 받는 기도가 되게 하소서.

오늘의 묵상

우리 개인의 고난 속에는 엄청난 의미와 목적이 있다. 왜냐하면 사단이 오늘날 우리에게 가하고 있
는 특수한 공격은 역사상 어느 시기에도 없었고 앞으로도 없을 것이기 때문이다. 우리는 거룩한 싸
움에서 하나님 편에 서서 사단에게는 패배를 하나님께는 기쁨을 드릴 수 있다. 어떠한 상황에서도
우리는 "하나님, 저는 이해 할 수 없지만 하나님을 사랑하고 하나님을 신뢰합니다. 저로 하여금 겁
내지 않게 하옵시고 이 싸움에서 주님을 저버리지 않도록 저를 붙들어 주옵소서"라고 기도할 수 있
다. (에디스 쉐퍼)

오늘의 말씀

우리 생명이신 그리스도께서
나타나실 그 때에 너희도 그와
함께 영광 중에 나타나리라

(골로새서 3:4)

오늘의 기도

복음으로 기쁨을 누리게 하소서

영혼이 병들게 하고
정신을 무디게 하는 죄악과 결합하거나
타협하지 않게 하소서.
무의식 속에서 살아가지 말게 하시고
우리의 마음의 담과
영혼의 담을 넘어 들어오는
사단의 속임수들을 경계하게 하소서.

나의 연약함을 절감하게 하사
주님의 품으로 돌아가게 하시고
주님의 말씀을 사색하며 살게 하소서.
우리에게 주시는 고통을 통하여
믿음을 새롭게 하여 주시고
주님의 깊은 뜻을 체험하게 하소서.
우리의 삶에서 깊은 뜻을 캐내게 하소서.
복음으로 기쁨을 누리며 살게 하소서.

오늘의 묵상

가시는 그리스도를 닮아가며 성숙하는 우리의 성장을 막고 방해하는 습관들이다. 숨을 못 쉬게 하는 그런 가시덤불을 인식하고 제거하는 데 실패하면 영적으로 생산적이지 못하게 된다. 그 결과 어떤 그리스도인들은 신앙 생활을 수년간 해도 기껏해야 말라빠지고 병든 열매밖에 못 맺는다.
(버논 C. 그라운즈)

8월 10일 　　삶을 새롭게 살게 하소서

오늘의 말씀

예수께서 우리를 위하여 죽으
사 우리로 하여금 깨어 있든
지 자든지 자기와 함께 살게
하려 하셨느니라

(데살로니가전서 5:10)

오늘의 기도

삶을 새롭게 살게 하소서

춥고 고독한 인생 길에서
삶의 지루함을 떨치게 하사
주님을 온전히 섬기게 하소서.
서툴고 부족한 인생 길에서
삶의 어설픔을 버리게 하사
주님을 온전히 섬기게 하소서.

늘 나약한 나의 삶을 인도하여 주시는
나의 주님을 사모합니다.
주님으로 인하여 나의 삶이
강한 마음으로 변하게 하사
삶을 새롭게 살게 하소서.
삶을 사랑하며 살게 하소서.

오늘의 묵상

가정예배나 저녁 기도시간에 "너희는 가만히 있어 내가 하나님 됨을 알지어다.(시편 46:10)"라는
성경말씀을 가지고 아이들과 나눠라. 아이에게 잠시도 자리에 조용히 앉아 하나님의 음성에 귀 기
울여 보라고 제안하라. 그런 후에 "무슨 생각을 했니?"라고 물으면서 하나님께서 아이와 함께 하
는 것을 얼마나 좋아하시는지 나누며 아이에게 용기를 북돋아주라. (체리 플러)

8월 11일 · 하나님의 마음에 합한 믿음을 주소서

오늘의 말씀

훔치지 말고 오히려 모든 참
된 신실성을 나타내게 하라
이는 범사에 우리 구주 하나
님의 교훈을 빛나게 하려 함
이라

(디도서 2:10)

오늘의 기도

하나님의 마음에 합한 믿음을 주소서

온 천하 만물과 해와 달과 별들이
하나님을 찬양하듯이
온 마음과 정성을 다하여 찬양하게 하소서.
지혜를 주사 시로써 찬양하게 하시고
필요한 곳에 세워 주시기를 원합니다.
하나님의 마음에 합한 믿음을 주사
뜻에 합당하게 살게 하시고
눈길에서 벗어난 삶을 살지 않게 하소서.

영적인 전투에서 이기게 하여 주시고
온갖 유혹에 말려들지 않게 하소서.
강한 군사로 항상 준비하는 삶을 살아가게 하소서.

오늘의 묵상

죄는 목숨을 앗아가는 질병이다. 죄는 우리에게 느리고 고통스런 죽음을 선고했다. 진정 가위로 꽃
을 자르면 죽는 것처럼 죄는 우리의 삶을 죽인다. 밑둥을 자르면 꽃은 생명의 원천과 분리된다. 그
래도 처음에는 예쁘다. 줄기도 꼿꼿하고 색도 좋다. 그러나 시간을 두고 꽃을 살펴보면 잎사귀가
시들고 꽃잎이 떨어진다. 무슨 수를 써도 꽃은 절대로 살지 못한다. 물을 흠뻑 뿌려 주어 보라. 밑둥
을 땅에 꽂아 보라. 비료에 푹 담가 보라. 꽃을 다시 가지에 풀로 붙여 보라. 하고 싶은 대로 다 해
보아라. 꽃은 죽었다…….
죽은 영혼은 삶이 없다. (맥스 루케이도)

오늘의 말씀

항상 우리를 그리스도 안에서 이기게 하시고 우리로 말미암아 각처에서 그리스도를 아는 냄새를 나타내시는 하나님께 감사하노라

(고린도후서 2:14)

오늘의 기도

즐겁게 살아가는 법을 배우게 하소서

삶 속에서 웃을 수 있는 여유를 갖게 하소서.
삶과 말씀 속에서 즐겁게 살아가는 법을 배우게 하소서.

마음이 메마르지 않아 나에게 있는 것을 나누며 살아
이웃의 마음을 촉촉하게 적셔줄 수 있는
여유로운 마음을 갖게 하소서.
상처 난 내 마음까지 찾아와 주시는
주님의 마음을 알아 영혼이 구원받게 하소서.

혼자만의 삶이 아니라 함께 더불어 살기 위하여
소망 속에 즐겁게 살게 하소서.
나보다 남을 더 인정함으로
궁색함이 없는 마음의 여유를 갖게 하소서.
모든 일에 넉넉한 마음을 주사
미소를 잃지 않아 늘 항상 웃으며 살게 하소서.

오늘의 묵상

오직 성서만이 인간의 불가해한 고난의 신비에 대한 진정한 해답을 준다. 고난과 대항하여 승리하려면 우리는 하나님 편에 서야 한다. 고난은 우리들의 불순종과 우리들의 잘못된 생활양식과 연관되어 있을 때가 많다. 그러므로 우리가 고난과 더불어 효과적인 투쟁을 하고 승리를 얻기 위해서는 우리의 영혼을 그리스도께 가지고 가야 되는 것이다. 그리스도께서는 우리의 영혼을 잘못으로부터 구원하여 주신다. (폴 터니에이)

복 있는 성도의 삶을 살게 하소서

오늘의 말씀

예수께서 대답하시되 진실로
진실로 너희에게 이르노니 죄
를 범하는 자마다 죄의 종이
라 종은 영원히 집에 거하지
못하되 아들은 영원히 거하나
니 그러므로 아들이 너희를
자유롭게 하면 너희가 참으로
자유로우리라

(요한복음 8:34-36)

오늘의 기도

복 있는 성도의 삶을 살게 하소서

주님 안에서, 말씀 안에서
사랑 안에서 복 있는 사람으로 살게 하소서.

사랑을 나누며 진리를 전하며
이웃을 섬기며
복 있는 사람으로 살게 하소서.

예배드리며
찬양드리며
기도함으로
복 있는 성도의 삶을 살게 하소서.

오늘의 묵상

하나님께서는 이렇게 응답하셨다. "너는 내게 부르짖으라 내가 네게 응답하겠고 네가 알지 못하는
크고 은밀한 일을 네게 보이리라"(예레미야 33:3). 기도에 관해 성경에 있는 이 놀랍고도 확실한
약속에 주의하라. 하나님께서는 우리에게 간구하고 기도하도록 명령하셨으므로 우리에게 응답하
실 것이다. 이것은 틀림없는 약속이다. 하나님께서는 우리의 간구를 들어주신다는 지극히 명백한
약속이다. (제이네카)

8월 14일　고독 속에서도

오늘의 말씀

서로 친절하게 하며 불쌍히
여기며 서로 용서하기를 하나
님이 그리스도 안에서 너희를
용서하심과 같이 하라

(에베소서 4:32)

오늘의 기도

고독 속에서도

고독에 넘실거리는
파도 위에 믿음의 배를
띄우게 하소서.

모든 것들에 의심이 가고
나 자신에게 조차 의심이 갈 때
주님을 의지할 수 있도록
성령의 인도하심을 허락하여 주소서.

고독 속에서도
나를 인도하시는 섭리를
바로 깨닫게 하사
순종하는 삶을 살게 하소서.

오늘의 묵상

에라스무스의 기도

오! 주 예수 그리스도이시여, 주님은 길이며 진리며 생명이십니다. 주께 기도하오니 우리가 길이신
당신을 떠나 방황하는 일이 없게 하시며 진리이신 당신을 불신하는 일이 없게 하시고 생명이신 당
신 외에는 다른 것을 의지하는 일이 없게 하소서. 성령의 도우심으로 우리에게 믿어야 할 바를, 행
할 바를, 그리고 의지할 바를 가르쳐 주소서. 아멘!

오늘의 말씀

눈은 몸의 등불이니 그러므로
네 눈이 성하면 온 몸이 밝을
것이요 눈이 나쁘면 온 몸이
어두울 것이니 그러므로 네게
있는 빛이 어두우면 그 어둠
이 얼마나 더하겠느냐

(마태복음 6:22-23)

오늘의 기도

하나님이 가까이 계심을 체험하게 하소서

하나님의 임재하심이 있을 때
의심과 불안에 떨게 하던
사단의 세력은 도망치오니
하나님이 가까이 계심을 체험하게 하소서.
주께서 내 마음을 방문하여 주시고
영원히 떠나지 마옵소서.
내 삶의 주인이 되사 항상 함께 하여 주소서.

나의 외로움을 막아 주실 분은
주님뿐이오니 믿음으로
모든 염려에서 벗어나게 하소서.
주님이 항상 함께 하심을 믿게 하사
날마다의 삶 속에서 계심을 체험하게 하소서.

오늘의 묵상

토마스 아퀴나스의 기도

오 주님 우리에게 굳은 마음을 주사 가치 없는 애정에 침체되지 않게 하여 주소서. 굴하지 않는 마음을 주사 시련을 이기게 하시고, 바른 마음을 주사 가치 없는 일에 시험 당하지 않도록 도와주소서. 오 주님, 우리에게 당신을 아는 이해력과 당신을 구하는 근면함과 당신을 발견할 수 있는 지혜와 그리고 당신께 우리를 맡기는 믿음을 주소서. 우리 주 예수 그리스도 이름으로 기도합니다. 아멘!

8월 16일 **말씀에 굳건히 서게 하소서**

오늘의 말씀

여호와 하나님은 해요 방패이시라 여호와께서 은혜와 영화를 주시며 정직하게 행하는 자에게 좋은 것을 아끼지 아니하실 것임이니이다

(시편 84:11)

오늘의 기도

말씀에 굳건히 서게 하소서

주님의 말씀이 날마다
나의 삶에 적용되게 하소서.
조바심으로 마음이 흔들리지 않게 하시고
하나님의 말씀에 굳건히 서게 하소서.

주님의 말씀이 나도 모르는 사이에
얼마나 놀랍게 변화시키고
새롭게 하는지 깨닫게 하시고 체험하게 하소서.
주님을 바라봄으로 기쁨을 갖게 하시고
그 결실로 영광을 돌리게 하소서.
날마다 묵상하므로 말씀에 굳건히 서 가게 하소서.

오늘의 묵상

클레멘트의 기도

주여 바라오니 우리를 도와주시고 구원하여 주소서. 고난 당하는 자들을 구원하여 주소서. 외로운 자들에게 자비를 베푸소서. 넘어진 자들을 일으켜 주소서. 필요한 자들에게 당신 자신을 보여 주소서. 믿지 않는 자들을 고쳐 주소서. 방황하는 자들을 돌이키소서. 굶주린 자들을 먹여 주소서. 연약한 자들을 일으키소서. 낙심한 자들을 위로하소서. 모든 사람들로 하여금 당신만이 하나님이시며 그리고 예수 그리스도는 당신의 아들이시며 그리고 우리는 당신의 백성이며 당신의 목장의 양들임을 알게 하여 주소서. 예수 그리스도 이름으로 기도합니다. 아멘!

8월 17일 진리를 전하는 기쁨 속에 살게 하소서

오늘의 말씀

너희의 순종함이 모든 사람에게 들리는지라 그러므로 내가 너희로 말미암아 기뻐하노니 너희가 선한 데 지혜롭고 악한 데 미련하기를 원하노라

(로마서 16:19)

오늘의 기도

진리를 전하는 기쁨 속에 살게 하소서

하나님의 말씀을 일용할 양식으로
날마다 섭취하게 하소서.
세상 것에 배부르기 보다
심령의 가난함을 먼저 바라게 하소서.
말씀으로 나의 삶을 바르고 정결하게 하사
주님을 온전히 섬기게 하소서.

삶을 스스로 짜증내지 않게 하시고
나를 언제나 실망시키지 않으시는
구원의 주님을 언제나
소망 가운데서 바라보게 하소서.

하나님의 말씀 속에서
나의 삶이 인도함을 받게 하시고
진리를 전하는 기쁨 속에 살게 하소서.

오늘의 묵상

성 버나드의 기도

오! 예수님이시여, 항상 우리와 함께 하사 우리의 모든 순간이 고요하게 빛나게 하소서.
죄악의 어두운 밤을 쫓아내시고 세상 곳곳에 당신의 참된 빛을 비춰 주소서.

8월 18일 　빈터와 같은 내 마음에

오늘의 말씀

여호와여 신 중에 주와 같은
자가 누구니이까 주와 같이
거룩함으로 영광스러우며 찬
송할 만한 위엄이 있으며 기
이한 일을 행하는 자가 누구
니이까

(출애굽기 15:11)

오늘의 기도

빈터와 같은 내 마음에

빈터와 같은 내 마음에
허무만 무성하게 자라거나
고독만이 무성하게 자라지 말게 하소서.
쓸데없는 생각들로 가득하여
허망한 것들만 자라나
쓸쓸함과 허전함에 시달리지 않게 하소서.

공터와 같은 내 마음에
죄악의 쓰레기가 쌓이지 않게 하시고
쓸데없는 자책으로 넘어지지 않게 하소서.
잡된 것으로 가득한 것을 깨닫게 하시고
버릴 것은 버리게 하사 빈터와 같은 내 마음을
주님의 사랑으로 가득하게 채워 주소서.

오늘의 묵상

스티븐슨의 기도

우리에게 용기와 유쾌하고 평온한 마음을 주소서. 우리 친구들을 생각하며 적에 대해 온유한 마음
을 갖게 하여 주소서. 우리의 깨끗한 행위를 축복하소서. 또한 우리에게 닥쳐오는 문제들을 대응할
수 있는 힘을 주시며 위험한 일에 대해서는 용감하게 고난에 굴복하지 않으며 노여움을 참으며 운
명이 변하여 죽음의 문에 가까이 이를지라도 서로에게 충실하며 사랑할 수 있게 하여 주시옵소서.
우리 주 예수 그리스도 이름으로 기도합니다. 아멘!

8월 19일

오늘의 말씀

주여 나의 모든 소원이 주 앞
에 있사오며 나의 탄식이 주
앞에 감추이지 아니하나이다

(시편 38:9)

오늘의 기도

사람들에게 복음을 전하게 하소서

절망에 빠져 있을 때 손을 내밀어 잡아 주소서.
영적인 도약을 허락하여 주사
믿음으로 살게 하소서.
주님을 만난 축복을
만나는 사람들에게 나누게 하소서.
주님을 찾은 은총을
만나는 사람들에게 베풀게 하소서.

고통 속에서 신음할 때
구원의 손을 내밀어 건져 주소서.
영적인 거듭남을 주사 주님의 뜻을 이루게 하소서.
주님을 만난 사랑을
만나는 사람들에게 전하게 하소서.
주님의 생명의 복음을 전하게 하소서.

오늘의 묵상

죄를 알지 못하고 의를 사랑하신 주님께서는 아무도 당할 수 없는 기쁨으로 반짝이며 환희가 넘쳐
흐르는 인격을 갖추고 계신다. 즐거운 축복 기도는 우리들의 공로에 좌우되거나 우리들의 결함에
좌우되지 않는다. 예수님께서는 유일한 의인이시며 유일하게 기뻐하시는 분이시다. 그러나 이 기
쁨은 주님께서 그것을 받고자 하는 모든 사람들과 함께 나누어 갖기를 열망하시는 기쁨이다. (캐드
린 마샬)

8월 20일 　공동체를 위한 기도

오늘의 말씀

사람에게 보이려고 그들 앞에
서 너희 의를 행하지 않도록
주의하라 그리하지 아니하면
하늘에 계신 너희 아버지께
상을 받지 못하느니라

(마태복음 6:1)

오늘의 기도

공동체를 위한 기도

우리로 하여금 하나님의 가족 중에
한 사람이 되게 하심을 감사드립니다.
주 안의 공동체를 위하여
날마다 기도하게 하소서.
저들의 형편과 처지를 다 알 수 없으니
저들의 이름을 부르며 기도하게 하소서.

주님께서 주시는 사랑으로
사랑하게 하시고
주님께서 주시는 사랑으로
서로 섬기며 살게 하소서.
주 안에서 천국의 기쁨을
맛보게 하여 주사
천국을 소망하며 살게 하소서.

오늘의 묵상

언제나 어디서나 무엇이든지 기도하는 삶의 목적은 단순히 어려움에서 벗어난다거나 문제를 해결한다거나 골치 아픈 사람들을 다루는 것이 아니다. 그런 일은 계속 일어날 것이다. 그러나 더 큰 성과는 하나님을 친구로서 더 깊이 알게 되고 사랑하게 된다는 것이다. 형식을 갖춘 기도 시간에만 그런 것이 아니라 생활 속에서도 그렇게 된다. (로이드 오길비)

8월 21일 고통이 찾아왔을 때

오늘의 말씀

내가 항상 주와 함께 하니 주께서 내 오른손을 붙드셨나이다

(시편 73:23)

오늘의 기도

고통이 찾아왔을 때

즐거움이 찾아왔을 때
함께 기뻐하게 하시고
어려움을 당할 때
함께 이겨 내게 하소서.

홀로가 아닌 함께하므로
주님이 우리와 같이 하심을
깊이 알게 하소서.

고통이 찾아왔을 때
함께 기도하게 하시고
즐거운 일들이 있을 때
함께 기뻐하게 하소서.

오늘의 묵상

기도의 목적

이것이 바로 기도의 목적이다. 즉 무엇을 얻는 것이 아니라 하나님을 깨닫는 것이다. 이것이 바로 가장 큰 기도의 응답이다. 즉 양식이나 치유나 인도가 아니라 교제 곧 하나님과 인간의 교제인 것이다. (알버트 데이)

오늘의 말씀

공의로운 길에 생명이 있나니
그 길에는 사망이 없느니라

(잠언 12:28)

오늘의 기도

주님이 나를 부를 때

주님이 나를 부를 때
상하고 찢겨진 나의 마음과
오물처럼 죄악 속을 흐르는
걸레 같은 나의 모습을 있는
그대로 드리게 하소서.
주님이 나를 부를 때
죽을 수 밖에 없는 나를 살려 주신
주님 앞에 두 무릎을 꿇게 하사
부르심에 응답하게 하시고
굳건히 일어서서 가야 할 길을 가게 하소서.
주님과 늘 함께 살맛나는
친구와 같은 삶을 살게 하소서.
그 사랑에 감격하게 하소서.

오늘의 묵상

애니 플린트의 기도

나는 감히 어떤 선물도 구하지 못합니다.
천성을 향한 순례의 길에서 오직 한 가지 구하오니 당신 자신을 주소서.
그러면 모든 것을 얻은 것입니다.

오늘의 말씀

이 하나님은 영원히 우리 하
나님이시니 그가 우리를 죽을
때까지 인도하시리로다

(시편 48:14)

오늘의 기도

캄캄한 절망 앞에서도

캄캄한 절망 앞에서도
숨막히는 고통 속에서도
조용히 일어나
주님을 바라볼 수 있는 힘과 용기를 주소서.

죄악을 떠나 빛 가운데로
인도하심을 받았으니
다시는 어둠 속에서
방황하며 헤매지 않게 하소서.

내가 있는 것이 어디든
주님이 함께 하시니
주님을 온전히 신뢰하며
맡길 수 있는 믿음을 주소서.

오늘의 묵상

기도 시간은 영적 휴양 시간이라 한다. 당신은 요즘 계속해서 영적 묵상을 하는가? 영적 묵상을 할
수 있는 장소로는 여러 군데가 있다. 예를 들면 당신 자신의 침실에서나 사과나무 아래 앉아서 혹
은 바닷가에서 파도가 치는 모습을 바라보며 묵상할 수 있다. 다른 장소로는 어떤 곳들이 있겠는지
적어 보라. 영적 묵상을 위해 당신에게 가장 좋은 시간은 언제이며 장소는 어디인가?

8월 24일 주여 빛 가운데로 인도하소서

오늘의 말씀

나의 기도가 주 앞에 이르게
하시며 나의 부르짖음에 주의
귀를 기울여 주소서

(시편 88:2)

오늘의 기도

주여 빛 가운데로 인도하소서

깊은 밤 어두움보다 더 어두운
죄악을 용서받고자 기도합니다.
죄악의 어두움이 절망하게 하오니
빛 가운데로 인도하사 소망 가운데 살게 하소서.
환한 대낮의 태양 빛보다
더 찬란하게 비춰 오는
주님의 빛 가운데 살기를 원합니다.
기도함으로 주님을 더 가까이 느끼고
기도함으로 주님을 더 사랑할 수 있기에
마음을 모아 기도합니다.

오늘의 묵상

기도의 응답은 우리가 하나님을 이해하는 것이다. 하나님으로부터 물질을 얻는 것은 우리에 대한 하나님의 관용이다. 하나님께서 우리에게 물질을 주시는 것을 멈출 때 하나님께서는 당신을 이해할 수 있는 곳으로 우리를 이끌어 가는 것이다. 하나님으로부터 우리가 구하는 것을 모두 얻는 동안은 우리는 결코 하나님을 알게 되지 않는다. 왜냐하면 우리는 그분을 복주는 기계로 보기 때문이다. 당신의 아버지께서는 당신이 요구하기 전에 당신에게 필요한 것을 아신다. 그러면 왜 기도하는가? 당신의 아버지를 알기 위해서이다. '하나님은 사랑이시다'라고 말할 수 있는 것으로 충분하지 않다. 우리는 그분이 사랑이신 것을 알아야 한다. 우리는 그분의 사랑과 정을 볼 때까지 씨름해야 한다. 그때 우리의 기도가 응답된다. (오스왈드 챔버스)

죄를 죄로 알게 하소서

오늘의 말씀

주 나의 하나님이여 내가 전심으로 주를 찬송하고 영원토록 주의 이름에 영광을 돌리오리니

(시편 86:12)

오늘의 기도

죄를 죄로 알게 하소서

사람들은 자기들이
저지르고 있는 죄를 알지 못합니다.
도리어 죄를 기뻐하고
좋아하며 즐기듯이 빠져 있습니다.

주여! 죄를 죄로 알게 하소서.
죄악이 얼마나 무서운 것인가를
얼마나 비참한 결과를 나타내는가를

주님까지 십자가에 못 박게 한
엄청난 죄 값을 알게 하소서.
주님 앞에 죄를 죄로 고백하게 하소서.
용서하심을 받고 주시는 기쁨으로
가슴 뭉쿨한 삶을 살게 하소서.

오늘의 묵상

주님의 이름은 우리의 기도를 인도하고 우리가 받은 응답을 이행할 수 있는 능력을 주며 우리가 미래와 대면할 때 두려워하지 않게 한다. 주의 이름이 없이 기도한다는 것은 바람에 잡을 돛을 올리지 않은 채 거친 바다를 항해하려는 것과 같다. 능력 있고 현존하시는 그리스도인 성령의 바람은 언제나 사용 가능하다. 돛을 올려라. 마음을 열어라. 그리고 그분께서 당신에게 담대하게 기도하라 하신 것을 실행에 옮기는 힘을 주신다. (로이드 오길비)

오늘의 말씀

자기 목숨을 얻는 자는 잃을 것이요 나를 위하여 자기 목숨을 잃는 자는 얻으리라

(마태복음 10:39)

오늘의 기도

남을 지나치게 의식하며 살지 않게 하소서

주님의 기뻐하심보다
사람들을 지나치게 의식하여
사랑의 인정부터 원하지 않게 하소서.

살아감 속에 나약해질 때
주님이 함께 하심을 믿고
전진하여 나가게 하소서.

사람들의 시선보다
주님의 시선을
바라보며 살게 하소서.

소외된 이웃들을 보살피는
헌신된 성도의
삶을 살아가게 하소서.

오늘의 묵상

믿음은 있는 곳에서 충실한 상태를 말한다. 다시 말해 믿음의 목적은 믿음을 신실하게 지키는 거이다. 기도의 비결은 우리의 말솜씨에 있는 것이 아니라 우리가 기도를 드리는 대상이신 그분을 더 온전하게 알아 가는 데 있다. 하나님은 성경에서 장엄한 그 모습을 나타내시므로 믿음의 기도는 항상 말씀에 뿌리를 박고 있어야 한다. 그리스도를 통해 하나님과의 관계가 시작될 때 그 기도가 진정한 기도가 된다. (행크 헤네그라프)

8월 27일 주님이 계셔야 할 자리에

오늘의 말씀

여호와여 나는 가난하고 궁핍
하오니 주의 귀를 기울여 내
게 응답하소서
(시편 86:1)

오늘의 기도

주님이 계셔야 할 자리에

주님이 계셔야 할 자리에
다른 것들이
자리 잡지 않게 하여 주소서.

주님이 원하시는 삶을 살아
주님의 인도하심을 받게 하소서.

자신만을 위하여 살아
냉랭하거나
싸늘해지지 않게 하소서.

모든 영역에서
주님의 영광을 나타내소서.

오늘의 묵상

기도의 영이 없으면 목회자들은 아무런 선한 일도 이루지 못한다. 어떤 일에 성공을 바랄진대 그것
을 두고 기도하지 않는 한 목회자는 큰 성공을 기대할 수 없다. 때로 기도의 영을 지닌 다른 이들의
수고 덕분에 목회자들이 복을 얻기도 한다. 하지만 일반적으로 그 자신 스스로가 기도의 영을 지닌
목회자야말로 가장 성공적인 목회자이다. 목회자들에게 기도의 영이 있어야 할 뿐만 아니라 교회
도 하나님을 설득할 수 있는 효과적이고 간절한 기도를 드리는 일에 연합이 되어 있어야 한다.
(찰스 피니)

8월 28일　　헛된 마음을 버리게 하소서

오늘의 말씀

너희 중에 누구든지 으뜸이
되고자 하는 자는 모든 사람
의 종이 되어야 하리라

(마가복음 10:44)

오늘의 기도

헛된 마음을 버리게 하소서

주님께 기도할 때마다
나의 것을 채우기 위한
요구보다는 주님께 맡김이 되게 하소서.
나를 구원하신 주님 안에
모든 것이 다 있는데도
욕심만을 부리는
헛되고 부질없는 마음을 버리게 하소서.

세상의 물질과 그 어느 것보다
주님의 인도하심을 받을 수 있음이
가장 행복한 것임을 깨닫게 하소서.
부질없는 헛된 욕심을 다 버리고
모든 삶에 함께 하여 주시는
주님의 사랑에 흠뻑 젖어 들게 하소서.

오늘의 묵상

변함이 없으신 하나님
아버지 하나님은 변하신 적이 없다.
아들 하나님도 변하신 적이 없다.
성령 하나님도 변하신 적이 없다.
이 말은 삼위의 하나님은 결코 변함이 없다는 것이다.
그래서 예수님은 그의 성품에서 언제나 하나님이셨다.

오늘의 말씀

주께서 너희 마음을 인도하여
하나님의 사랑과 그리스도의
인내에 들어가게 하시기를 원
하노라

(데살로니가 후서 3:5)

오늘의 기도

새벽에

빛이 찾아오면
어둠이 사라지듯

이 새벽에 드리는
기도로 인하여
나의 생명의 호흡이신
주님의 인도하심을 받게 하소서.

이 새벽에
나의 마음에서
죄악이 떠나기를 간구합니다.

오늘의 묵상

기도를 통하여 주님의 위대한 마음이 우리의 유한한 마음에 흐른다. 우리가 다른 사람들을 더 잘
섬길 수 있게 만들고 그리스도 안에 있는 그 마음이 우리의 마음에도 있도록 하는 것이다. 하나님
은 우리를 위해 공급하기를 원하신다. 기도라는 도구를 우리의 필요와 원하는 것을 공급하는 수단
으로 삼으시면서 공급과 함께 교제를 즐길 수 있길 원하시는 것이다. 이것이 하나님의 자녀에게는
매우 축복된 보너스다. 하나님의 자녀는 하나님의 공급과 보호의 위대한 보장이 있을 뿐만 아니라
하나님의 보호와 돌보심과 동시에 누리는 매우 긴밀한 교제가 있다.

8월 30일 　 주님의 마음을 마음에 담게 하소서

오늘의 말씀

사랑하는 자여 네 영혼이 잘됨 같이 네가 범사에 잘되고 강건하기를 내가 간구하노라

(요한3서 1:2)

오늘의 기도

주님의 마음을 마음에 담게 하소서

날마다 주님의 말씀을
묵상하며 살게 하사
마음에 담게 하소서.
순종하는 믿음을 주사
모든 것을 다 맡기며
순조롭게 이루어 가게 하소서.

영적인 성숙함을 주시고
주님의 말씀을 마음 판에 새기고
살아갈 수 있는 믿음을 주소서.
깨끗하고 진실한 마음을 주사
성결한 삶을 살아가게 하소서.
주님의 뜻을 이룰 수 있도록
주님의 말씀을 마음에 담게 하소서.

오늘의 묵상

예배는 관계 속에서 항연을 가질 수 있는 다양한 기회를 제공한다. 우리는 우리의 실패를 함께 회개하고 용서를 받는데 교회라는 연합된 몸은 용서를 베풀어야 할 책임이 있다. 우리는 함께 노래하며 마음과 소리를 합하여 찬양한다. 우리는 다른 사람들의 근심거리를 위해 기도하며 다가오는 주 중에 이들을 계속 후원하는 일에 헌신한다. 우리는 자신이 기도한 결과를 들으며 하나님이 주신 응답을 함께 축하하고 이 낯선 세상에서 겪는 슬픔 앞에서 함께 운다. 우리는 악수하고 포옹하며 뺨에 입 맞춘다. (마르바 던)

8월 31일 　　주님을 따르게 하소서

오늘의 말씀

주 앞에서 낮추라 그리하면
주께서 너희를 높이시리라

(야고보서 4:10)

오늘의 기도

주님을 따르게 하소서

삶의 고통이 점점 더 커지고
어깨를 짓누를 때
슬픔을 감당하기가 어려워질 때
주님을 따르게 하소서.

모든 것을 벗어나 떠나고 싶어질 때
허전하고 고독한 마음만 생길 때
내 마음을 붙잡아 주사
주 앞에서 도망치지 말게 하소서.

주님의 은혜 안에 살면서도
살아감이 얽매인 것만 같고
믿고 신뢰하던 사람들이 떠나갈 때
모든 것들이 속박으로만 느껴질 때
더욱더 주님만을 의지하게 하소서.

오늘의 묵상

예수 그리스도는 우리가 언제 어디서나 주님과 친밀하게 기도하며 교제하기를 원하신다. 주님은 우리의 마음의 문을 두드리고 우리가 응답하기를 기다리신다. 그러므로 우리가 주님과 함께 교통하고 주님과 함께 하기를 원하신다.

9월

9월의 기도

쏟아지는 햇살 아래
땀흘리던 여름도
찬바람이 싫어 떠나는데
지나가 버린 세월에
헛된 미련을 갖지 않게 하소서.

9월 1일 역경 속에서도

오늘의 말씀

하나님도 표적들과 기사들과
여러 가지 능력과 및 자기의
뜻을 따라 성령이 나누어 주
신 것으로써 그들과 함께 증
언하셨느니라

(히브리서 2:4)

오늘의 기도

역경 속에서도

역경 속에서도 함께하시며
나의 모든 사정과
형편을 아시는 주님을
힘이 들 때 더 가까이 다가가
온전히 바라보게 하소서.

온갖 시련과 고통 속에서도
외면하지도, 버리지도 않으시는
주님을 바라보게 하소서.
멀리 떠나 죄악에 파묻히기 전에
주님의 품 안에 꼭 안기게 하소서.

주님의 말씀 중심에 굳게 서게 하시고
말씀을 묵상하므로
생명의 말씀에 젖어 살게 하소서.

오늘의 묵상

기도에 대한 하나님의 응답 시기와 방법은 인간의 계산과 생각을 훨씬 뛰어 넘는다. 믿음이 연약한
사람은 그 응답의 때가 되기도 전에 미리 낙담하는 경향이 있다. 그러나 하나님에 대한 분명한 믿
음을 가진 사람, 하나님의 뜻과 그 섭리를 믿으며 믿음으로 기다릴 줄 아는 사람은 기도의 응답에
대한 기다림의 가치를 분명히 알고 있다. (조지 뮬러)

274 _ 묵상기도 365일

오늘의 말씀

오직 너희는 그리스도의 복음에 합당하게 생활하라 이는 내가 너희에게 가 보나 떠나 있으나 너희가 한마음으로 서서 한 뜻으로 복음의 신앙을 위하여 협력하는 것과

(빌립보서 1:27)

오늘의 기도

망가진 마음을 고쳐 주시는 주님

망가진 나의 마음일지라도
주님 앞에 믿음으로 나가면
다 고쳐 주시는 주님
주님의 사랑을 흡수하게 하소서.
주님의 사랑을 받게 하소서.

삶의 길을 바로 찾게 하소서.
우리가 도망을 친들 주님의 눈길 안에서
주님의 손길 안에서 벗어날 수 없으니
주여 인도하소서.

초라하고 비굴한 생각을
주님 앞에서 도망치려는 생각을 버리고
모든 것을 다 드러내어 망가진 마음을
주님께 고침을 받게 하소서.
주님의 보호하심 속에 살게 하소서.

오늘의 묵상

성경 전체를 통하여 볼 때 하나님께서 그분의 사역에서 도구로 쓰시는 것은 말씀과 기도라는 것을 알 수 있다. 하나님의 말씀은 우리에게 깨달음을 주고 기도는 능력을 준다. 믿음은 하나님의 말씀을 들음으로써 생기는 것이기 때문에 하나님의 말씀을 읽을 때 믿음은 성장하게 된다. 그리고 기도하게 되며 그 기도는 하나님의 말씀에 따라 인도되는 것이므로 하나님은 그 기도에 응답하여 주신다. (워렌 워어스비)

오늘의 말씀

나는 이제 너희를 위하여 받는 괴로움을 기뻐하고 그리스도의 남은 고난을 그의 몸된 교회를 위하여 내 육체에 채우노라

(골로새서1:24)

오늘의 기도

주님을 열심히 섬기게 하소서.

시계 바늘에 매달려 살아가는 삶처럼
항상 바쁘게 살아가고
정신 못 차릴 정도로 분주하다고
자랑하지 않게 하소서.
어질러진 삶이 아니라 잘 정돈 된 삶이 되어
주님을 열심히 섬기게 하소서.

온 마음과 온 정성을 다하여 살아가며
미래를 기대하고 노력하며
삶을 살아가게 하소서.

우리의 영적인 귀와 눈이 바르게 하사
바로 듣고 바로 보게 하소서.
부지런하여 게으르지 않게 하사
열심을 품고 주를 섬기게 하소서.

오늘의 묵상

우리가 효과적인 기도를 하려면 이 세 가지 책임을 다하여야 한다.
첫째, 하나님의 이름을 영화롭게 해야 하며,
둘째, 하나님의 나라를 사모해야 하며,
셋째, 하나님의 뜻에 순종해야 한다.

오늘의 말씀

감사로 제사를 드리는 자가 나를 영화롭게 하나니 그의 행위를 옳게 하는 자에게 내가 하나님의 구원을 보이리라

(시편 50:23)

오늘의 기도

시련과 어려움이 다가와도

삶의 목적이 잘 이루어지지 않고
시련과 어려움이 다가와도
절대로 포기하지 않게 하소서.
극한 상황일수록 주님을 신뢰하고
믿음으로 자신감을 갖고 살게 하소서.

날마다 영적인 훈련을 통하여
성령의 임재하심을 체험하게 하시고
나의 마음이 항상 활짝 열려 있게 하소서.

고통과 절망이 다가와도
절대로 쓰러지지 않고 다시 일어서서
승리하는 기쁨을 맛보게 하소서.

오늘의 묵상

안셀름의 기도

오 주여, 여러 민족과 나라의 곤경과 난국을, 유족들의 슬픔을, 나그네들의 궁핍함을, 약자들의 무력함을, 지친 자들의 낙담을, 늙은이들의 노쇠함을 당신 앞에 아룁니다. 오 주여! 이들 각 사람에게 가까이 다가와 주소서. 우리 주 예수 그리스도 이름으로 기도합니다. 아멘!

9월 5일 주신 꿈을 이루어 주소서

내가 여호와의 이름으로 기도
하기를 여호와여 주께 구하오
니 내 영혼을 건지소서 하였
도다

(시편 116:4)

오늘의 기도

주신 꿈을 이루어 주소서

꿈을 주시고 이루어 주시는 주님
삶 속에서 일어나는 실의와
좌절 속에서도 꿋꿋하게 일어서게 하소서.

어떠한 시련과 역경도 이겨낼 수 있는
인내심을 주사 주님의 때를 기다리며
믿음 속에 형통함을 맛보게 하소서.

미움과 불평보다는 죄 떠난 삶 속에서
주님의 뜻을 이루게 하소서.
하나님의 축복을 받았을 때
그 축복을 잘 사용할 줄 아는
믿음을 주시기를 원합니다.
꿈을 주사 그 꿈을 이루어 가는 기쁨 속에
주님께 영광을 돌리게 하소서.

오늘의 묵상

찰스 킹슬리의 기도

오 주님이시여! 우리를 인도하시고 가르치시고 격려하셔서 우리가 당신께서 바라시는 대로 순결
하고 온화하며 진실되고 고상하며 정중하고 관대하며 유능하고 책임감 있는 유익한 자들이 되기를
당신의 존귀와 영광으로 인해 간절히 기도합니다. 아멘!

9월 6일 기도와 말씀으로 거룩하게 하소서

오늘의 말씀

주의 말씀대로 나를 붙들어
살게 하시고 내 소망이 부끄
럽지 않게 하소서

(시편 119:116)

오늘의 기도

기도와 말씀으로 거룩하게 하소서

주님의 미소만으로
주님의 눈길만으로
주님의 손길만으로도 행복하오니
나의 마음을 치유하시는
주님을 경험하며 살게 하소서.

믿음으로 예배 드리게 하시고
믿음으로 생활하며 살게 하시고
나의 영혼이 주님 안에서
쉼과 안식을 얻게 하소서.

날마다 주님을 닮아가는
삶을 살게 하여 주사
날마다 기도와 말씀으로 거룩하게 하소서.

오늘의 묵상

우리 무릎을 하나님 앞에 꿇고 우리는 죄를 고백해야 한다. 그러면 신실하시고 공의로우신 하나님
은 우리를 용서하신다(요한일서 1:9). 또한 우리가 죄를 짓고 잘못 대했던 가족과 이웃과 동료들과
다른 모든 사람들에게도 우리의 죄를 고백하고 용서를 구해야 한다. 우리가 하나님과 사람들 모두
와 올바른 관계를 갖게 되었을 때 우리는 비로소 하나님이 우리를 위해 주신 소망을 즐길 수 있다.
우리는 그의 부활과 능력을 경험할 수 있다. (에바 깁슨)

오늘의 말씀

너희가 짐을 서로 지라 그리하
여 그리스도의 법을 성취하라

(갈라디아서 6:2)

오늘의 기도

아름다운 조화를 이루게 하소서

우리에게 사랑의 마음을 주소서.
삶 속에서 기도와 섬김의
아름다운 조화를 이루게 하소서.

가족과 주 안의 지체들을
사랑하게 하여 주시고
이웃들을 사랑하게 하옵소서.
잡초와 들풀과 같은 욕망의 마음에 갇혀
살지 말게 하소서.

믿음 안에서 모든 일에
웃음과 여유 있는 마음으로
아름다운 조화를 이루며 살아가게 하소서.

오늘의 묵상

말씀을 읽을 때 우리는 하나님이 우리를 돕기 원하신다는 것을 확신하게 된다. 말씀을 통해서 하나
님의 사랑, 은혜, 자비, 신실하심을 깨달을 뿐만 아니라 하나님의 말씀에 나타난 다양한 사건들을
통해 그때마다 하나님께서 자신을 어떻게 드러내셨는지 그 모습을 목격할 수 있기 때문이다. 우리
가 기도할 때, 말씀을 묵상할 때, 하나님은 우리에게 자신을 나타내신다. 따라서 우리가 말씀을 묵
상하고 기도해야 확신을 가지고 하나님을 의지할 수 있는 것이다. 하나님의 말씀을 읽어라. 하나님
의 말씀을 묵상하라. 우리의 믿음을 강하게 하는 비결이 바로 거기에 있다. (더치 쉬츠)

9월 8일 믿음의 눈으로 세상을 보게 하소서

오늘의 말씀

오직 선을 행함과 서로 나누
어 주기를 잊지 말라 하나님
은 이같은 제사를 기뻐하시느
니라

(히브리서 13:16)

오늘의 기도

믿음의 눈으로 세상을 보게 하소서

전능하신 눈으로 세상을 살피시어
한 생명이라도 더
구원하시기를 원하시는 주님
믿음의 눈으로 세상을 보게 하소서.

삶을 유지하기에 급급해 하며
죄악과 고통과 욕심쟁이 세상이라고
오물처럼 더럽게만 생각하지 말게 하시고
천하보다 귀한 영혼들을
한 영혼 한 영혼 소중하게 바라보게 하소서.

세상을 바로 볼 수 있는 눈을 주소서.
내가 세상에 있을 때
나를 보시고 구원하여 주신
주님을 기억하게 하소서.

새 생명을 얻었으니 내적인 갈망 속에
한 영혼 한 영혼을 사랑하며
복음을 전하게 하소서.

오늘의 묵상

회개는 자기중심적인 그리스도인이 아니라 하나님 중심의 그리스도인이 되게 하는 필수적인 요소
이다. 교만의 뿌리가 전부 다 뽑히게 진정한 회개를 예수 그리스도의 이름으로 해야 한다. 그러면
영혼 구원을 하시는 하나님의 응답을 확신하게 될 것이다.

오늘의 말씀

오라 우리가 여호와께로 돌아
가자 여호와께서 우리를 찢으
셨으나 도로 낫게 하실 것이
요 우리를 치셨으나 싸매어
주실 것임이라

(호세아 6:1)

오늘의 기도

복음의 밧줄을 던지게 하소서

현실만을 바라보며
먹고 마시고 즐기지 않게 하소서.

욕망과 무지와 범죄로 만신창이가 되어
내일을 부정하며 고개만
돌리며 외면하지 않게 하소서.

세상 물결에 휩쓸려 떠내려가는 이들에게
복음의 밧줄을 던지게 하소서.

깨어 기도하므로
영적인 변화를 일으켜 복음을 전함이
얼마나 소중한 축복임을 알게 하소서.

오늘의 묵상

하나님은 기도의 응답에 결코 인색하지 않으시다. 하나님께 구하면 우리를 꾸짖지 않으시고 후하
게 응답해 주신다. 또한 하나님께 부르짖는 자들에게는 그의 부요함을 풍성히 주신다. 하나님은 우
리가 구한 것을 주실 뿐만 아니라 때로는 그 이상의 것도 주신다. 진실로 하나님은 우리가 구하는
것이나 생각하는 것에 넘치도록 주시는 분이심을 알 수 있다. (셜든 B. 퀸서)

9월 10일 　　주님을 온전히 고백하는 믿음을 갖게 하소서

오늘의 말씀

너희가 전에는 어둠이더니 이
제는 주 안에서 빛이라 빛의
자녀들처럼 행하라

(에베소서 5:8)

오늘의 기도

주님을 온전히 고백하는 믿음을 갖게 하소서

주님을 나의 구주로 고백함은
믿음에서 이루어지오니
순전한 믿음을 갖게 하소서.

주님을 구주로 고백함이
나의 삶에서 표현되게 하소서.
말씀 안에서 믿음이 온전해지게 하소서.
성령의 충만함 속에
주님을 고백하고 시인하고 전하게 하소서.

주님을 믿는 것이 자랑이 되게 하시고
나의 신앙이 언제나 잘 자라게 하소서.
바른 신앙 안에서 바르게 고백하게 하시고
그리스도인으로서 올바른 삶을 살게 하소서.
믿음의 본을 보이는 삶을 살게 하소서.

오늘의 묵상

성령이 하시는 일들 중 하나는 우리 속에 하나님의 거룩함을 심는 것이다. 그것이 바로 우리 속에
그리스도와 같은 인격을 형성하는 것인데 그것은 성령의 열매가 있는 인격을 말한다. 우리에 대한
하나님의 목적 중에 하나는 이것이다. "우리가 다 하나님의 아들을 믿는 것과 아는 일에 하나가 되
어 온전한 사람을 이루어 그리스도의 장성한 분량이 충만한 데까지 이르리니"(에베소서 4:13).

9월 11일 — 나의 삶이 주님의 건축물이 되게 하소서

오늘의 말씀

소망의 하나님이 모든 기쁨과 평강을 믿음 안에서 너희에게 충만하게 하사 성령의 능력으로 소망이 넘치게 하시기를 원하노라

(로마서 15:13)

오늘의 기도

나의 삶이 주님의 건축물이 되게 하소서

나의 삶이 주님의 건축물이 되게 하소서.
반석 되신 말씀 위에 기초를 세우게 하소서.

주님과 조용한 시간을 갖게 하사
내 마음의 소원을 이루어 주소서.
영혼과 가슴이 뜨거운 삶이 되게 하사
주님의 길을 온전히 가게 하소서.
나의 삶의 모습을 온전하게 하여 주사
주님이 원하시는 모습이 되어가게 하소서.

주님이 원하시는 삶 속에서
나의 삶의 모습 하나하나가
주님의 손길로 지어져 가는
주님의 건축물이 되게 하소서.

오늘의 묵상

근심에 찬 마음을 진정시킬 수 있는 최선의 방법은 하나님의 사랑에 마음을 푹 담그는 것이다. 당신이 "고아"와 같은 느낌을 갖게 될 때는 성령께서 하나님의 사랑을 당신에게 더욱 깊이 나타내시도록 하라. 스펄전은 "작은 믿음은 당신의 영혼을 하늘나라로 인도해 갈 것이지만 큰 믿음은 하늘나라를 당신의 영혼 가운데로 내려오게 할 것이다."라고 말했다. 주님과 교제하며 그분을 경배함으로써 당신의 마음은 곧 땅에 있는 하늘이 될 수 있다. (워렌 워어스비)

오늘의 말씀

너희가 노년에 이르기까지 내
가 그리하겠고 백발이 되기까
지 내가 너희를 품을 것이라
내가 지었은즉 내가 업을 것이
요 내가 품고 구하여 내리라
(이사야 46:4)

오늘의 기도

나이가 들어갈수록

나이가 들어갈수록 황혼이
아름다운 삶을 살게 하시고
마음에 여유를 가지고
관조하며 이해하며 사랑하며 살게 하소서.

늘 한결 같은 마음으로
가족과 이웃을 사랑하게 하시고
늘 한결 같은 마음으로 섬기게 하소서.

나이가 들어갈수록 여유롭게
산책하듯이 평안을 주시고
삶의 공간마다 빛으로 가득하게 하소서.
삶을 나타낼 때마다 빛과 소금의 사명을
잘 감당하게 하소서.

오늘의 묵상

예수 그리스도의 약속은 단순하고도 분명한 것이다. 예수께서는 "진리를 알지니 진리가 너희를 자
유롭게 하리라"(요한복음 8:32)고 말씀하셨다. 성경에서 말하는 "안다"라는 표현은 단순한 지적
인 이해 이상을 의미한다. 거기에는 믿음의 결단과 올바른 행동이 포함되는 것이다. 성경과 앞에서
말한 사실들로 보아 "진리를 안다"는 말은 인격적인 관계를 실천한다는 의미임을 분명하게 알 수
있다. (빅터 매튜스)

오늘의 말씀

지혜 있는 자는 궁창의 빛과 같이 빛날 것이요 많은 사람을 옳은 데로 돌아오게 한 자는 별과 같이 영원토록 빛나리라

(다니엘 12:3)

오늘의 기도

나만을 위하여 살지 않게 하소서

단단한 벽을 쌓아놓고
홀로 갇혀 있고 싶어 하는
어리석음에서 벗어나게 하소서.
주님께서 내 안에 함께 하사
나만을 위하여 살지 않게 하소서.
주님을 위하여 목숨을 걸게 하소서.

주님의 일에는 멈추지 않는
발길이 되게 하시고 죄악의 길에서는
멈출 수 있는 발길이 되게 하소서.
주님이 부르시면 언제나
응답하는 삶을 살게 하소서.
나만을 위하여 살지 않게 하소서.

오늘의 묵상

우리는 자신의 껍데기를 깨어 버리고 솔직하고 진솔하고 정직하게 기도해야 한다. 하나님은 정직한 기도, 거짓 없이 회개한 기도를 원하신다. 내가 변하지 않으면 모든 것은 변하지 않는다. 기도하므로 하나님 앞에서 나부터 철저하게 변화를 받아 성도다운 삶을 살아가자.

오늘의 말씀

사랑 안에 두려움이 없고 온전한 사랑이 두려움을 내쫓나니 두려움에는 형벌이 있음이라 두려워하는 자는 사랑 안에서 온전히 이루지 못하였느니라

(요한1서 4:18)

오늘의 기도

주님이 없으면

주님이 없으면 모든 것이
뼈만 들어 난 듯이 아무 소용이 없고
아무것도 할 수 없으니 함께 하여 주소서.

나의 중심을 살펴 주사
갑절의 은혜로 채워 주시고
능력이 넘치는 성도의 삶을 살게 하소서.

죄악의 미궁에 빠져 헤매이지 않게 하여 주시고
쓸데없는 걱정거리를 만들지 않게 하소서.
주님과 동행하며 뜻대로 살게 하소서.

오늘의 묵상

신실한 그리스도인들에게는 고난을 피할 길이 없다. 그러나 고난이 우리를 대적하는 것이 아니라 우리를 위한다는 것으로 받아들일 길은 있다. 그렇다면 그 방법은 무엇인가? 그것은 우리 자신을 하나님께 드리고 하나님의 사랑과 뜻을 의뢰하는 것이다. 바울은 로마에 있는 교회에 편지하기를 "생각하건대 현재의 고난은 장차 우리에게 나타날 영광과 비교할 수 없도다"(로마서 8:18)라고 했다. (워렌 워어스비)

9월 15일 올바른 믿음을 갖게 하소서

오늘의 말씀

자기의 육체를 위하여 심는
자는 육체로부터 썩어질 것을
거두고 성령을 위하여 심는
자는 성령으로부터 영생을 거
두리라

(갈라디아서 6:8)

오늘의 기도

올바른 믿음을 갖게 하소서

나의 믿음이 올바른 믿음이 되게 하소서.
세상의 흐름에 대하여 사람들의 말에 의하여
나의 생각에 이끌리어 흔들리지 않게 하소서.

주님의 말씀으로 새워져
언제나 하나님을 향한 올바른 믿음을 갖게 하소서.
메마른 대지처럼 항상 주님을 향한
목마름이 있게 하사
주님의 은혜로 촉촉히 적셔지게 하소서.

주님을 사랑하며 주님을 바라보며
주님의 뜻에 따르는 올바른 믿음을 주소서.
주님 안에서 살아감이
날마다 기쁨이 되게 하소서.

오늘의 묵상

스티븐슨의 기도

우리 각자를 쉬게 하소서. 깨어있는 자가 있으면 어두운 밤 동안에 그들을 달래 주소서. 아침이 되
었을 때, 우리의 태양이며 위로자가 되는 이시여. 우리에게 오사 우리를 불러내어 새로운 아침의
힘을 주시며 우리를 격려하여 행복이 주어질 때는 솔직하게 기뻐하며 슬픈 일이 왔을 때는 힘있게
참고 기다리게 하여 주소서. 아멘!

오늘의 말씀

너희는 여호와를 만날 만한
때에 찾으라 가까이 계실 때
에 그를 부르라

(이사야 55:6)

오늘의 기도

나의 영혼이 경건함을 갖게 하소서

주님의 사랑이 놀랍고 소중하오니
나의 입술로 목숨이 다하도록
주님을 찬양하게 하소서.

순간적 욕망이나 욕심에 의하여
동요되지 않게 하시고
주님의 인도하심에 맡기는
순전한 믿음을 갖게 하소서.

미워하는 만큼 미워지고
사랑하는 만큼 사랑스러워짐을 알게 하사
사랑하며 살게 하소서.

기도함으로 나의 영혼이
경건함을 갖게 하소서.

오늘의 묵상

존 낙스의 기도

오 주님 우리의 하나님이시여, 당신의 힘 있는 손과 내미신 팔로 우리를 지켜 주시옵소서. 당신의
사랑하는 아들 우리 구주 예수 그리스도 안에 있는 당신의 자비와 사랑의 친절로 우리를 구원하여
주시옵소서. 당신의 참으로 진실하신 말씀 안에서 우리를 가르쳐 주시옵소서. 생명을 주시는 당신
의 성령의 은혜로써 우리를 영원히 즐겁게 하시며 위로하여 주시옵소서. 아멘!

오늘의 말씀

오직 여호와를 앙망하는 자는
새 힘을 얻으리니 독수리가
날개치며 올라감 같을 것이요
달음박질하여도 곤비하지 아
니하겠고 걸어가도 피곤하지
아니하리로다

(이사야 40:31)

오늘의 기도

나를 위로해 주시는 주님

슬픔의 웅덩이에 빠져 있을 때
나를 건져 주시고
누군가에게 위로를 받고 싶을 때
그 누구보다 가장 먼저 위로해 주시는 주님
쓸데없는 걱정에서 벗어나게 하소서.

나의 괴로운 이유와 슬픔의 이유를 아시고
가장 풍족한 은혜로 감싸 주시는 주님
괴로움에서 빠져나오기보다 이겨 내게 하소서.
절망의 폭풍우를 만나 힘들고 지쳐 있을 때
무한한 사랑으로 함께 하사
새로운 힘을 주시고 새로운 길을 열어 주소서.

오늘의 묵상

묵상할 때의 지침

1. 하나님께 자기의 생각과 행할 일을 어떻게 해야 할지 간구한다.
2. 자기 연민 거짓 그리고 이기심에 사로잡히지 않도록 기도한다.
3. 어떤 어려운 일이 닥칠지라도 주님께서 인도하여 주실 것을 간구한다.
4. 자기 뜻에서 벗어날 수 있도록 하나님께 기도한다.
5. 하나님의 뜻이 내게 이루어질 수 있도록 간구한다.
6. 내 이기적인 욕심를 피할 수 있도록 간구한다.

9월 18일   절망이 될 때에

오늘의 말씀

문들아 너희 머리를 들지어다
영원한 문들아 들릴지어다 영
광의 왕이 들어가시리로다

(시편 24:7)

오늘의 기도

절망이 될 때에

절망이 될 때에
그 고달픔 속에서도
주님의 사랑을 느끼게 하소서.

나의 마음을 열어
주님의 위로하심을 받아들이게 하시고
다른 이가 고통을 당할 때
위로해 줄 수 있는 믿음을 주소서.

위로가 될 때에 주님의 사랑과 용서와
긍휼하심을 함께 나누게 하소서.
고통이 찬란한 기쁨으로 바뀌는 날을
눈으로 바라보며 영광을 돌리게 하소서.

오늘의 묵상

우리는 내 안에 무엇이 함께 하는지 관심을 가져야 한다. 아침과 저녁 언제든지 자신을 살펴보는
시간을 가져야 한다. 내 속에 더러운 것들이 점령하고 있으면 성령께서 나를 도우실 수가 없다. 그
러므로 나 자신을 살펴 어떤 것이 나로 하여금 분량에 이르지 못하게 하는지를 살펴보아야 한다.
우리가 하나님 앞에 두 손들고 나갈 때 하나님은 그의 값진 것으로 우리를 채워 주신다.

오늘의 말씀

여호와를 의뢰하고 선을 행하라 땅에 머무는 동안 그의 성실을 먹을 거리로 삼을지어다

(시편 37:3)

오늘의 기도

주님을 소망하며 살게 하소서

십자가에서 목숨을 다 쏟아
날 사랑하여 주신 주님
내 영혼에 붉게 붉게 피어나는
주님의 십자가의 사랑에 참으로 행복합니다.

속절없이 흘러만 가는
이 세상의 삶이 아무런 의미도 없이
허무하게 저버렸을 텐데
내 심장에 내 영혼에 쏟아 부어 주신
주님의 사랑에 감사드립니다.

깊고 깊은 죄악의 터널에서 벗어나
목숨 있는 날 동안 사랑하며, 전하며
주님을 소망하며 살기를 원합니다.

오늘의 묵상

여러분은 기도 응답의 기쁨을 아는가? 아니면 쉽게 낙심하여 포기해 버리고 마는가? 결코 중단하지 말고 끝까지 기도하라! 하나님의 계획과 목적 속에서 여러분이 절망 상황에 대한 하나의 열쇠로 부름받았음을 알고 그 특권과 책임을 인식하라. 자신의 필요를 인정하고 그리스도안에 예비되어 있는 그 부요함을 끊임없이 주장하면서 명확한 기도 제목을 가지고 사랑의 주님께 직접적인 태도로 나아가라. 그리고 확신과 감사로 나아가라. (밴 듀런)

9월 20일 주님을 만나 기뻐하게 하소서

오늘의 말씀

나는 마음이 온유하고 겸손하니 나의 멍에를 메고 내게 배우라 그리하면 너희 마음이 쉼을 얻으리니 이는 내 멍에는 쉽고 내 짐은 가벼움이라 하시니라

(마태복음 11:29-30)

오늘의 기도

주님을 만나 기뻐하게 하소서

세상을 바라보면 바라볼수록
참으로 슬픈 삶을 구원의 기쁨으로
바꾸어 주신 주님을 소망하며 살게 하소서.

질긴 목숨을 짓눌러오는 죄악의 고통으로
홀로 목메어 울던
나를 불러 기쁨을 주시고
평안을 주신 주님을 사랑하게 하소서.

아픔뿐인 나의 삶에 주님이 찾아오셨으니
내 목숨이 벅차도록
주님을 만나 기뻐하게 하소서.

오늘의 묵상

우리는 쉬지 않고 호흡한다. 계속하여 숨을 쉰다. 살아 있는 한에는 숨쉬기를 멈추는 일은 절대로 없다. 숨쉬는 것에 있어서 우리는 누구의 명을 받을 필요가 없다. 그것이 기본이기 때문이다. 여러분의 기도 생활도 이렇게 되어 있는가? 우리가 살아가는 삶에는 많은 어려움들이 있고 시련들이 있으며 쉬지 않고 어떤 것들이 요구되고 있다. 그러나 우리는 하나님과 손잡고 있다. 우리는 그리스도의 삶을 살고 있다. 그분은 우리의 생명이다. 그러므로 기도하라. 숨쉬는 것만큼 자연스럽게 그렇게 기도하라. (밴 듀런)

9월 21일　　우리가 하나님의 자녀임을 알게 하소서

오늘의 말씀

깨어 있으라 내가 너희에게
하는 이 말은 모든 사람에게
하는 말이니라 하시니라

(마가복음 13:37)

오늘의 기도

우리가 하나님의 자녀임을 알게 하소서

교회 공동체의 즐거움이 너무도 좋아
작은 상처만 받아도 견디지 못하는
연약함에서 온전히 벗어나게 하소서.

주 안의 지체들과 기도하고 찬양하며
교제하고 예배하는 즐거움만큼
가정에서나 직장에서나 일터에서도
기쁨을 찾게 하소서.

언제나 어느 곳에서나 주님의 십자가를
마음에 두고 살아가게 하소서.
그리스도인으로서 연약함을 보이지 말게 하시고
실력과 지혜로 당당하게 살아가게 하소서.
어디서나 하나님의 자녀답게 살게 하소서.

오늘의 묵상

얼마나 놀라운 일인가! 하나님의 본성에는 그 선하심이 너무나 풍성해서 아무 자격 없는 우리에게
그 선하심이 흘러 넘치게 하신다. 하나님을 다른 방식으로 생각하고 있다면 당신의 그 사고 방식을
바꿔라. 하나님께서 당신에게 복 주시기를 평생 구하겠다고 그리고 더 많이 복주시기를 구하겠다
고 다짐하고 실천해 보라. 하나님의 풍성하심은 하나님의 자원이나 능력이나 주고자 하는 하나님
마음 때문에 제한되는 것이 아니라 오직 우리 자신 때문에 제한받고 있다. (브루스 윌킨스)

9월 22일 세상에서 사명을 감당하게 하소서

오늘의 말씀

너희의 인내로 너희 영혼을
얻으리라

(누가복음 21:19)

오늘의 기도

세상에서 사명을 감당하게 하소서

교회 안에서만 그리스도인의 기쁨을
누리지 말게 하소서.
주님이 창조하신 이 땅에서
삶의 터전 어느 곳에서나
주님의 기쁨을 누리며 살게 하소서.

괜한 긴장과 고집과 교만으로
남을 괴롭히지 말게 하시고
어려움에 처한 사람이나
고통당한 사람들에게
부드러운 마음으로 대하게 하소서.

우리에게 세상의 빛이 되고
소금이라 하신 뜻을 깨달아
세상에서 사명을 감당하게 하소서.

오늘의 묵상

캘거다의 마더 데레사는 이렇게 말했다. "가난한 사람을 위해 일하면서도 예수님을 잡은 손이 느
슨해지지 않도록 기도해 주세요" 그렇다. 묵상은 전진이다. 기도는 긴 시간 동안 하는 기도라 해도
시간을 값있게 보내는 방법이다. 바쁘게 사는 사람에게는 더욱 그렇다. 마틴 루터의 자세가 그랬
다. "나는 오늘 할 일이 너무나 많아서 하나님과 함께 하는 시간을 감히 무시할 수가 없습니다."
(캘빈 밀러)

오늘의 말씀

내 이름으로 무엇이든지 내게
구하면 내가 행하리라 너희가
나를 사랑하면 나의 계명을
지키리라

(요한복음 14:14-15)

오늘의 기도

사람들을 웃음으로 대하게 하소서

일상의 삶 속에서도 유머와 여유를 갖게 하소서.
얼굴 표정이 딱딱하게 굳어지면
나누는 대화가 불편해지고
서로가 벽을 쌓게 되니
사람들을 만날 때 웃음으로 대하게 하소서.
웃음은 가까움을 느끼게 하고
마음을 편하게 하여 줍니다.
웃음이 있으면 부드러워지고 신뢰감이 생기오니
남을 배려할 줄 아는 마음의 여유를 주소서.
나를 만나고 간 사람들의 생각에
불편함보다는 편안함과 즐거웠다는 기억으로
웃음을 띄울 수 있는 사랑으로 대하게 하소서.

오늘의 묵상

기도 그 자체는 힘들지 않지만 기도하고자 마음 먹는 것은 어렵다. 기도보다는 다른 형태의 대화를
선호하고 사실 그게 너무 지나쳐 잠시나마 침묵의 시간을 갖기조차 힘든 지경이다. 나와 친분이 있
는 한 목사가 그것을 이렇게 표현했다.
"내게는 기도보다 기도에 관해 설교하는 것이 더 쉬운 일입니다. 내게는 기도보다 기도에 관한 글
을 쓰는 것이 더 쉬운 일입니다. 내게는 기도보다 예수님에 관해 말하는 것이 더 쉬운 일입니다. 내
게는 그리스도인으로서 행하는 그 어떤 일도 기도보다는 쉽습니다." (캘빈 밀러)

9월 24일　주님의 일을 하게 하소서

오늘의 말씀

육신을 따르는 자는 육신의
일을, 영을 따르는 자는 영의
일을 생각하나니 육신의 생각
은 사망이요 영의 생각은 생
명과 평안이니라

(로마서 8:5-6)

오늘의 기도

주님의 일을 하게 하소서

주님께서 우리에게 모든 것을
다 베풀어주심처럼
우리들의 삶도 나눔으로
주님의 모습을 닮아가게 하소서.
우리에게 허락하신 달란트를 잘 활용하여
남김이 있는 삶을 살게 하소서.

삶이란 고귀한 시간들을
흥청망청 쓰지 말게 하시고
허락된 생명의 시간동안
주님의 일을 하게 하소서.

오늘의 묵상

기도의 깊이는 우리가 하나님과 그분의 성품을 얼마나 알고 있느냐에 따라 달려 있다. 하나님의 이
름과 속성을 묵상할 때 우리는 하나님께서 하기 원하시는 것을 알 수 있다. 그러면 우리의 기도는
하나님이 누구시냐에 기초를 두게 되고 우리가 보는 인간적인 필요에 기초를 두지 않게 된다. 골로
새서 1:9에 나오는 바울의 기도는 하나님의 성품에 초점을 둔 기도를 하고자 하는 우리에게 매우
큰 도움이 된다. "하나님께서 여러분에게 영적인 통찰력과 이해력을 주심으로 여러분이 하나님의
관점에서 사물을 바라볼 수 있게 되기를 우리는 하나님께 기도하고 있다." (필립스역)

오늘의 말씀

주께서 너희를 우리 주 예수
그리스도의 날에 책망할 것이
없는 자로 끝까지 견고하게
하시리라

(고린도전서 1:8)

오늘의 기도

분주한 삶 속에서도

분주한 삶 속에서 살다가 혼돈된 마음으로
주님 앞에 나올 때가 많습니다.
정결한 마음으로 주님을 만나야 하는데
짜증스러움으로 마음이 헝클어져 있습니다.

죄악은 하나님과의 관계를
끊어 버리고 멀리 떨어지게 하오니
죄를 지어 슬픈 삶을 살지 않게 하소서.
기쁨으로 주님을 바라보며 살게 하소서.

바쁘게 지나가는 분주한 삶 속에서
마음에 혼돈이 올 때에도
주님의 인도하심을 따르게 하소서.

오늘의 묵상

나에게 복음의 핵심은 "하나님의 고통"으로 나타났다. 죄에 대한 하나님의 분노는 그분을 고통스
럽게 한다. 하나님의 고통은 우리를 향한 하나님의 진노를 막으시고 중단시키신 그리고 친히 하나
님에게 맞으신 분의 사랑에 기인한 것이다. (랜디 벡튼)

오늘의 말씀

내가 이르노니 너희는 성령을
따라 행하라 그리하면 육체의
욕심을 이루지 아니하리라

(갈라디아서 5:16)

오늘의 기도

삶에서

삶에서 붙잡을 것을 붙잡게 하시고
놓아야 할 것을 놓게 하소서.
주님께서 예비하신 은혜를
하나도 남김없이 다 체험하게 하소서.

삶에서 세워야 할 것을 세우게 하시고
쓰러뜨려야 할 것을 쓰러뜨리게 하소서.
주님께서 준비하신 사랑과 평안을
온전히 끝까지 담게 하소서.

실패할 때마다 일어서게 하시고
넘어질 때마다 일어서게 하소서.
모든 것들이 주님이 주시는
힘과 능력임을 확신하게 하소서.

오늘의 묵상

예수님의 기도 사역에 대한 설명 가운데는 그분의 인간으로서의 속성이 잘 나타나 있다. 자신의 모든 말과 행동이 아버지께로부터 온 것임을 말씀하셨는데 그것은 기도를 통해 나타났다. 그분은 규칙적으로 기도하기 위해 제자들로부터 멀리 떠났으며 하나님과의 교제를 소중한 것으로 여기셨다.
(릭 오스본)

오늘의 말씀

너희가 서로 거짓말을 하지 말라 옛 사람과 그 행위를 벗어 버리고 새 사람을 입었으니 이는 자기를 창조하신 이의 형상을 따라 지식에까지 새롭게 하심을 입은 자니라

(골로새서 3:9-10)

오늘의 기도

주여 나에게 믿음을 주소서

주님의 길을 가기 위하여
주님의 뜻을 이루기 위하여
준비하고 치러야 할 아픔과 고통이
필요하다면 이겨 내며 전진할 수 있도록
주여 나에게 믿음을 주소서.

주님이 주신 사명을 감당하며
주님이 원하시는 삶을 살기 위하여
준비하고 치러야 할 인내와 기다림이
필요하다면 이겨 내며 전진할 수 있도록
주여 나에게 믿음을 주소서.
주님께서 주시는 소중한 믿음을 통하여
날마다 새롭게 헌신하게 하소서.

오늘의 묵상

조웨트의 기도

오 하나님이시여! 나를 감싸고 있는 은혜를 깨달을 수 있는 내가 되게 하여 주소서. 친한 사람들로부터 소외되지 않게 하소서. 매일 양식 가운데서 당신의 은혜를 깨닫게 하옵소서. 우리 집의 안락함을 통해 하나님의 은혜의 보좌에 대해 생각하게 하여 주소서. 아멘!

오늘의 말씀

우리의 소망이나 기쁨이나 자랑의 면류관이 무엇이냐 그가 강림하실 때 우리 주 예수 앞에 너희가 아니냐 너희는 우리의 영광이요 기쁨이니라

(데살로니가전서 2:19-20)

오늘의 기도

희망을 나누며 살게 하소서

내 마음속에 희망을 주시는 주님
삶의 목적을 분명히 갖게 하사
성공으로 이끌어 가는 힘을 주소서.

주님을 신뢰하게 하사
꿈꾸던 일들이 물거품이 되지 않게 하소서.
주님의 손을 잡게 하사
풍성한 열매를 맺게 하소서.

삶 속에서 항상 희망을 갖고
희망을 나누며 삶을 변화시키는
영적인 파도가 치게 하소서.
희망을 이루어가며 나누며 살게 하소서.

오늘의 묵상

오늘 이 시대의 아픔을 안고 기도할 수 있다는 그는 진정한 그리스도인이다. 자신의 문제만 기도한다면 지독한 욕심쟁이다. 가족과 이웃과 민족과 세계를 위하여 기도해야 한다. 세계를 품고 기도하는 그리스도인이 되어야 참 믿음을 가진 그리스도인의 삶을 살아가는 것이다.

오늘의 말씀

믿음과 착한 양심을 가지라 어떤 이들은 이 양심을 버렸 고 그 믿음에 관하여는 파선 하였느니라

(디모데전서 1:19)

오늘의 기도

믿음의 씨앗이 열매를 맺게 하소서

주님께서 내 마음을
활짝 열어 주사
주님을 기대하며 살게 하소서.

영적인 도약을 경험하게 하사
주님의 영광을 나타내기 위하여
크고 큰 일을 하게 하소서.

우리의 마음속에서
주님의 은혜로
믿음의 씨앗이 자라게 하시고
믿음의 씨앗이 꽃피게 하시고
믿음의 씨앗이 열매를 맺게 하소서.

오늘의 묵상

당신이 기도한 후에는 기도보다 더한 것을 할 수 있지만 그러나 당신이 기도할 때까지 기도보다 더 한 것은 없다. (존 번연)

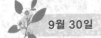

9월 30일 **외톨이로 살지 않게 하소서**

오늘의 말씀

선을 행하고 선한 사업을 많이 하고 나누어 주기를 좋아하며 너그러운 자가 되게 하라

(디모데전서 6:18)

오늘의 기도

외톨이로 살지 않게 하소서

이웃들과 어울려 살지 못하고
외톨이로 살아간다면
아무런 의미도 재미도 의욕도 없습니다.
이웃을 이해하며 용서하며
사랑을 베풀고 섬기는 삶을 살게 하소서.

이웃들의 마음을 잘 살피게 하시고
대화를 나눌 때 끝까지 들을 수 있는
마음의 여유를 주소서.
좋은 일이나 나쁜 일이나
언제나 동일한 마음과 사랑으로
잘 조화를 이루어가게 하소서.

사람들 속에서 사람을 통하여
놀라운 일들을 펼쳐 보여 주시는
하나님의 섭리를 알게 하소서.
외톨이로 살기보다는 이웃들과 잘 어울려
주님의 삶을 본받아 아름다운 삶을 살게 하소서.

오늘의 묵상

기도는 일이나 생각하는 것, 보는 것, 고통당하는 것, 혹은 주는 것을 위한 대체물이 아니다. 기도는 다른 모든 노력을 위한 후원이다. (조지 버트릭)

10월

10월의 기도

가을 낙엽이
떨어짐 속에
고독을 느끼듯이
나 홀로 주님을 만나는
고독의 시간을 갖게 하소서

10월 1일 주님은 우리의 생명의 길이십니다

오늘의 말씀

내가 전한 복음대로 다윗의 씨로 죽은 자 가운데서 다시 살아나신 예수 그리스도를 기억하라

(디모데후서 2:8)

오늘의 기도

주님은 우리의 생명의 길이십니다

우리가 가야할 길을 제대로 알지 못하고
가고 있다면 얼마나 절망입니까
우리들의 삶이 이 세상뿐이라면
현재의 삶 이후에 아무것도 없다면
얼마나 비참하고 허무한 일입니까

절망 가운데서 길을 보여 주시고
인도하여 주시는 분은 오직 주님이십니다.
주님은 나를 위해 십자가에 달리셨습니다.
하나님이 우리가 되시고
우리와 함께 하시고 아파했습니다.
주님의 마음을 알게 하소서.
주님의 마음을 느끼게 하소서.
주님은 우리의 생명의 길이십니다.

오늘의 묵상

옆방에서 나를 위해 기도하는 예수님의 음성을 내가 들을 수 있다면 나는 일백만의 적을 두려워하지 않을 것이다. 거리는 상관이 없다. 그분께서는 나를 위해 기도하고 계신다. (로버트 머레이)

오늘의 말씀

그리스도는 하나님의 집을 맡은 아들로서 그와 같이 하셨으니 우리가 소망의 확신과 자랑을 끝까지 굳게 잡고 있으면 우리는 그의 집이라

(히브리서 3:6)

오늘의 기도

주님이 계시기에

웃음과 기쁨의 세계인 천국에
우리를 초대하여 주시고
함께 하여 주시는 약속의 주님을 사랑합니다.

주님이 계시기에
오늘의 삶에 작고 큰 아픔이 있더라도
주님을 생각하고 소망하며
주님을 사랑하며 살아갈 수 있습니다.

지금도 길을 잃고 방황하는
사람들이 많고 많은 것을 압니다.
그들에게 우리가 구원받은 기쁨을
분명하고 확실하게 전하게 하여 주소서.
주님이 계시기에 소망이 넘칩니다.

오늘의 묵상

하나님께서는 어떤 기도에는 예리하고도 갑자기 응답하시고 우리가 기도해 왔던 것들을 우리의 면전에 던져 주신다. (엘리자베스 바레트 브라우닝)

오늘의 말씀

너희에게 인내가 필요함은 너희가 하나님의 뜻을 행한 후에 약속하신 것을 받기 위함이라

(히브리서 10:36)

오늘의 기도

바른 기도를 드리게 하소서

내가 겪어 온 경험과 체험만으로는
살아갈 수 없으니 바른 기도를 드리게 하사
나와 함께 하시는 주님을 따르게 하소서.

죄악을 깨우치게 하시고
외식에서 떠나 교만하여 행한 경거망동한
행동과 잘못된 인식에서 벗어나게 하소서.
모든 죄를 회개함으로 버리고 떠나게 하사
계속해서 돌아나려는
죄악의 가시에 찔리지 않게 하소서.

포기해야 할 것은 포기하게 하시고
포기하지 말아야 할 것은
절대로 포기하지 않게 하소서.
나를 사랑하시는 주님께
바른 기도를 드림으로 바르게 인도 받게 하소서.

오늘의 묵상

우리는 하나님을 찾을 만한 때에 찾아야 한다. 그분의 발 앞에 엎드려 겸손한 열정으로 눈물을 흘리든지 아니면 완전한 절망과 자포자기 속에서 우리의 전 존재를 드려 주님의 품안으로 돌진하든지 그것은 문제되지 않는다. 어느 경우라도 좋다. 하나님은 만족하는 자의 냉담한 요청은 무시하신다. 하나님은 열정이 없는 자를 위해 아무것도 하실 수가 없다. (토미 테니)

10월 4일 — 가난한 마음을 갖게 하소서

오늘의 말씀

너희 중에 고난 당하는 자가 있느냐 그는 기도할 것이요 즐거워하는 자가 있느냐 그는 찬송할지니라

(야고보서 5:13)

오늘의 기도

가난한 마음을 갖게 하소서

어둠이 어둠을 몰고 오듯이
빛이 빛을 발하게 하사
주님의 말씀의 진리와
법과 도리에 순응하게 하소서.

빛 되신 주님을 따르게 하사
믿음으로 볼 것을 보게 하시고
나의 믿음이 주님의 뜻에 합당하게 하소서.

믿지 못하므로 주님께서 열어 놓으신
생명의 길을 닫아 버리지 않게 하소서.
기도함으로 가난한 마음을 갖게 하소서.

오늘의 묵상

세상은 좋은 곳이다. 하나님께서는 창조 사역을 감당하면서 매일 그런 말씀을 하셨다. 비록 이 세상은 타락했지만 하나님께서는 여전히 우리를 귀하게 여기신다. 그분은 세상을 위해 구속의 노력을 기울이고 세상을 위해 시간과 공간의 한계 속으로 낮아지며 세상을 위해 죽을 정도로 이 땅을 소중하게 생각하신다. 세상은 오염되었다. 하나님께서는 고통과 빈곤과 죄악과 죽음을 없애 주시겠다고 약속하셨다. (필립 얀시)

오늘의 말씀

이 세상도, 그 정욕도 지나가
되 오직 하나님의 뜻을 행하
는 자는 영원히 거하느니라
(요한1서 2:17)

오늘의 기도

사랑할 수 있는 마음을 주소서

사랑은 삶에 새로운 변화를 주고
모든 것을 새롭게 보여 주오니
사랑할 수 있는 마음을 주소서.
사랑함으로 포기할 것은 포기하게 하여 주시고
주님의 사랑이 우리가 누릴 수 있는
최고의 기쁨이 되게 하소서.

사랑함으로 사랑하는 사람을 알게 하시고
가까이 다가가 이해하며
친교를 나누며 살게 하소서.
사랑함으로 놀랍고 신기한 일들이 일어나오니
사랑의 힘이 주님께로부터 옴을 깨닫게 하소서.
사랑함으로 삶의 권태와 지루함이 사라지게 하시고
날마다의 삶이 축복임을 알게 하소서.

오늘의 묵상

하나님의 말씀에 대한 무관심은 우리의 기도를 방해한다. 우리가 하나님의 말씀에 무관심하다면
기도의 응답을 받지 못할 것이다. "사람이 귀를 돌려 율법을 듣지 아니하면 그의 기도도 가증하니
라"(잠언 28:9), "주의 규례들을 항상 사모함으로 내 마음이 상하나이다"(시편 119:20). 하나님께
서는 우리가 그분의 말씀을 너무나 사모한 나머지 마음이 상할 정도에 이르기를 원하신다. 우리는
성경의 진리를 끊임없이 추구해야 한다. (찰스 스탠리)

오늘의 말씀

사람이 마음으로 자기의 길을
계획할지라도 그의 걸음을 인
도하시는 이는 여호와시니라

(잠언 16:9)

오늘의 기도

주님의 사랑에서 떠나지 않게 하소서

주님을 사랑함으로 구원받은 기쁨에
행복의 열병에 빠지게 하소서.
이 기쁨을 노래하게 하시며
이 기쁨을 전하게 하소서.
주님께서 우리를 사랑하시므로
모든 것을 버리고 십자가에 달리심같이
우리도 사랑함으로
희생의 아름다움을 알게 하소서.

사랑함으로 하나님이 우리에게 주시는
은혜의 경지를 체험하게 하소서.
우리에게 끝없는 사랑으로 함께 하소서.
그 무한한 사랑 속에서
진리의 자유함을 누리게 하소서.
삶의 한순간도 사랑에서 떠나지 않게 하소서.

오늘의 묵상

선과 악 사이의 어마어마한 전쟁이 우리 주위에서 그리고 우리 안에서 격렬히 치러지고 있다. 우리
는 몇 분간의 기도를 통해 우리가 선의 편에 있음을 큰소리로 보여 줄 수 있다. 우리는 하나님의 관
심과 그분의 뜻에 연합된다. 우리는 우리의 왕과 교제한다. (필립 얀시)

10월 7일 기도해야 할 사람들을 위하여 기도하게 하소서

오늘의 말씀

온 땅이 주께 경배하고 주를
노래하며 주의 이름을 노래하
리이다 할지어다

(시편 66:4)

오늘의 기도

기도해야 할 사람들을 위하여 기도하게 하소서

나만을 위하여, 나의 가족만을 위하여
기도하려는 욕심에서 벗어나게 하소서.
기도해야 할 사람을 위하여
그들의 형편을 알지 못하나
그들의 필요를 위하여 기도하게 하소서.

간구와 도고의 기도를 통하여
그들의 삶에 응답이 있을 때
마음속에 쏟아지는 기쁨이 얼마나
큰가를 체험하게 하소서.

나의 기도의 지경이 넓어지게 하시고
내 이웃과 주님 안의 지체들과
절망 당하고 고통 속에 있는 이들을 위하여
함께 아파하며 기도하게 하소서.

오늘의 묵상

조지 뮬러는 당신이 기억할 만한 사람이다. 그는 기도하는 방법을 알고 있었다. 아비가일이라는 소
녀가 뮬러에게 채색된 모직으로 된 공을 하나 얻게 해 달라고 기도 부탁을 했다. 뮬러는 그 소녀를
위해 기도해 주었고 그녀는 정말 그 공을 얻게 되었다. 후에 이 소녀는 영국에서 유명한 사람이 되었
다. 그녀의 자서전을 읽어보면 그녀가 주님 안에서 얼마나 깊이 가르침을 받았는가를 알 수 있다.

오늘의 말씀

주를 찬송함과 주께 영광 돌
림이 종일토록 내 입에 가득
하리이다

(시편71:8)

오늘의 기도

주님의 마음을 체험하게 하소서

내가 만나 사람들과
내가 만나지 못한 사람들을 위하여
상처 입은 삶의 마디마디의
아픔을 위하여
기도하게 하소서.

내 마음에 주시는 평안함을 아오니
축복하여 주시고 인도하여 주소서.
전심을 다하여 기도하게 하시고
하나님의 뜻을 따라
기도하게 하소서.

남을 위하여 기도하므로
주님의 마음을 체험하게 하소서.

오늘의 묵상

우리에게는 형제자매들이 옳은 결정을 내릴 수 있게 도와줄 책임이 있다.
성경은 다음과 같이 하라고 하고 있다.
서로 사랑하라. 서로 위하여 기도하라.
서로 짐을 져라. 서로 격려하라.
서로 가르쳐라. 서로 권고하라.

오늘의 말씀

여호와여 내가 소리 내어 부르
짖을 때에 들으시고 또한 나를
긍휼히 여기사 응답하소서

(시편 27:7)

오늘의 기도

진리 안에 복음 안에 살게 하소서

주님의 말씀대로 살아감이
우리들의 삶의 힘이오니
주님의 놀라우신 그 이름 예수를
날마다 부르며 찬양하게 하소서.

우리의 믿음이 성장하게 하시고
어둠에서 빛으로 인도하사
진리 안에 복음 안에 살게 하소서.

우리의 사랑이 깊어 가게 하시고
은혜와 축복으로 함께 하사
세속적인 허전함에 마음이 들떠
방황하지 말게 하소서.

오늘의 묵상

나에게는 꿈이 있다. 조지아 주의 붉은 언덕에서 노예의 후손들과 노예 주인의 후손들이 형제처럼
손을 맞잡고 나란히 앉게 되는 꿈이다. 나에게는 꿈이 있다. 이글거리는 불의와 억압이 존재하는
미시시피 주가 자유와 정의의 오아시스가 되는 꿈이다. 나에게는 꿈이 있다. (마틴 루터 킹)

10월 10일 우리들의 필요를 채워 주소서

오늘의 말씀

형제들아 내가 신령한 자들을
대함과 같이 너희에게 말할
수 없어서 육신에 속한 자 곧
그리스도 안에서 어린 아이들
을 대함과 같이 하노라

(고린도전서 3:1)

오늘의 기도

우리들의 필요를 채워 주소서

우리들의 삶 속에서
우리들의 필요를 채워 주소서.
주님께 감사하며 도움을 청하게 하소서.
주님께 인도하심을 흔들림 없이 받아들이며
두려움 속에 의심하지 않게 하소서.

우리의 모든 필요를 공급하여 주시며
생명까지 구원하시는 주님이시니
함께 하심에 만족하며 입술로 찬양하게 하소서.

우리들의 삶을 한 발자국 한 발자국
모든 삶을 날마다
우리의 부족함을 채워 주심을 믿고
그 놀라우신 은총을 감사하며 살게 하소서.

오늘의 묵상

앤드루스의 기도

오! 우리의 생명의 주님이시여, 원하옵기는 이 밤과 그리고 영원히 우리를 당신의 돌보심 속에 있
게 하여 주시옵소서. 오! 빛 가운데 빛이신 이시여, 우리를 내적인 어둠에서 멀리하게 하옵시며. 평
안한 가운데 잠들게 하시고 당신의 뜻에 따라 일하기 위해 눈을 뜨게 도와주시옵소서. 우리 주 예
수 그리스도 이름으로 기도합니다. 아멘!

오늘의 말씀

그런즉 우리가 다시는 서로
비판하지 말고 도리어 부딪칠
것이나 거칠 것을 형제 앞에
두지 아니하도록 주의하라

(로마서 14:13)

오늘의 기도

주님의 눈길을 바라보게 하소서

우리의 이름이 주님께 기억되고
우리의 영혼에 주님이 함께 하시니
그 감동과 그 감격을
다 표현하게 하소서.

주님께서 날마다
우리의 삶을 알고 계시니
그 보살핌을 알게 하소서.

천국에 우리가 거할
처소를 마련하시고
우리의 모든 삶을 살펴주시는
주님의 눈길을 바라보게 하소서.

오늘의 묵상

철저한 회개

자기의 죄와 하나님의 긍휼을 알아야 한다.
자기의 죄를 원통히 여기고 죄를 미워해야 한다.
죄에서 떠나 하나님께 돌아와서 새롭게 출발하는 결단의 삶이 있어야 한다.

오늘의 말씀

시험에 들지 않게 깨어 기도
하라 마음에는 원이로되 육신
이 약하도다 하시고

(마태복음 26:41)

오늘의 기도

삶 속에서 주님의 크고 위대한 일을 경험하게 하소서

지금도 지구의 어느 곳에서
예수 그리스도를 만남 기쁨으로
감격하여 눈물을 흘립니다.

천하보다 귀한 영혼을 허락하시고
온 마음을 열어 주사
우리를 사랑하여 주심을 찬양합니다.
삶 속에서 크고 위대한 일을 경험하게 하소서.

모든 사람들 한 사람 한 사람
다르게 창조하셨듯이
우리 모두 한 사람 한 사람에게 다르게 이루실
주님의 크고 위대한 일을 경험하게 하소서.

오늘의 묵상

참 예배

참 예배는 예수 그리스도에 대한 순종이다. 우리 하나님은 예배하는 자들을 찾으신다. 참 예배는
그의 자녀들에게서 온다. 우리는 예배를 온전히 드리도록 하자. 그가 이루신 일과 또 현재 그가 이
루시고 계시는 사역으로 말미암아 마땅히 예배의 대상이 되신다.

10월 13일　　내일을 소망하며 살게 하소서

오늘의 말씀

한 사람이 순종하지 아니함으
로 많은 사람이 죄인 된 것 같
이 한 사람이 순종하심으로
많은 사람이 의인이 되리라

(로마서 5:19)

오늘의 기도

내일을 소망하며 살게 하소서

나의 믿음의 중심에
주님이 함께 하소서.
늘 항상 주님의 발자취를
따르며 살게 하소서.

나의 더럽고 추한
지난날들을 버리고
예수 그리스도로 옷 입고
내일을 소망하며 살게 하소서.

우리의 삶 속에
주님이 깊이 각인 되게 하소서.
주님의 흔적이 있는 삶 속에
내일을 소망하며 살게 하소서.

오늘의 묵상

하나님이 사명을 주실 때 어떻게 해야 하는가

1. 하나님 앞에 정직하게 자신을 평가하라.
2. 다른 사람들에게 자신의 평가를 들어라.
3. 하나님이 원하시는 그리스도인이 되라.
4. 자신의 재능과 소원을 주의 깊게 살펴보라.

오늘의 말씀

너희는 그리스도의 것이요 그리스도는 하나님의 것이니라

(고린도전서 3:23)

오늘의 기도

주님의 관심 속에 우리가 있게 하소서

주님의 관심 속에 우리가 있게 하소서.
간섭하심 속에 우리가 있게 하소서.
만지심 속에 우리가 있게 하소서.

주님으로부터 도망치려고
달아날 구실을 찾으려고
몸부림치지 않게 하소서.

주님의 사랑을 받고자 영육이 새롭게 변화되어
주님의 사랑을 체험하게 하소서.
성령을 따라 사는 사람이 되어
영적인 것을 열망하게 하소서.
우리의 모든 삶을 드림에서 시작되게 하소서.

오늘의 묵상

하나님은 영이시다. 하나님은 유일한 분이시다. 하나님은 영원하시며 광대하시며 아니 계신 곳이 없으시다. 하나님은 전지하시며 전능하시다. 하나님은 거룩하시며, 의로우시며, 진실하시다. 하나님은 신실하시며, 사랑이시다. 하나님은 영원한 계획을 가지고 계신다. 하나님은 보이는 세계뿐 아니라 보이지 않는 세계도 창조하셨다. 하나님은 나 자신에 대한 구원 계획을 가지고 계신다.

10월 15일　저지른 죄악에서 구원하여 주소서

오늘의 말씀

주 안에서 항상 기뻐하라 내
가 다시 말하노니 기뻐하라

(빌립보서 4:4)

오늘의 기도

저지른 죄악에서 구원하여 주소서

세상 보란 듯이
큰소리치던 사람들도
저지른 죄악에 부딪쳐 처참하게
쓰러져 버린 사람들도 많습니다.

우리가 길을 잘못 들었다면
눈길과 발걸음을 돌려
주님의 길을 가게 하소서.

우리 스스로 속이며 속아 넘어가
저지른 죄악에서
우리를 구원하여 주소서.
저지른 죄악에서 떠나
주님의 품에 안기게 하소서.

오늘의 묵상

나는 성경을 통하여 구주를 알았다. 성경이 구주를 나에게 소개하였다. 그가 내 마음에 자기를 나
타낼 때 나는 회심하여 땅 위에 있으면서도 하늘의 것을 느낄 수 있었다. 복음의 목적은 다만 그리
스도를 우리에게 소개하는 것이다. (썬다 싱)

오늘의 말씀

이 모든 것 위에 사랑을 더하
라 이는 온전하게 매는 띠니라

(골로새서 3:14)

오늘의 기도

하나님의 기뻐하심 속에 살게 하소서

죄악을 후회하며 슬픔 속에 울기보다
영혼 깊이 회개하며
영혼 깊이 대화함으로
주님이 주시는
참 평안 속에 살게 하소서.

오만, 자만, 교만과
무관심으로 인해 저지른
잘못과 유혹에 이끌리어
호기심으로 저지른
죄악에서 벗어나게 하소서.

우리의 삶이 하나님의 노여움에
놓여 있지 말게 하시고
하나님의 기뻐하심 속에 살게 하소서.

오늘의 묵상

윌리암 부스 구세군 대장은 그리스도인들의 삶에 대해서 설교를 하면서 이렇게 전하였다.
"우리는 마귀보다 먼저 손을 씻어야만 한다. 그가 우리의 자녀들에게 죄를 가르치기 전에 먼저 하
나님을 가르쳐야만 한다."

10월 17일　죄에 물들지 않게 하소서

오늘의 말씀

주야로 심히 간구함은 너희
얼굴을 보고 너희 믿음이 부
족한 것을 보충하게 하려 함
이라

(데살로니가전서 3:10)

오늘의 기도

죄에 물들지 않게 하소서

죄에 물들지 않게 하소서.
죄악에 빠지지 않게 하소서.
죄는 어둠을 부르고 어둠은 빛을 가려
분별할 수 없게 만드니
그들의 올무에서 벗어나게 하소서.

나의 힘만으로 벗어나려는 것은
어리석고 수렁에서 허우적 거리는 것과 같으니
주님께 간구하오니 나를 붙잡아 주소서.
나를 인도하소서.

죄를 저지르고 싶은 마음의 충동과
유혹은 잠시 불다가 떠나가는
바람이 되게 하소서.
성령의 능력으로 인도하여 주소서.

오늘의 묵상

하나님의 뜻을 찾는 위대한 도구가 있다. 그리고 하나님의 뜻을 이루는 한 도구가 있다. 이것으로
우리는 사람들이 이룰 수 없는 것들을 이룰 수 있다. 이것이 없이는 인간의 노력은 헛수고가 될 것이
다. 그런데 이것은 어린아이도 알 수 있고 어린아이도 가질 수 있으며 또 어린아이도 사용할 수
있다. 이 도구의 이름은 순종이다.

오늘의 말씀

믿음의 선한 싸움을 싸우라 영생을 취하라 이를 위하여 네가 부르심을 받았고 많은 증인 앞에서 선한 증언을 하였도다

(디모데전서 6:12)

오늘의 기도

삶의 발길마다 주와 동행하게 하소서

죄악의 시궁창에 빠져 들어 헤매이지 않게 하소서.
출렁이는 죄악의 파도에 휩싸이지 않게 하소서.

죄악이 영영한 형벌인 지옥을
불러냄을 깨닫게 하여 주사
구원과 천국을 잃게 하는
죄악의 무서움이 얼마나 큰지 깨닫게 하소서.

주님의 은혜의 들판에서 뛰게 하소서.
가슴 벅차도록 달리게 하소서.
살아감의 발걸음마다 주님과 동행하게 하소서.

오늘의 묵상

무디는 믿음에 대해서 이렇게 말했다.

"나는 믿음을 간구하면 어느 날 믿음이 내려와서 나를 번개처럼 칠 것으로 생각했다. 그러나 믿음이 오질 않았다. 오늘 나는 로마서 10:17을 읽었다. '그러므로 믿음은 들음에서 나며 들음은 그리스도의 말씀으로 말미암았느니라' 나는 성경을 덮고 믿음을 간구했다. 나는 또 성경을 펴서 읽었다. 그후 나의 믿음은 점점 더 자라났다."

10월 19일 주님의 축복하심을 기뻐하게 하소서

오늘의 말씀

우리 안에 거하시는 성령으로
말미암아 네게 부탁한 아름다
운 것을 지키라

(디모데후서 1:14)

오늘의 기도
주님의 축복하심을 기뻐하게 하소서

세속적인 것들에 눈을 돌리고
세속적인 것들에 매달려 사는
목숨이 되지 않게 하소서.

내 온몸의 핏줄이
다 터져 쏟아짐처럼
내 마음을 다 쏟아 기도하게 하소서.

삶의 고비마다 성령이 충만할 때
맺히는 열매들을 보며
주님의 축복하심을 보고 기뻐하게 하소서.

오늘의 묵상

알프레드의 기도

전능하신 하나님, 당신의 커다란 자비와 당신의 거룩한 십자가의 증거로 우리를 도우시며 당신의
뜻과 나의 영혼이 간구하는 곳으로 인도하여 주시기를 원합니다. 그리하여 무엇보다도 청결한 마
음과 몸을 가지고 마음으로부터 당신을 사랑하게 하여 주소서. 당신은 나의 창조자이시며 도우시
는 분이며 희망입니다. 우리 주 예수 그리스도 이름으로 기도합니다. 아멘!

10월 20일 　성령 충만으로 은혜를 체험하게 하소서

오늘의 말씀

너는 진리의 말씀을 옳게 분
별하며 부끄러울 것이 없는
일꾼으로 인정된 자로 자신을
하나님 앞에 드리기를 힘쓰라

(디모데후서 2:15)

오늘의 기도

성령 충만으로 은혜를 체험하게 하소서

기도함으로 세상을
아름답게 볼 수 있는 눈을 뜨게 하소서.
모든 피를 다 쏟아
구원하시는 주님의 사랑을 알아
그 사랑에 묶여 살게 하소서.

내 생각에서 기도를 꺼내어
내 마음과 온 영혼으로 기도하게 하소서.
기도 모임을 통하여
기도의 능력을 체험하며
다른 이들을 통하여 기도함을 배우게 하소서.

날마다 성령 충만하게 하사
성령 충만할 때 따르는
주님의 은혜의 풍성함을 체험하게 하소서.

오늘의 묵상

가장 겸손한 기도라 할지라도 그 기도는 하나님이 응답하신다고 신뢰하는 것이어야 한다. 형통할
것이라고 분명히 확신하라. 겸손과 신뢰는 상반된 것이 아니다. 마치 회개와 믿음처럼 서로 완벽한
조화를 이룬다. 성도의 기도란 신뢰와 겸손의 산물이어야 한다는 것이 중요하다. (버나드 뱅글리)

오늘의 말씀

우리가 간절히 원하는 것은
너희 각 사람이 동일한 부지
런함을 나타내어 끝까지 소망
의 풍성함에 이르러 게으르지
아니하고 믿음과 오래 참음으
로 말미암아 약속들을 기업으
로 받는 자들을 본받는 자 되
게 하려는 것이니라

(히브리서 6:11-12)

오늘의 기도

절제할 수 있는 믿음을 주소서

벌레처럼 죄악을 달콤하게
먹고 살지 않게 하시고
절제함으로 삶이 얼마나 아름답게
변화되는가를 알게 하소서.

욕망과 욕심을 나무가지치기 하듯
절제함으로 마음이 순수해짐을 알게 하소서.
불만과 비난을 절제함으로
서로의 마음이 따뜻해짐을 알게 하소서.
나의 삶 전체를 말씀에 적용시켜
죄악을 떠남으로 영혼의 짐을 벗게 하소서.

오늘의 묵상

여행을 떠날 때 이렇게 기도하라.

인생은 순례입니다. 저는 주님에게서 왔으며 주님에게로 돌아갑니다. 위험한 곳을 지날지도 모릅
니다. 오 주님, 저를 인도하소서. 주님의 손으로 저를 붙드소서. 저의 눈을 여셔서 주님이 예비하신
대로를 보게 하소서. 든든한 울타리로 저를 안전하게 지켜 주소서. 주님은 "길이요 진리요 생명입
니다"(요한복음 14:6). 저를 아버지께로 인도하소서. 아버지와 주님이 하나이듯이 저도 아버지와
하나이게 하소서. (존 부르드퍼드)

10월 22일 주님의 삶을 본받아

오늘의 말씀

너희는 말씀을 행하는 자가
되고 듣기만 하여 자신을 속
이는 자가 되지 말라

(야고보서 1:22)

오늘의 기도

주님의 삶을 본받아

주님께서 내 마음을
이끌어 주심을 알라
깊은 묵상과 깊은
통찰의 시간을 갖게 하소서.

나의 삶을 세밀하게
인도하여 주시는
주님의 손길을 깨닫게 하소서.

나의 생각과 행동이 올바르게 하시고
절제함을 통하여
주님의 삶을 본받아
영원을 향한 동경과 목마름이 있게 하소서.

오늘의 묵상

청교도 저술가 토마스 왓슨은 이렇게 말했다.

"기도에서 믿음은 화살에서 깃털과 같은 역할을 한다. 믿음은 기도라는 화살이 더 신속하고 정확
하게 하나님의 보좌를 관통하게 만든다. 당신이 사면초가의 역경에 처했다면 긴박한 마음으로 절
실하게 합심하여 기도하기 바란다. 기도에 응답하시는 능력이 하나님께서 때가 이르면 은혜와 사
랑을 베푸사 당신을 도우신다는 사실을 믿기 바란다." (로버트 모건)

10월 23일　주님을 소망하며 살게 하소서

오늘의 말씀

너희가 알 것은 죄인을 미혹
된 길에서 돌아서게 하는 자
가 그의 영혼을 사망에서 구
원할 것이며 허다한 죄를 덮
을 것임이라

(야고보서 5:20)

오늘의 기도

주님을 소망하며 살게 하소서

죄악으로 뼈만 앙상히 남은 인생을
주님의 보혈로 구원하여 주시고
영혼을 새롭게 하여 주심을 감사드립니다.

성령의 바람이 불어와
영혼이 거듭나 우리의 죄악을 용서받았으니
주님이 원하는 대로 살게 하소서.

믿음 속에
영원을 사모하게 하시고
주님이 주시는 소망 속에
천국을 사모하며 살게 하소서.

오늘의 묵상

용서는 불가능한 것으로 보인다. 그러나 하나님께서는 불가능한 일이란 없다. 우리 안에 거하시는
하나님은 우리의 상처 입은 자아를 넘어서 나아가는 은혜를 우리에게 베풀어 주실 것이다. 그리고
하나님은 이렇게 말씀하신다. "하나님의 이름으로 당신은 용서를 받았습니다." 그런 은혜를 구하
는 기도를 하시라. (헨리 나우웬)

오늘의 말씀

믿음의 결국 곧 영혼의 구원을 받음이라

(베드로전서 1:9)

오늘의 기도

삶이란 흐르는 강물 같으니

삶이란 흐르는 강물 같으니
잠시 배를 띄우는 기쁨과
낚시를 던지거나 그물을 던져 잡은 고기 때문에
순간적인 만족에 머물러 있지 않게 하소서.

비온 후 만물이 새롭게 변하듯이
언제나 새롭게 하시고
영혼에 충만함을 주시는
주님을 찬양하고 소망하며 살게 하소서.

우리에게 맡겨진 사명을 잘 감당하게 하시고
주님께서 원하시는 삶을 살아
영광을 돌리게 하소서.

현실적인 만족에 취하여 있지 말게 하시고
시대적 흐름의 유행과 같은
풍속에 젖어 들지 않게 하소서.

오늘의 묵상

어떤 개인의 회심과 구원을 위한 하나님의 뜻에 따라 믿음으로 기도할 수 있는지 없는지의 여부를 어떻게 알 수 있는가? 바로 이때 성령께서 개입하사 하나님 백성들의 마음을 이끄시어 그 개별적 사례들을 위해 기도하시되 하나님께서 은혜 내려 주시기로 작정하신 때에 그렇게 인도하신다.
(찰스 피니)

오늘의 말씀

무엇이든지 구하는 바를 그에
게서 받나니 이는 우리가 그
의 계명을 지키고 그 앞에서
기뻐하시는 것을 행함이라

(요한1서 3:22)

오늘의 기도

나의 짐이 점점 더 무거워질 때

지치고 힘들어
나의 짐이 점점 더 무거워질 때
불평하거나 원망하지만 말고
주님께 도움을 청하게 하소서.

힘으로만, 오기로만 버티려고
안간힘을 쓰지 말게 하시고
주님의 십자가를 바라보며
주님의 인도하심을 따라 걷게 하소서.

고통이 참기 어려울 때에는
언제까지나
우리의 삶을 꾸준히 인도하시는
주님께 철저히 헌신하게 하소서.

오늘의 묵상

힘을 부여하고 격려해 주며 숨은 재능을 불러오며 그리고 위대한 일들이 일어날 수 있게 하는 것은
위임 있는 긍휼이다. 진정한 영적인 권위는 윗부분이 아래로 향하도록 뒤집어 놓은 삼각형의 밑부
분에 위치하여서 우리의 영적 지도권을 받는 모든 사람들을 지지하고 그들을 빛 가운데로 이끌어
들이게 한다. (헨리 나우웬)

오늘의 말씀

하나님을 찬미하며 또 온 백
성에게 칭송을 받으니 주께서
구원 받는 사람을 날마다 더
하게 하시니라

(사도행전 2:47)

오늘의 기도

쉴 만한 자리로 인도하심을 믿게 하소서

나에게 감당할 수 있는
짐을 주시는 주님임을 믿사오니
주님께서 어떠한 길로 인도하시더라도
그 길을 가게 하소서.

주님께서 가장 선하신 방법으로
가로막힌 길을 열게 하여 주시고
사랑의 보살핌으로 인도하심을 믿게 하소서.

주님의 은혜가 물결로 밀려오고
쉴 만한 자리로 인도하심을 믿게 하소서.

오늘의 묵상

예수 그리스도께서 당신을 부르심을 알고 싶다면 기도하고 응답받아야 한다. 주님은 우리를 부르
시고 주님의 일을 하기를 원하신다. 우리는 기도를 통하여 주님이 주시는 권능을 받고 주님의 자녀
답게 하나님의 일에 동참하여야 한다.

10월 27일 주님만이 나의 생명이며 구원이십니다

오늘의 말씀

주께 힘을 얻고 그 마음에 시
온의 대로가 있는 자는 복이
있나이다

(시편 84:5)

오늘의 기도

주님만이 나의 생명이며 구원이십니다

우리의 삶 속에 새 생명을 주시는 주님을
온전한 믿음으로
온전한 순종으로 따르게 하소서.

어떠한 역경이 오더라도
어떠한 고통이 오더라도
어떠한 슬픔이 다가와도
오직 주님만을 의지하며 따르게 하소서.

나보다 먼저 주님을 바라보게 하시고
세상보다 먼저 주님을 바라보게 하소서.
주님만이 나의 생명이며 구원이십니다.

오늘의 묵상

당신에게 어떤 문제가 있다고 하자. 하나님은 당신을 위해 기도할 수 있는 사람을 찾으실 것이다. 하나님은 당신과 가까운 사람을 선택하실 수도 있고 아니면 당신이 잘 알지 못하는 사람을 선택하실 수도 있다. 그리하여 그 사람은 주님이 인도하시는 대로 당신을 위해 간구할 것이다. (찰스 스탠리)

오늘의 말씀

나의 생전에 여호와를 찬양하
며 나의 평생에 내 하나님을
찬송하리로다

(시편 146:2)

오늘의 기도

모든 일을 바르게 하소서

썩고 사라질 세속적 갈구함에서 벗어나
믿음으로 참된 소망을 갖고
모든 일에 바르게 행동하게 하소서.

하나님의 인도하심을 묵묵히 따르며
죄를 다 포기하고 끊게 하소서.
참으로 가치 있는 삶을 살게 하사
주님이 주시는 소망으로 기뻐하게 하소서.

이 시대의 아픔과 절망을 안고 기도하며
모든 일에 바르게 행동하게 하소서.
정결한 마음을 주시고
정직한 영을 더욱 새롭게 하여 주소서.

오늘의 묵상

종종 하나님이 우리의 간구를 거절하신 것처럼 보일 때는 하나님이 간접적으로 응답하신 것이다.
위대한 기독교 교부인 어거스틴의 어머니는 이를 경험했다. 모니카는 매일 밤마다 그의 아들이 이
탈리아로 가는 것을 막아 달라고 하나님께 기도했다. 그녀는 어거스틴이 크리스천이 되기를 바랐
기 때문이다. 어거스틴은 어머니를 속이고 이탈리아로 건너갔다. 그녀의 기도는 상달되지 않은 것
처럼 보였다. 그러나 어거스틴은 이탈리아에서 회개했다. (필립 얀시)

오늘의 말씀

할렐루야 우리 하나님을 찬양
하는 일이 선함이여 찬송하는
일이 아름답고 마땅하도다

(시편 147:1)

오늘의 기도

먼저 기도하게 하소서

기도 없이는
하나님의 섭리를 따를 수 없으니
기도함으로 따르게 하소서.

주님의 손을 잡게 하사
작은 고통 속에서도 절망함에서 벗어나
주님께서 이끄시는 대로 따라 나서게 하소서.

나의 끊임없는 요구에
집착하지 않게 하시고
주님께서 베푸시는
사랑을 깨닫게 하소서.

하나님의 뜻에 합당하게 살아갈 때
모든 일들을 바르게 할 수 있으니
어떠한 일을 행하기 전에
먼저 기도하게 하사
주님의 뜻을 물어 인도하심을 받게 하소서.

오늘의 묵상

"언제나" 기도한다는 것은 매순간 주님의 보고를 연다는 것이다. 그분은 우리에게 은혜와 믿음과
지혜와 분별력과 통찰의 선물을 주신다. 성령의 열매 "사랑, 희락, 화평, 오래 참음, 자비, 양선, 충
성, 온유, 절제"(갈라디아서 5:22-23)를 제공받는다. 우리는 결코 외롭게 지낼 필요가 없다. 왜냐
하면 우리는 결코 혼자 있지 않기 때문이다. (로이드 오길비)

10월 30일 주님을 온전히 만나게 하소서

오늘의 말씀

여호와여 주의 이름을 위하여
나를 살리시고 주의 의로 내
영혼을 환난에서 끌어내소서
(시편 143:11)

오늘의 기도

주님을 온전히 만나게 하소서

나를 인도하여 주시는 주님
주님을 온전히 만나게 하소서.

내 생각이나 내 경험이나
내 지식이 아니라
영적인 거듭남을 통하여
내 영혼 깊이 주님을 영접하게 하소서.

흘러가고 떠나가 버리는
아무것도 아닌 것을
붙잡으려고 몸부림치며
발버둥치기보다는
순간이 아닌 영원한 생명을 주시는
주님을 바라보게 하소서.

주님을 온전히 만나게 하소서.
주님을 온전히 의지하게 하소서.

오늘의 묵상

기도하러 갈 적에 하나님의 요구 조건을 우리가 받아들인다면 하나님께서는 자기의 본분을 다한다. 우리의 본분은 하나님께 나아가는 것, 하나님을 찾는 것, 믿음과 신실, 그리고 깨끗한 마음을 가지고 그리스도의 이름을 구하는 것이다. (제이네카)

10월 31일 — 믿음에 믿음을 더하여 주소서

오늘의 말씀

왕이신 나의 하나님이여 내가
주를 높이고 영원히 주의 이
름을 송축하리이다

(시편 145:1)

오늘의 기도

믿음에 믿음을 더하여 주소서

천지 만물을 창조하시고
주관하시는 주님 앞에 겸손하게 하소서.
초라한 나의 주장이나
나의 계획 속에서 주님을 만나려 하지 말고
온전히 순종함으로 굴복하게 하소서.

나의 마음이 열린 마음이 되게 하시고
나의 영혼이 열린 영혼이 되게 하소서.
나약함과 부족함을 깨닫게 하사
주님의 구원하심이
얼마나 놀랍고 신비한가를
체험할 수 있는 믿음에 믿음을 더하여 주소서.

오늘의 묵상

예수 안에 머물러 있다는 것은 물고기가 바다 속에 살고 새가 공중에 살며, 포도 가지가 포도나무
에 붙어사는 것처럼 우리가 그분 안에서 살아야 한다는 것을 말한다. 예수 안에 머물러 있다는 것
은 온전히 우리 자신이 되는 것이다. 즉, 인간적인 삶을 사는 동시에 그리스도의 생명이 우리 주위
에 우리 안에 그리고 우리를 통해서 충만히 흐르는 것이다. 어떻게 이 사실을 이해할 수 있겠는가?
우리가 이것을 이해할 수 있으리라는 것에 의심이 가지만 우리는 이러한 신비 속에 들어 있는 핵심
진리를 확실히 이해할 수 있다. (그라운즈)

11월

11월의 기도

낙엽 지고
찬바람 불어오는
마음까지 차가워지지
않게 하소서.

주님의 마음을 닮아
따뜻한 사랑이
흐르게 하소서.

오늘의 말씀

너그러운 사람에게는 은혜를
구하는 자가 많고 선물 주기
를 좋아하는 자에게는 사람마
다 친구가 되느니라

(잠언 19:6)

오늘의 기도

삶의 방법을 알게 하소서

우리들의 삶이 길이라면
기도를 통하여 삶의 방법을 알게 하소서.
언제나 내 곁에 와 계시는 주님께
솔직한 내 마음을 표현하게 하소서.

햇볕이 하늘을 빠져 나와
온 세상을 밝게 비춰 주듯이
성령의 인도하심을 따라 살게 하소서.

나의 생각과 나의 방식에만
고정되어 머물러 있지 말게 하시고
기도를 통하여 삶의 방법을 알게 하소서.

오늘의 묵상

자연이 기도의 가장 좋은 골방일 수 있다. 광대한 하늘 아래서 우리는 하나님의 성채를 발견할 수
도 있다. 여기 드넓은 자연의 충만한 신성 가운데서 하나님은 크게 말씀하신다. 여기서 그분은 만
드신 모든 것을 확성기처럼 사용한다. 그분의 인자한 음성은 별과 바위와 언덕과 개울에서 울려 퍼
진다. (캘빈 밀러)

11월 2일 　삶을 살아가는 법을 가르쳐 주소서

오늘의 말씀

내가 복음을 부끄러워하지 아
니하노니 이 복음은 모든 믿
는 자에게 구원을 주시는 하
나님의 능력이 됨이라 먼저는
유대인에게요 그리고 헬라인
에게로다

(로마서 1:16)

오늘의 기도

삶을 살아가는 법을 가르쳐 주소서

넓고 넓은 세상을 살아가면서도
모래사장의 모래알만큼
알고 있는 작은 지식으로
다 알고 있는 듯 자만하려는
마음에서 벗어나게 하소서.

조팝나무 꽃필 때 알았습니다.
하나님이 나를 얼마나 상하시는가를
들에 산모퉁이에 피는 꽃도
찬란하게 피어나게 하심처럼
나를 얼마나 사랑하시는지 알았습니다.
나의 일생을 인도하시는 주님께서
삶을 살아가는 법을 가르쳐 주소서.

오늘의 묵상

우리를 죄 가운데로 유혹하면서 사단은 종종 "죄를 지어도 벌을 받지 않고 괜찮을 거야"라고 속삭
인다. 그래서 우리가 주님께 불순종하여 죄를 범하면 사단은 계속해서 "결코 빠져나가지 못하고
벌을 받을 거야"라고 소리치며 모든 소망이 사라졌음을 확신시키려 든다. 때때로 거룩한 성도가
불순종하고 낙심 중에 빠지면 그것은 잃어버렸던 죄인들이 확신을 얻는 것보다 더 심각한 문제를
야기시킨다. (워렌 워어스비)

11월 3일　서로를 위한 기도

오늘의 말씀

주 우리 하나님의 은총을 우리에게 내리게 하사 우리의 손이 행한 일을 우리에게 견고하게 하소서 우리의 손이 행한 일을 견고하게 하소서

(시편 90:17)

오늘의 기도

서로를 위한 기도

살아감 속에 서로의 마음을
주고받을 수 있게 하심을 감사드립니다.
사랑과 우정이 언제나 변치 않게 하소서.
항상 서로를 위하여 기도하게 하시고
필요할 때만 찾고 부르는 것이 아니라
늘 동행하는 사랑의 마음을 갖게 하소서.

성령의 임재하심 속에
서로 필요할 때, 서로 어려울 때
서로 기뻐할 때 함께 할 수 있게 하소서.
서로를 소중하게 생각하게 하시고
친밀하게 하시고 서로를 기대게 하시고
우정이 평생토록 이어져 가게 하소서.

오늘의 묵상

십자가를 통하여 성도들은 의롭게 되고 정죄에서 벗어나며 하나님과 화목하게 되었다. 이 모든 사실들은 구원의 선물에 적용되는 것이다. 예수 그리스도는 성도들을 대신하여 죽으셨다. 그리스도는 인류에게 공정하게 내려질 모든 심판과 정죄를 자신이 담당하셨다. 그분이 진노 가운데서 죽으심으로 신자들은 하나님의 진노를 체험하지 않게 되었다. 이제 구속이 이루어졌다. 또 죄에 대한 합법적이고 완전한 용서가 이루어졌다. (빅터 매튜스)

11월 4일 근심하지 않게 하소서

오늘의 말씀

시험을 참는 자는 복이 있나
니 이는 시련을 견디어 낸 자
가 주께서 자기를 사랑하는
자들에게 약속하신 생명의 면
류관을 얻을 것이기 때문이라
(야고보서 1:12)

오늘의 기도

근심하지 않게 하소서

내 마음에 찾아오시는 성령의 인도하심을
온전히 받아들이지 못함으로
근심하지 않게 하소서.
남의 일에 쓸데없이 끼어들거나
관계도 없는 일을 참견하여
감정의 상함으로 상처받지 않게 하소서.

주님께 맡기지 못하여 생기는 근심과 걱정은
우리의 삶을 변화시키지 못하니
모든 일을 근심부터 먼저 하지 않게 하소서.
근심은 더 큰 근심을 만들어 불안하게 되오니
욕심과 불평과 불만으로 살지 않게 하소서.
사랑하는 마음으로 나눔의 삶을 살아
마음에 평안을 회복하게 하소서.

오늘의 묵상

그리스도께서 약속하신 자유는 영적인 것이다. 그것은 속 사람의 자유를 말한다. 그것은 올바른 사
람이 되는 자유이며 사람이나 주위 환경 그리고 죄악된 욕망의 영향을 받지 않고 우리 자신의 생각
과 행동을 선택할 수 있는 능력을 말한다. 그것은 우리들로 하여금 올바른 것과 잘못된 것을 분별
하고 올바른 것을 실천하며 그것을 누릴 수 있게 하는 하나님의 능력과 은혜로부터 나오는 자유를
말한다. (빅터 매튜스)

오늘의 말씀

여호와를 경외함이 지혜의 근본이라 그의 계명을 지키는 자는 다 훌륭한 지각을 가진 자이니 여호와를 찬양함이 영원히 계속되리로다

(시편 111:10)

오늘의 기도

주님의 말씀에 깊이 감동 받게 하소서

주님의 말씀은
나의 모든 것을 감찰하오니
주님의 말씀에 깊이 감동 받게 하소서.

우리의 죄악으로 인하여
죄 하나도 없으신 주님께서
모든 것을 성부 하나님께 맡기시는
주님의 삶을 본받게 하소서.

저지른 죄악으로 인하여
죄책감에 시달려 괴로워하기보다
회개함으로 용서받게 하소서.
주님의 말씀을 마음 판에 새겨
말씀 속에 확신 있는 삶을 살게 하소서.

오늘의 묵상

높은 곳에 계시면서 기도를 들으시는 하나님, 하나님은 성도의 기도를 받으신다. 하나님은 우리가 자기에게 나오는 것을 원하시며 우리가 간절히 하나님의 긍휼하심을 구할 때 반드시 응답해 주신다. 또한 우리의 서투른 기도와 흠 있는 기도도 용납하시며 하나님을 향해 부르짖는 기도를 들으신다. (설든 B. 퀸세)

11월 6일 　우리의 미래를 맡기게 하소서

오늘의 말씀

여호와께서는 그의 성전에 계
시고 여호와의 보좌는 하늘에
있음이여 그의 눈이 인생을
통촉하시고 그의 안목이 그들
을 감찰하시도다

(시편 11:4)

오늘의 기도

우리의 미래를 맡기게 하소서

주님의 능력을 확신하며
눈을 들어 주님을 바라보며 기도하게 하소서.
우리들의 삶을 주님께 맡기게 하소서.
소심하고 연약함에 빠져
무기력하지 말게 하시고
믿음으로 기도에 활력을 갖게 하소서.

우리의 기도를 들으시기 위하여
낮은 곳에까지 함께 하시는 주님의
사랑을 믿고 기도하게 하소서.
기도를 통하여 온 우주를 인도하시는
주님의 섭리를 깨닫게 하소서.
기도를 드림으로 우리의 삶 전체를
우리의 미래를 맡기게 하소서.

오늘의 묵상

하나님은 성도들의 기도에 대해 즉시 응답하심으로써 자신의 지체하지 않음을 보이신다. 때로는
기도하는 중에 때로는 기도하기 전에 하나님은 응답하신다. 우리가 조급한 마음으로 생각할 때 하
나님은 응답을 지체하시는 듯 판단되지만 실상은 그 응답이 늦은 것이 아니다. 가끔 하나님의 축복
이 더딘 듯 하지만 가장 적절할 때에 가장 적절한 방법으로 기도를 응답해 주신다.

11월 7일 | 주님의 사랑에 가 닿게 하소서

오늘의 말씀

부지런하여 게으르지 말고 열
심을 품고 주를 섬기라

(로마서 12:11)

오늘의 기도

주님의 사랑에 가 닿게 하소서

우리를 잊지 않고 돌보시는
주님을 믿습니다.

손바닥에 새김같이
우리를 기억하여 주시고
우리의 이름을 하늘나라 생명 책에
기록하심을 믿습니다.

우리의 영혼을 사랑하사
변치 않는 사랑으로 인도하시는
주님의 사랑 안에 머물게 하소서.

기도 속에서 우리 마음이
주님의 사랑에 가 닿게 하소서.
우리를 축복해 주시는
참 사랑이신 주님의 사랑에 가 닿게 하소서.

오늘의 묵상

리처드 박스터의 기도

오, 생명의 영이시여. 당신의 은혜를 우리에게 부어 주소서. 우리의 손을 붙잡고 이 땅에서 올려 가
주시오며, 당신을 사랑하는 자에게 베푸시는 영광을 바라보게 하여 주시옵소서. 우리 주 예수 그리
스도 이름으로 기도하니다. 아멘!

오늘의 말씀

믿음의 주요 또 온전하게 하시는 이인 예수를 바라보자 그는 그 앞에 있는 기쁨을 위하여 십자가를 참으사 부끄러움을 개의치 아니하시더니 하나님 보좌 우편에 앉으셨느니라

(히브리서 12:2)

오늘의 기도

날마다 이기는 삶을 살게 하소서

우리를 돌보아 주시는 주님
누가 우리에게서
주님의 사랑을 빼앗아 갈 수 있겠습니까
주님의 축복을 빼앗아 갈 수 있겠습니까
주님이 주시는 꿈을 빼앗아 갈 수 있겠습니까

주님께서 폭풍우 속에서도
우리를 돌보아 주시니
고난과 역경이 다가오더라도
소망 속에 이겨내게 하소서.
고통의 십자가에서 모든 것을 승리하신 주님
우리를 붙잡아 주시고 돌보아 주사
날마다 이기는 삶을 살게 하소서.

오늘의 묵상

라우드의 기도

오! 하나님이시여. 당신을 두려워하는 가운데 살게 하시오며 당신의 은혜 가운데 죽게 하여 주시옵소서. 그리고 당신의 은혜 가운데 쉬게 하시며 당신의 능력 가운데 일어나게 하시며 당신의 영광 가운데 살게 하여 주시옵소서. 당신의 아들 우리 주 예수 그리스도의 이름으로 기도합니다. 아멘!

오늘의 말씀

형제들아 너희가 자유를 위하여 부르심을 입었으나 그러나 그 자유로 육체의 기회를 삼지 말고 오직 사랑으로 서로 종 노릇 하라

(갈라디아서 5:13)

오늘의 기도

우리의 필요를 채워 주소서

우리에게 때를 따라 일용할 양식을 주시고
모든 것을 공급해 주시는 주님을 믿사오니
우리의 필요를 채워 주소서.
쓸데없는 걱정이나 고민을 하거나
염려하지 않고 주님께 맡기게 하소서.

주님의 은혜를 헛되이 소멸하거나
낭비함이 없이 필요에 따라 사용하게 하시고
이웃에게 사랑과 온정을 베풀어
주님의 사랑을 나누게 하소서.
우리가 필요한 모든 것을
때를 따라 인도하여 주시고
때를 따라 축복하여 주시는
주님을 믿사오니 우리의 필요를 채워 주소서.

오늘의 묵상

베데의 기도

오! 주님이시여. 우리의 마음을 열고 성령의 은혜로 비춰 주시고 당신의 마음을 기쁘게 하는 일이 무엇인지 찾아낼 수 있게 하여 주시옵소서. 그리고 당신의 계명을 따라서 행하게 하옵시며. 당신이 주시는 한없는 기쁨에 동참하는 자들이 되게 하여 주시옵소서. 우리 주 예수 그리스도 이름으로 기도합니다. 아멘!

11월 10일 　우리의 삶을

오늘의 말씀

하나님은 모든 사람이 구원을
받으며 진리를 아는 데에 이
르기를 원하시느니라

(디모데전서 2:4)

오늘의 기도

우리의 삶을

우리의 삶을
기도로 시작하고
기도로 마치게 하소서.

우리의 마음이
주님의 마음에
합당하게 하소서.

우리의 사랑이
주님의 사랑을 본받게 하소서.

오늘의 묵상

성령은 우리에게 중생을 주신다. 회개와 믿음의 체험 외에도 성령의 일 중의 하나는 인간의 마음속
에 중생을 주시는 것이다. 중생이란 새 피조물이나 거듭남의 다른 표현이다. "우리를 구원하시되
우리의 행한 바 의로운 행위로 말미암지 아니하고 오직 그의 긍휼하심을 따라 중생의 씻음과 성령
의 새롭게 하심으로 하셨나니"(디도서 3:5) 실제로 "중생"이란 말의 헬라어의 두 단어의 복합체로
서 그 의미는 "거듭남" 혹은 "새 탄생"이다.(빌리 그레이엄)

오늘의 말씀

종들아 모든 일에 육신의 상
전들에게 순종하되 사람을 기
쁘게 하는 자와 같이 눈가림
만 하지 말고 오직 주를 두려
워하여 성실한 마음으로 하라

(골로새서 3:22)

오늘의 기도

기도를 드림으로 영감을 얻게 하소서

지식과 경험은 한계가 있으니
기도를 드림으로 성령의 은혜로
영감을 얻게 하소서.

우리의 모든 삶을 맡아 주시는
주님이 주시는 지혜로
고난과 갈등과 질병 같은
삶의 어려운 문제들을
지혜롭게 풀어가게 하소서.

자기 중심적인 사고에서 벗어나
주님이 주시는 지혜로
삶의 초점을 주님께 맞추게 하사
주님을 온전히 경배하게 하소서.

오늘의 묵상

성령은 이미 모든 그리스도인의 마음 가운데 계신다. 그리고 그는 우리 속에 성령의 열매를 맺게
하시기를 원하신다. 성령은 그리스도가 주님이심을 내외적으로 증거한다. 인간적인 노력만으로는
하나님이 원하시는 사람이 될 수 없다. 그러나 우리 속에 성령이 계시게 하고 그의 지시를 따른다
면 우리는 하나님이 원하시는 그리스도의 사람이 될 수 있다. (빌리 그레이엄)

오늘의 말씀

서로 친절하게 하며 불쌍히
여기며 서로 용서하기를 하나
님이 그리스도 안에서 너희를
용서하심과 같이 하라

(에베소서 4:32)

오늘의 기도

우리의 마음을 부드럽게 하소서

우리의 마음이 너무 굳어지고 딱딱해지면
상처 주고 상처를 받기 쉽게 되오니
주님의 마음처럼 관대하고 부드럽게 하소서.
습관적으로 화를 내거나 짜증냄에서 벗어나
친절하게 사람들을 대하게 하시고
두 팔 벌려 우리를 안아 주시는
주님의 품 안에 거하게 하소서.

주님께서 우리를 믿음으로
날마다 기도와 말씀을 통하여 일깨워 주시니
소망을 품고, 기대를 품고 믿음 가운데 살게 하소서.
악하게 행한 것을 앙갚음하지 않게 하소서.
우리의 마음이 주님의 마음처럼
넓고 온유하고 겸손하므로 부드럽게 하소서.

오늘의 묵상

용서는 일시적인 경험이 아니다. 그것은 우리가 일상의 삶 가운데 선택해야만 하는 은혜의 생활방
식이다. 그러나 그 이상의 의미가 있다. 용서하지 못하는 마음은 우리도 모르는 사이에 우리의 마
음속에 둥지를 틀 수 있다. 누군가가 그 방에 들어와 부정적인 감정을 느끼게 되면 무엇인가 옳지
않다는 신호가 오게 된다. 그것은 우리가 무엇인가를 할 필요가 있다는 것을 보여 주는 하나님의
방법이다. (에바 깁슨)

오늘의 말씀

나는 너희를 위하여 기도하기를 쉬는 죄를 여호와 앞에 결단코 범하지 아니하고 선하고 의로운 길을 너희에게 가르칠 것인즉 너희는 여호와께서 너희를 위하여 행하신 그 큰 일을 생각하여 오직 그를 경외하며 너희의 마음을 다하여 진실히 섬기라

(사무엘상 12:23-24)

오늘의 기도

침묵 속에서

침묵 속에서
주님의 음성을 듣게 하소서.

이 세상의
가장 큰 소리들 보다
하나님의 침묵이 얼마나
크나큰 소리인가를 알게 하소서.

오늘의 묵상

성령은 우리가 기도할 때 도우시며 우리를 위한 중재자가 되신다(로마서 8:26-27). 우리는 늘 하나님의 뜻을 잘 알고 있지 못한다. 수없이 우리와 함께 짐을 나누어 져야 할 사람들이 있지만 우리는 그들을 위해 어떻게 기도해야 할지 모른다. 그러나 성령께서는 어떻게 기도할 바를 알고 계신다. 기도의 소망을 심어 주시는 성령께서는 또한 무엇을 기도해야 할지를 깨닫는 지혜를 주신다. 성령의 인도하심을 받는다면 우리는 하나님의 뜻대로 기도할 수 있다. (워렌 워어스비)

11월 14일　나의 삶이 변화되게 하소서

오늘의 말씀

누구든지 사람 앞에서 나를
시인하면 나도 하늘에 계신
내 아버지 앞에서 그를 시인
할 것이요 누구든지 사람 앞
에서 나를 부인하면 나도 하
늘에 계신 내 아버지 앞에서
그를 부인하리라

(마태복음 10:32-33)

오늘의 기도

나의 삶이 변화되게 하소서

나의 기도 때문에
나의 삶이 변화되는 것이 아니라
나의 기도를 들어주시는
주님의 은혜로 새롭게
변화됨을 믿게 하소서.

나의 믿음 때문에
나의 삶이 변화되는 것이 아니라
나의 부족함과 나약함을 아시고
믿음에서 믿음으로 이르게 하시는
주님으로 인하여 변화되게 하소서.

오늘의 묵상

성령은 기도에 대한 소망을 낳는다. 하루를 지나는 동안 당신이 기도하고 싶은 마음이 생긴다면 그
것은 성령이 역사하시기 때문이다. 그때는 일을 멈추고 기도하라. 만일 중단시킬 수 없는 일을 하
고 있다면 마음으로 기도하라. (워렌 워어스비)

11월 15일 · 고통이 찾아올 때

오늘의 말씀

여호와여 내 입에 파수꾼을
세우시고 내 입술의 문을 지
키소서

(시편 141:3)

오늘의 기도

고통이 찾아올 때

고통이 찾아올 때 눈물을 흘리더라도
절망에 빠지지 않게 하소서.
쓰러질 때 쓰러지더라도
곧 일어서서 주님의 길로 가게 하소서.

고통이 찾아올 때 가슴을 치고 싶더라도
어둠 곳곳에 불빛이 있으니
마음을 차분하게 가라앉히게 하소서.
기도함으로 모든 것을 맡기므로
주님이 주시는 평안을 누리게 하소서.

오늘의 묵상

우리가 흘리는 눈물과 우리가 가진 열정에는 능력이 있다. 하나님께서는 우리가 하나님의 마음을
품도록 우리를 감동시킨다. 우리를 통해 기도하실 때 얼마나 크고 놀라운 능력이 나타나 보이는지
설명하신다. 느헤미야가 자기 민족의 영적 상태에 대해 듣고 앉아서 울고 수일 동안 슬퍼하며 하늘
의 하나님 앞에 금식하며 기도했다(느헤미야 1:4). 에스라도 마찬가지였다(에스라 10:1). 두 사람
모두 기도에서 돌파구를 찾았다. 우리는 오직 기도로 열정적인 하나님의 마음을 나타낼 때만 필요
한 결과를 얻을 수 있다. (더치 쉬츠)

오늘의 말씀

내가 사망의 음침한 골짜기로
다닐지라도 해를 두려워하지
않을 것은 주께서 나와 함께
하심이라 주의 지팡이와 막대
기가 나를 안위하시나이다

(시편 23:4)

오늘의 기도

유혹에 눈길을 돌리지 않게 하소서

유혹에 빠지는 순간 후회가
시작된다는 것을 알 수 있는 지혜를 주소서.
죄악에 눈을 돌리지 말게 하시며
뱀의 혀같이 유혹이 다가올 때
믿음의 기도로 벗어나게 하소서.

유혹은 수치를 즐거움으로
어둠을 밝은 빛으로 만들어 주는 듯하나
늘 불안함에 떨게 하오니
모든 것을 떨쳐버리게 하소서.

유혹에 빠지면 불안 속에서도
익어 가는 죄의 열매가
맛있게, 멋있게 보일 때가 있으나
유혹에 넘어가지 않게 하소서.

오늘의 묵상

하나님은 우리의 눈물(열정적인 기도)을 무엇인가 다른 것으로 변화시켜 주겠다고 약속하신 것이
다. 결코 버리지 않으신다. 마침내 하나님의 때가 이르면 하나님은 우리의 눈물을 다른 것으로 변
화시켜 주실 것이다. (더치 쉬츠)

오늘의 말씀

내가 속히 오리니 네가 가진
것을 굳게 잡아 아무도 네 면
류관을 빼앗지 못하게 하라

(요한계시록 3:11)

오늘의 기도

생명의 길로 가게 하소서

욕망의 끝은 언제나
허무만이 남는 것을 아오니
불타오르면 불타오를수록
그 찌꺼기로 남는 것은
허탈뿐임을 알게 하소서.

죄악이 달콤하게
느껴지지 않게 하시고
들키지 않은 도둑 같은
쾌감의 속임수에 빠져 들기 전에
벗어나게 하소서.

욕망의 늪으로 가는
길에서 벗어나
생명의 길로 가게 하소서.

오늘의 묵상

기도의 응답이 믿음에 따라 오게 되고 믿음에는 정도들이 있다면 기도의 응답에도 정도들이 있게
마련이다. "너희 믿음대로"라 말씀하신 그 주님이 "돼라" 하셨다. 그는 "기도와 금식 외에는 이런
유가 나갈 수 없느니라" 하셨는데 그 말은 기도의 응답에도 정도들이 있음을 뜻하는 것이다. 작은
믿음은 작은 응답을 가져온다. 더 큰 믿음은 더 큰 응답을 가져온다. (잭 하일스)

11월 18일 · 풍성한 열매를 맺게 하소서

오늘의 말씀

하나님의 나라는 먹는 것과 마시는 것이 아니요 오직 성령 안에 있는 의와 평강과 희락이라

(로마서 14:17)

오늘의 기도

풍성한 열매를 맺게 하소서

주님께서 우리에게 몇 달란트 주셨는지
잘 알 수는 없으나
게으르지 않고 부지런히 일하게 하사
풍성한 열매를 맺게 하소서.
주님의 은혜 속에 내 마음이 옥토가 되게 하사
잘 여문 질 좋은 열매를 맺게 하소서.

찬란한 햇살 아래 잘 익어 가는
맛깔나는 빛깔을 띄우며
탐스럽게 익어 가는 열매처럼
아름다운 풍경을 만들게 하소서.
주님 앞에 나의 삶이
풍성한 열매를 맺게 하소서.

오늘의 묵상

그리스도인이 기도하지 않아도 되는 때는 없다. 일 분 안에 거룩하지 않은 시간은 단 일 초도 없다. 하루 중에는 거룩하지 않은 시간이 단 일 분도 없다. 한 주간 가운데 단 하루도 거룩하지 않은 날이 없다. 한 해가 거룩하지 않은 주간이 없다. 우리의 생애에 거룩하지 않은 해가 없다. 정월 초하루에서 섣달 그믐까지 모든 날이 붉은 숫자로 된 날이다. 매일이 안식일이고 매순간이 신성한 시간이다. 그리스도인이 기도하지 않아도 되는 시간은 없다. (잭 하일즈)

11월 19일 · 주님을 간절히 붙잡게 하소서

오늘의 말씀

주와 같은 신이 어디 있으리이까 주께서는 죄악과 그 기업에 남은 자의 허물을 사유하시며 인애를 기뻐하시므로 진노를 오래 품지 아니하시나이다

(미가 7:18)

오늘의 기도

주님을 간절히 붙잡게 하소서

제한된 삶의 시간이지만
복음의 농부 되신 주님을 닮아
허락하신 삶을 잘 개간하여
믿음의 열정으로 잘 성장하게 하여 주소서.

죄악으로 인하여 못된 나무 같은
나를 구원하사 좋은 나무가 되게 하사
새 생명을 얻게 하셨으니
주님을 간절히 붙잡게 하소서.

우리의 심령을 옥토로 만들어 주사
때를 따라 열매를 맺게 하시고
성령의 은혜로 이루어 갈 수 있도록
주님을 간절히 붙잡게 하소서.

오늘의 묵상

토마스 아퀴나스의 기도

모든 선을 갖추신 하나님이시여. 당신의 거룩하신 뜻을 마음으로부터 원하며 현명하게 구하며 확실히 알고 전적으로 성취할 수 있도록 당신의 이름의 영광을 위해 기도합니다. 아멘!

오늘의 말씀

말씀을 멸시하는 자는 자기에
게 패망을 이루고 계명을 두
려워하는 자는 상을 받느니라
(잠언 13:13)

오늘의 기도

묵상하게 하소서

하루를 시작하며
모든 일을 시작하기 전에
깊이 묵상하게 하소서.

계획을 세우기 전에
일을 시작하기 전에
사람들을 만나기 전에
주님을, 주님의 말씀을
깊이 묵상하게 하소서.

오늘의 삶을 인도하는
주님의 말씀을, 주님의 섭리를
묵상을 통하여 마음에 새기며
받아들이게 하소서.

오늘의 묵상

찰스 1세의 기도

오 주님이시여. 나의 앞길을 평탄케 하소서. 당신의 영광이 나의 목표가 되게 하시며 당신의 말씀
이 나의 규율이 되게 하시며 당신의 뜻이 실현되기를 원하옵니다. 아멘!

11월 21일 주님의 말씀 속에 살게 하소서

오늘의 말씀

각각 은사를 받은 대로 하나
님의 여러 가지 은혜를 맡은
선한 청지기 같이 서로 봉사
하라

(베드로전서 4:10)

오늘의 기도

주님의 말씀 속에 살게 하소서

우리를 정결하게 하여 주시고
영적 성장을 이루게 하시는
주님의 말씀 속에 살게 하소서.

삶에 확신과 위로를 주시는
말씀에 의지하여 살게 하소서.
복음을 전할 때 주님의 말씀으로
영적인 무장을 하게 하소서.

우리의 갈 길을 인도해 주시는
주님의 말씀이 우리의 삶 속에
등불이 되게 하소서.

오늘의 묵상

우리의 기도들이 응답받는다는 확신을 갖기 위하여 우리는 그저 우리의 욕구에 따라서가 아니라
하나님의 뜻에 따라서 간구하는 것임을 분명히 해야 할 필요가 있다. 요한복음 14,15장에서 예수
님은 여러 비슷한 말씀으로 "너희가 무엇이든지 내 이름으로 구하면 내가 시행하리니"라고 말씀하
고 계신다. 만약 우리가 예수님 이름과 조화를 이루어 무엇인가를, 그가 인정하시는 무엇인가를 구
하면 그는 그것을 실행하실 것이다. (하워드 헨드릭스)

11월 22일 진실하게 기도 드리게 하소서

오늘의 말씀

무릇 하나님께로부터 난 자마다 세상을 이기느니라 세상을 이기는 승리는 이것이니 우리의 믿음이니라

(요한1서 5:4)

오늘의 기도

진실하게 기도드리게 하소서

거짓 없이 진실하게 기도드리게 하소서.
기도가 어렵다고 생각하지 말고
마음을 열고 주님을 바라보며
나의 있는 모습 그대로 보여 드리게 하소서.

우리의 삶에 질서가 없고
혼란과 무질서에 빠지는 것은
기도 생활을 등한시하거나
게으르게 하기 때문이오니
늘 기도하며 살게 하소서.

내 마음이 방황하지 말게 하시고
오직 주님만 바라보며 거짓 없으신
하나님께 진실하게 기도드리게 하소서.

오늘의 묵상

우리는 하나님이 우리들 각자에게 각자의 특별한 역할에 맞는 능력을 주셨다는 것과 그분이 맡기신 사역을 감당하는데 필요한 모든 것을 우리에게 공급해 주시리라는 것을 안다. 그러기에 우리는 하나님의 사랑을 나누려는 소명을 기쁨으로 받아들일 수 있다. 우리가 안식일에 그분의 사랑에 잠길 때 그분의 은혜가 우리에게 넘치고 자신의 역할에 대한 우리의 자각이 분명해지며 그분이 분명하게 제시하시는 우리의 임무를 해낼 수 있는 힘을 얻는다. (마르바 던)

오늘의 말씀

내가 기뻐하는 금식은 흉악의
결박을 풀어 주며 멍에의 줄
을 끌러 주며 압제 당하는 자
를 자유하게 하며 모든 멍에
를 꺾는 것이 아니겠느냐

(이사야 58:6)

오늘의 기도

주님의 인도하심을 맛보고 지켜보게 하소서

생활 속에 나타나는
주님이 이루시는 기적들과
능력에 감탄하게 하시고
주님의 인도하심을 맛보고 지켜보게 하소서.
우리를 구원하신 주님의 사랑을 받아
더욱 친근하게 하시고
주님과 가까이 살게 하소서.

하늘과 땅 그 어느 곳에서나
충만하신 주님의 능력을 믿게 하시고
항상 나를 바라보시는
주님의 시선을 느끼게 하소서.
날마다 기도드림 속에
자백과 간구와 중보와 감사 기도를 통하여
주님의 인도하심을 맛보고 지켜보게 하소서.

오늘의 묵상

하나님은 우리에게 훨씬 더 많은 것을 주길 원하신다. 그분이 우리에게 주길 원하시는 평안은 단순
히 갈등이 없는 상태를 훨씬 초월한다. 평안을 뜻하는 히브리어 샬롬은 하나님과의 화목에서 시작
되며 우리의 형제 자매 심지어 원수와의 화목에서 계속된다. 더욱이 샬롬은 우리 자신과의 평화,
건강, 부, 성취, 만족, 고요, 그리고 이 모든 것을 아우르는 온전함을 의미한다. (마르바 던)

11월 24일**주님과 대화를 나누게 하소서**

오늘의 말씀

너희 믿음이 사람의 지혜에
있지 아니하고 다만 하나님의
능력에 있게 하려 하였노라

(고린도전서 2:5)

오늘의 기도
주님과 대화를 나누게 하소서

나를 가까이 오라고 부르시는
주님께
나를 반겨 주시는 주님께

때로는 속삭이듯
때로는 친구를 만난 듯이
때로는 떠들 듯이
주님과 한없는 대화를 나누게 하소서.

오늘의 묵상

아무리 훌륭한 기도를 하여 많은 응답을 받았다 할지라도 그 영광을 자신에게 돌리며 자신의 기도
나 경건을 과시하려는 의도가 숨겨져 있다면 그 모든 기도는 수포로 돌아갈 것이며 더욱 불행한 결
과를 초래할 수 밖에 없다. 하나님께서는 어려운 상황에서도 그분을 신뢰하며 감사로 기도하는 자
의 기도 제목들에 대해선 상당한 관심을 가지시고 응답해 주기를 원하신다. 하나님은 당신이 드린
기도의 내용들에 대하여 하나라도 잊거나 실수하는 일이 없으시고 꼭 응답해 주시는 분인데 그 사
실을 순전한 믿음으로 간직하도록 하자! (조지 뮬러)

오늘의 말씀

주의 말씀을 인하여 주의 뜻
대로 이 모든 일을 행하사 주
의 종에게 알게 하셨나이다.

(사무엘하 7:21)

오늘의 기도

참된 신앙을 위하여

참된 신앙을 위하여
기도하게 하소서.
주님의 삶을 본받게 하시고
주님의 삶을 따르게 하소서.

어떤 순간이든 기억과 마음 속에
주님의 말씀을 적용하여
살아 계신 하나님을 믿으며
순종하며 살게 하소서.

믿음으로 모든 갈등을 이겨 내게 하시고
믿음으로 참된 신앙의 삶을 살게 하소서.

오늘의 묵상

그리스도인들 가운데는 하나님께 일시적인 맡김의 믿음을 소유한 사람들이 있다. 그들은 자신의
문제를 가지고 기도하여 잠시 하나님께 맡겨 버리지만, 고통스러운 문제가 발생하여 오래 길어질
때는 그 믿음이 변질되고 만다. 이것은 진정한 맡김이 아니다. 우리에게 필요한 것은 분명한 맡김
의 믿음이다.

오늘의 말씀

여호와는 가난하게도 하시고 부하게도 하시며 낮추기도 하시고 높이기도 하시는도다

(사무엘상 2:7)

오늘의 기도

주님의 능력을 체험하며 살게 하소서

우리의 삶에 잠겨진 문들이
기도함으로 열리게 하여 주시고
어둠을 헤치고 나가 빛 가운데 살게 하소서.
우리에게 다가오는
갖가지 위기와 위험을 기도함으로
대처할 수 있는 힘을 주소서.

주님의 능력을 의심하거나
주저함이 없이 온전히 신뢰함으로
우리가 기도할 수 있다는 것이
참으로 가치 있는 삶을
살아가는 것임을 믿게 하시고
기도함으로 주님이 함께 하심을
체험하며 살게 하소서.

오늘의 묵상

우리의 심령이 새로워진다는 것은 저 산골의 풀잎이 푸르러진다는 것이 아니고 메마른 해골로 가득 찬 골짜기가 변하는 것을 의미한다. 죽었던 해골이 일어나고 다시 살아서 용감하고 씩씩하게 전진하는 군대가 된다는 것을 의미한다. (로이 헷숀)

오늘의 말씀

여호와의 말씀은 순결함이여
흙 도가니에 일곱 번 단련한
은 같도다

(시편 12: 6)

오늘의 기도

주님의 인도 따라 살게 하소서

주님, 삶을 기분에 따라 살거나
감정에 따라 살지 말게 하시고
말씀에 의지하여
주님의 인도 따라 살게 하소서.

믿음의 삶을 바로 살아
흐트러지거나 엎질러지지 말게 하시고
마음을 모아 주님을 바라보며
소망을 갖고 살게 하소서.

주님, 삶을 시류에 따라 살거나
흥미 위주로 살지 말게 하시고
성령의 인도하심 따라
주님의 인도하심 따라 살게 하소서.

오늘의 묵상

매일의 기도 생활. 기도는 하나님과의 대화이므로 성령과 동행하는 그리스도인의 생활에는 반드시 있어야 한다. 기도라 하면 우선 많은 사람들이 자기 방에서 혼자 오랫동안 하는 기도를 연상하게 된다. 이런 오래 기도는 우리 그리스도인들의 생활에 큰 도움을 주고 있고 또 계속되어야 한다. 성령과 함께 하는 그리스도인이라면 분명히 기도 생활을 할 것이다. (팀 라헤이)

11월 28일 　새 생명을 주시는 주님

오늘의 말씀

나의 걸음이 주의 길을 굳게
지키고 실족하지 아니하였나
이다

(시편 17:5)

오늘의 기도

새 생명을 주시는 주님

우리를 구원하여 주시고
새 생명을 주시는 주님

우리가 믿음으로 살기를 원하오니
믿음에 믿음을 주소서.
성령의 인도하심 따라 살게 하시고
악을 버리며 살게 하소서.

우리가 언제나 주님을 바라보며
살게 하여 주소서.
예배를 통하여 구원받은 기쁨을 더욱더
체험하게 하소서.

우리에게 믿음을 주셔서
맡은 바에 사명을 감당하게 하소서.
우리가 주님의 뜻을 따라 살게 하소서.

오늘의 묵상

기도는 예수님의 능력의 원천이다. 그분은 그것을 우리에게 넘겨주셨지만 불행하게도 오늘날 모든 크리스천들이 그것을 소유하고 있지는 않다. 왜냐하면 더 큰 일을 행할 수 있는 능력은 "나의 기도를 하나님께서 자신의 큰일과 위대한 계획을 이루어 나가실 줄로 믿습니다."라고 말하는 사람에게만 주어지기 때문이다. (로널드 던)

오늘의 말씀

여호와의 교훈은 정직하여 마음을 기쁘게 하고 여호와의 계명은 순결하여 눈을 밝게 하시도다

(시편 19:8)

오늘의 기도

내 마음에 주님을 모심으로

내 마음에 예수 그리스도
구원의 주님을 모심으로
내 마음이 예수 그리스도
나의 주님이 계신 자리가 되게 하소서.

내 마음에 주님이 함께 하심으로
나의 모든 삶을 말씀으로 인도 받게 하시고
나의 모든 삶을 성령으로 인도 받게 하소서.

내 마음에 주님이 함께 하시므로
나의 모든 삶을 기도로 주님께 의탁하게 하시고
나의 모든 삶을 말씀으로 무장하게 하소서.

오늘의 묵상

그리스도는 기도의 힘을 인간의 손에 넘기셨고 인간의 기도는 멸망의 문턱에까지 간 여러 나라와 도시를 건졌다. 기도는 죽은 사람을 부활시켰으며 폭력의 불길을 멈추었고 야수들의 입을 막았고 자연의 흐름을 바꾸었으며 비가 내리게도 하고 바다 물이 말라 버리게도 했다. 기도는 우리의 연약함에도 불구하고 고통과 박해의 상황들을 견딜 수 있는 힘을 줄 뿐만 아니라 하나님을 기쁘게 해 드리며 우리의 모든 필요를 채워 준다. (로널드 던)

오늘의 말씀

우리가 너의 승리로 말미암아
개가를 부르며 우리 하나님의
이름으로 우리의 깃발을 세우
리니 여호와께서 네 모든 기도
를 이루어 주시기를 원하노라
(시편 20: 5)

오늘의 기도

주의 말씀이 내 영혼의 양식이 되게 하소서

급변하는 세상에서
영원히 변하지 않는 주님의 말씀이
내 영혼의 양식이 되게 하소서.
풍요로움으로 가득하다는 세상에
새 생명을 불어넣어 주시는 주님의 말씀이
내 영혼의 양식이 되게 하소서.

수많은 범죄가 날마다 일어나는
불안하고 초초한 날이 많은 세상에서
주님의 말씀만이 나를 빛나게 하소서.
나의 삶에 영원한 생명의 말씀이
내 영혼의 양식이 되게 하소서.

오늘의 묵상

현대인들은 바쁜 삶에 지쳐 있다. 그러한 지친 삶을 변화시킬 수 있는 것은 하나님이 우리와
함께 하여 주신다는 확신이다. 힘이 들 때 기도하면 하나님이 우리의 삶에 동행하여 주신다는
것을 믿어라. 힘이 나고 용기가 난다. 하나님이 임재하심을 체험할 수 있기 때문이다.

12월

12월의 기도

한 겨울 엄동설한의
혹독한 추위 속에서 느끼는
불길의 따뜻함처럼
삶에 믿음의 열기를 갖게 하소서.

초대 교회 성도들처럼
성령의 불길로 활활
타오르게 하소서.

12월 1일 나의 기도가 주님의 뜻에 합당하게 하소서

오늘의 말씀

내 백성에게 거룩한 것과 속
된 것의 구별을 가르치며 부
정한 것과 정한 것을 분별하
게 할 것이며

(에스겔 44:23)

오늘의 기도

나의 기도가 주님의 뜻에 합당하게 하소서

나의 기도가 늘 요구만 하는 기도에서 떠나
감사와 도고의 기도를 시작하게 하사
나의 기도가 주님의 뜻에 합당하게 하소서.

늘 서투른 형식에 따라 조각난 시간에 따라
의식적으로, 형식적으로 하려는 기도가 아니라
진심으로, 전심으로 기도를 드리게 하사
나의 기도가 주님의 뜻에 합당하게 하소서.

나의 기도가
주님이 원하시는 기도가 되어
주님의 뜻에 합당하게 하소서.

오늘의 묵상

그리스도의 몸을 온전히 활용하는 것이야말로 중보기도의 장애물을 제거하는 가장 좋은 길이라는
것을 말하고자 한다. 중보기도자들은 24시간 우리의 생명과 건강과 에너지를 공급하는 땀샘과도
같이 보이지는 않지만 가장 중요한 조직체다. 우리가 무지와 개인주의, 두려움, 영적 교만 그리고
거짓 겸손을 이해하고 제거하기만 하면 더욱 놀라운 역사가 일어날 것이며 성령의 충만함과 은사
로 무장되어 그리스도의 몸된 교회를 하나님의 뜻대로 성장시킬 수 있을 것이다. (피터 와그너)

12월 2일 내 마음의 골방에서 주님을 만나게 하소서

오늘의 말씀

진실한 입술은 영원히 보존되거니와 거짓 혀는 잠시 동안만 있을 뿐이니라

(잠언 12:19)

오늘의 기도

내 마음의 골방에서 주님을 만나게 하소서

기도할 장소가 제대로 없다고
불평만 하기보다
내 마음의 골방에서 주님을 만나게 하소서.

기도할 시간이 제대로 없다고
핑계를 대고 탓하기보다
가장 소중한 시간에 주님께 기도하게 하소서.

기도할 준비가 되지 않았다고
변명하고 회피하기보다는
본래 마음 있는 그대로
주님께 보여 드리게 하소서.
나의 원래 모습을 좋아하시는 주님을
내 마음의 골방에서 만나게 하소서.

오늘의 묵상

믿음으로 기도가 하나님께 올라갈 때 응답은 반드시 내려옴을 성경을 통해서 찾아볼 수 있을 것이다. 내가 생각하기에 성경을 면밀히 조사하여 하나님의 백성이 하나님을 향해 무릎을 꿇고 부르짖을 때에 무엇이 일어났던 가를 살펴보는 것은 참으로 흥미로운 일이라 하겠다. 성경은 하나님께 도움을 청하여 부르짖는 사람들에게 그렇게 신기하게 응답되고 구원하여 주심을 보여 주기 때문에 기도에 관해서 성경을 조사하는 일은 우리의 신앙을 강화하는 데 도움이 된다. (드와이트 무디)

오늘의 말씀

우리가 소망으로 구원을 얻었
으매 보이는 소망이 소망이
아니니 보는 것을 누가 바라
리요 만일 우리가 보지 못하
는 것을 바라면 참음으로 기
다릴지니라

(로마서 8:24-25)

오늘의 기도

지난날의 죄에서 자유롭게 하소서

무지함으로 어리석은 탓으로
지난날에 저지른 죄악에서 벗어나
지난날의 죄로부터 자유롭게 하소서.

주님의 말씀을 믿사오니
나의 죄가 동에서 서가 먼 것처럼
안개의 사라짐처럼
멀리 떠나고 사라지게 하소서.

즐기려 하고 감쪽같이 숨기려 했던
모든 죄악을 도말하여 주시고
기억에서 조차 사라지게 하소서.

보혈로 깨끗하게 죄 씻음을 받아
주님이 주시는 은혜로
주님이 주시는 평화를 체험하게 하소서.

오늘의 묵상

우리의 하나님은 모든 것이 가능한 전지전능하신 능력의 하나님이시다. 우리 모든 그리스도인들
은 기도를 통하여 전적으로 하나님을 신뢰하며 예수 그리스도의 이름으로 기도해야 한다. 바울 사
도처럼 "내게 능력 주시는 자 예수 그리스도 안에서 나는 모든 것을 할 수 있다"고 외쳐야 한다.

12월 4일 — 두려움에서 벗어나게 하소서

오늘의 말씀

너는 금식할 때에 머리에 기름을 바르고 얼굴을 씻으라 이는 금식하는 자로 사람에게 보이지 않고 오직 은밀한 중에 계신 네 아버지께 보이게 하려 함이라 은밀한 중에 보시는 네 아버지께서 갚으시리라

(마태복음 6:17-18)

오늘의 기도

두려움에서 벗어나게 하소서

우리가 삶에서 두려움을 느끼는 것은
죄악의 올무에 걸려들거나
주님을 온전히 신뢰하지 못함이니
기도함으로 믿음으로 이겨 내게 하소서.

주님의 자녀답게 여호수아와 갈렙같이
강하고 담대한 믿음으로
하나님이 함께 하심을 바라보게 하소서.

어떤 두려움도 하나님이 보호하여 주시는
우리를 어찌할 수 없으니 신뢰함으로
우리 믿음이 장성하게 하소서.

오늘의 묵상

모든 사람에게 일률적으로 적용되는 특별한 묵상법은 없다. 주님은 사람의 영혼에 영감을 주셔서 다양하게 묵상하게 하신다. 처음 회심할 때 그 사람은 육체적인 죄에 대한 생생한 기억을 가지고 있다. 이것이 마음을 아프게 한다. 눈물이 흘러나온다. 자비와 용서를 간절히 구하게 된다. 이 죄들은 영혼에 무거운 짐을 지운다. 아픔은 용서를 주시는 주님의 은혜에 대해 지불하는 작은 대가이다. (월터 힐턴)

12월 5일 · 행복이 가득한 삶을 만들어 가게 하소서

오늘의 말씀

여호와여 내가 알거니와 사람의 길이 자신에게 있지 아니하니 걸음을 지도함이 걷는 자에게 있지 아니하니이다

(예레미야 10:23)

오늘의 기도

행복이 가득한 삶을 만들어 가게 하소서

세상에는 두 종류의 사람이 있습니다.
행복한 사람과 불행한 사람입니다.
행복과 불행은 마음에서 시작하오니
주여, 내 마음을 주장하사
행복이 가득한 삶을 만들어 가게 하소서.

먼저 주어진 삶에 감사하게 하시고
먼저 주어진 일을 기뻐하게 하소서.
모든 일을 기쁨으로 행하므로
함께 기뻐할 수 있게 하소서.

땀 흘려 애쓰고 가꾸며 노력한 소득으로
나눔의 삶을 살아가게 하소서.
남이 나를 행복하게 해 주기를 원하기보다
내가 먼저 저들에게 사랑으로 다가가게 하소서.

오늘의 묵상

그리스도께서 성령으로 말미암아 우리 안에 거처를 정하실 때 그분은 우리 속에서 도덕적으로 쓰레기 더미나 검은색과 은색의 벽지, 물이 새는 지붕과도 같은 모습을 보시게 된다. 이제 그분이 편하게 지내실 수 있는 집으로 바꾸어 가기 시작하신다. 거기에는 청소해야 할 것도 많고 수리가 필요한 곳도 적지 않으며 넓혀야 할 곳도 있다. 그러나 주님의 목표는 분명하다. 그분은 우리가 그분에 대한 믿음을 행사함에 따라 우리 마음 가운데 거하기를 원하신다. (카슨)

12월 6일　　　죄의 모험에 빠지지 않게 하소서

오늘의 말씀

주의 말씀대로 나를 붙들어
살게 하시고 내 소망이 부끄
럽지 않게 하소서

(시편 119:116)

오늘의 기도

죄의 모험에 빠지지 않게 하소서

죄의 수렁에 빠지는 것은
지극히 작은 유혹을 하찮게 여기거나
죄를 지어도 괜찮을 것만 같은
일종의 모험심에서 시작되오니
주여 인도하사 죄에서 떠나게 하소서.

크나큰 불행도 시작은 지극히 작은 것에서
시작되오니 다가오는 죄를 직감할 때
빨려 들어가지 않고 떠나게 하소서.

한순간 달콤한 죄악이 얼마나 크나큰
고통과 눈물과 통곡을 가져오고
평안을 파괴하게 되는지를 알게 하소서.
주여 오늘도 기도하오니
죄의 모험에 빠지지 않게 하소서.

오늘의 묵상

하나님으로부터 피하여 도망하려는 것이 헛된 일이라면 부끄럽다는 생각은 기도하지 않은 이유로 서의 정당한 근거가 결코 될 수 없다. 오히려 부끄러움은 우리 죄를 용서하시며 우리를 완전히 사면해 주실 수 있는 유일하신 분에게로 향하게 하는 자극제가 되어야 한다. 또한 양심의 자유와 거룩하신 하나님께서 친히 그 은혜로 우리를 받아 주셨다는 기쁜 사실을 알 때 수반되는 기도에서의 담대함을 다시 가질 수 있게 하는 촉진제가 되어야 한다. (카슨)

오늘의 말씀

또 누구든지 하나님을 사랑하
면 그 사람은 하나님도 알아
주시느니라

(고린도전서 8:3)

오늘의 기도

내적 평안을 누리게 하소서

울창한 숲길을 산책하듯이
내 영혼을 새롭게 하사
내적 평안을 주시는 주님의 평안을
날마다 누리며 살게 하소서.

나의 잘못과 실수로
주님의 이름이 더럽혀지는 일이
일어나지 않게 하여 주시고
건전하고 긍정적인 사고로
주님께 나아가게 하소서.

수많은 사람들 틈 속에서도
나를 기억하여 주시고 평안을 주시는
주님을 기억하며 주 안에서
살고 있음을 기뻐하게 하소서.
주님이 주시는 내적 평안을 누리게 하소서.

오늘의 묵상

삶이 고통스러울 때 제기하는 질문들에 대한 최선의 대답은 그리스도의 몸, 곧 교회에서 발견된다.
고통받는 사람들을 돌보면서 우리는 우리를 통해 하나님의 위로를 흘려보낸다. 이런 일을 하면서
우리는 세상으로 하여금 하나님이 진짜 누구이신지를 알게 하는 것이다. (필립 얀시)

12월 8일 복된 복음

오늘의 말씀

때가 아직 낮이매 나를 보내
신 이의 일을 우리가 하여야
하리라 밤이 오리니 그 때는
아무도 일할 수 없느니라

(요한복음 9:4)

오늘의 기도

복된 복음

내 마음의 문을 열어
생명의 말씀으로 채워 주시고
나의 삶과 나의 모든 것들을
날마다 새롭게 하여 주시는
주님의 말씀은 나에겐
복된 복음입니다.

오늘의 묵상

하나님의 아들은 우리들과 우리들의 죄를 속죄하기 위해 죽으실 목적으로 이 세상에 오셨다. 이제 주님은 우리들을 의의 옷으로 입히시고 영원하신 하나님 앞에 세우시겠다고 하신다. 우리들은 더 이상 자신의 부질없는 노력으로 곤비해질 필요가 없다. 우리들은 영웅적인 노고도, 하나님에 대한 탐색의 수고도 불필요하다. 다만 우리들의 죄를 위한 화목제물이기 때문이다. 우리들의 모든 것은 충분치 않다. 그러나 예수님은 충분의 총체이시다. 예수님을 통해서만 알 수 있는 참된 지식이 없 이는 나 자신의 열심과 진지함은 헛되고 무익하다. (마틴 로이드 존스)

오늘의 말씀

여호와의 인자하심과 인생에
게 행하신 기적으로 말미암아
그를 찬송할지로다

(시편 107: 8)

오늘의 기도

주님의 십자가 보혈이

주님의 십자가의 보혈이
날마다 흐르고 있음을 깨닫게 하소서.

주님의 사랑이 홍수처럼 터져서
우리의 모든 죄악을 다 씻어 주시고자
흘러내리고 있음을 믿게 하소서.

죄악에 휩쓸려 가는 자들을 건져 내사
주님의 보혈로 씻어 주소서.

구원받은 사람들이 곳곳에서
벌 떼처럼 일어나게 하소서.
모든 죄를 깨끗하게 씻음 받는 사람들이
곳곳에서 구름 떼처럼 일어나게 하소서.

오늘의 묵상

하나님에 대한 확신(누가복음 11:1-13)

아버지가 자기 아들에게 좋은 것을 주는 것처럼 우리도 하나님께서 우리의 가장 좋은 권리를 지켜
주신다는 사실을 기도를 통해 확신할 수 있다. 이런 방법으로 기도하는 것은 우리의 모든 필요보다
도 크신, 선하신 하나님을 신뢰하는 것이다. (데이비드 왓슨)

오늘의 말씀

어두운 데에 빛이 비치라 말씀하셨던 그 하나님께서 예수 그리스도의 얼굴에 있는 하나님의 영광을 아는 빛을 우리 마음에 비추셨느니라

(고린도후서 4:6)

오늘의 기도

주여, 영원히 나와 함께 하소서

내가 좋아하는 것들도
내가 사랑하는 것들도
나를 떠날 때가 있습니다.

나의 젊음도, 나의 지혜도
나의 명예와 재산도
나의 집도, 나의 부모도, 나의 형제 자매도,
나의 가족도 나를 떠날 때가 있습니다.

주여, 영원히 나와 함께 하소서.
모든 것들을 사랑하며 살게 하소서.
천국을 소망하며 살게 하소서.
주여, 영원히 나와 함께 하소서.

오늘의 묵상

우리가 기도해야 한다고 느끼면서 쉽게 기도할 수 없는 상황에 직면할 때 우리는 기도를 쉽사리 중단할 수 있다. 그렇기 때문에 사도 바울은 우리가 어려운 상태에 빠졌을 때 기도해야 할 바를 성령께서 가르쳐 주시기를 구할 필요가 있다고 말했다. 성령께서는 우리 그리스도인들의 생활의 모든 난관에서 특히 우리가 기도하면서 느끼는 모든 약함 가운데서 우리를 도와주실 것이다. (시몬 젠킨스)

오늘의 말씀

여호와여 내가 수척하였사오
니 내게 은혜를 베푸소서 여
호와여 나의 뼈가 떨리오니
나를 고치소서

(시편 6:2)

오늘의 기도

한동안 말없이 침묵하게 하소서

고장난 시계처럼 몸과 마음이 계획대로
움직여지지 않을 때가 있습니다.
몸살이 난 듯 쑤셔오고
매사가 신경질만 나고
남들이 하는 일을 보면 왠지 짜증이 나고
돌아가는 모든 것들이
원망스러워질 때가 있습니다.

주여 내 마음이 엉크러지고
뒤죽박죽이 되려 할 때
기도하는 마음을 갖게 하시고
아무런 죄도 없이 홀로 모든 죄짐을 지시고
십자가에 달리셔야 했던
주님을 바라보게 하소서.
한동안 말없이 침묵하게 하소서.
내 마음이 안정되고 있음을 알게 하소서.

오늘의 묵상

예수께서는 한적한 곳으로 가셔서 기도하셨다. 마찬가지로 우리가 의식적으로 하나님을 향해 주
의를 돌릴 때 우리가 방금하고 있었던 일이 무엇이든지 간에 거기서 떠나 긴장을 풀고 우리가
가까이 가고자 하는 하나님을 바라보아야 할 것이다. "항상 기뻐하라, 쉬지 말고 기도하라, 범사에
감사하라."

12월 12일 　남에게도 꼭 필요한 삶을 살게 하소서

오늘의 말씀

사람이 만일 온 천하를 얻고
도 제 목숨을 잃으면 무엇이
유익하리요 사람이 무엇을 주
고 제 목숨과 바꾸겠느냐

(마태복음 16:26)

오늘의 기도

남에게도 꼭 필요한 삶을 살게 하소서

우리의 삶이
혼자만을 위한 삶
나만을 위한 삶이 아니라
남에게도 꼭 필요한
삶을 살아가게 하소서.

남에게 악이 되거나
남을 불편하게 하거나
남에게 손해를 입히지 않게 하소서.

남의 비난의 대상이 되거나
남의 조롱의 대상이 되지 않고
남에게도 이익을 주게 하소서.

오늘의 묵상

우리가 어떤 태도로 기도하느냐는 하나님을 향한 우리의 믿음에 달려 있다. 하나님은 신실하신가?
하나님은 공의로우신가? 하나님께서는 자기를 바라는 자를 위하여 역사하시는가? 만약 우리가 이
런 하나님을 믿는다면 아무리 오랫동안 기도한다 하더라도 인내를 가지고 하나님께 매달릴 수 있
을 것이다. (헨리 헬사백)

오늘의 말씀

원수를 갚지 말며 동포를 원망하지 말며 네 이웃 사랑하기를 네 자신과 같이 사랑하라 나는 여호와이니라

(레위기 19:18)

오늘의 기도

하루를 시작하며

아침에 눈을 떠 하루를 시작하며
조용히 기도를 드릴 때
마음속에 소망이 가득하게 하소서.
기대감과 설렘 속에 삶을 시작하면
힘과 용기가 생겨납니다.

하루를 시작하며
제일 먼저 나의 입에서
"감사"라는 말이 나오게 하소서.
하루를 보내고 잠이 들 때에도
제일 먼저 나의 입에서
"감사"라는 말이 나오게 하소서.

오늘의 묵상

고통 속에서 살아가는 방법 5가지

1. 하나님은 당신이 무고하며 부당하게, 고통당하고 있다는 것을 아신다.
2. 예수님의 고통은 우리가 따라야 할 본이다.
3. 그렇다. 그것은 부당하다. 그러나 당신은 하나님께서 장차 그것을 공의롭게 바로 잡으시리라는 것을 신뢰할 수 있다.
4. 보복하지 마라. 당신의 혀를 절제하고, 하나님을 신뢰하라. 무고한 자는 또한 인내해야 한다.
5. 예수께서 당신이 이런 식으로 살 수 있도록 하시기 위해 죽으셨다는 사실을 기억하라.

12월 14일 기도 중에 주님을 만나게 하소서

일의 결국을 다 들었으니 하나님을 경외하고 그의 명령들을 지킬지어다 이것이 모든 사람의 본분이니라

(전도서 12:13)

오늘의 기도

기도 중에 주님을 만나게 하소서

기도 중에
주님을 만날 수 있다면
주님을 만난다면 얼마나 좋을까
하는 소망을 갖고 있는
진실한 그리스도인들이 많이 있습니다.

주님의 이름으로 기도드릴 때
기도 중에 주님을 만나게 하소서.
자비롭고 사랑이 많으신
나의 구원의 주님을 만나게 하소서.

나의 삶의 가장 친절한 안내자이시며
최대 최고의 사랑의 대상이신
나의 주님을
기도 중에 주님을 만나게 하소서.

오늘의 묵상

신앙의 사람들은 "언제나" 기다려야 했다. 그들은 자신이 "하나님의 약속과 그 약속의 성취 사이의 과도기"야말로 신앙이 진정으로 시험을 받는 시기라고 생각했다. 왜냐하면 그때는 하나님께서 말씀하신다는 그리고 그분이 인간의 상황을 지배하신다는 확실한 증거가 전혀 없기 때문이다. (랜디 벡튼)

오늘의 말씀

때가 아직 낮이매 나를 보내
신 이의 일을 우리가 하여야
하리라 밤이 오리니 그 때는
아무도 일할 수 없느니라

(요한복음 9:4)

오늘의 기도

나의 눈에 눈물이 고일 때

고통과 슬픔으로 인하여
나의 눈에 눈물이 고일 때
주님께서 위로의 손길로 날 감싸 주십니다.

상처받은 마음을 어찌하지 못해
몸부림치며 비명을 지르고 싶을 때
주님은 가장 부드러운 눈길로
나를 바라보시며 가까이 다가와
위로해 주십니다.

홀로 고독에 몸부림치며
모두 다 떠나 버리라고 외치고 싶을 때
주님은 나의 친구가 되어 주셔서
나의 푸념을 하나도 남김없이 다 들어주십니다.
주님은 나의 구주이십니다.

오늘의 묵상

그리스도인들은 하나님의 자녀이며 성령을 소유한 자들이다. 그러나 그들을 위해 훨씬 더 많은 것
들이 예비되어 있다.

"인간의 몸은 그리스도의 영광스러운 몸으로 변하게 될 것이다. 그리고 그때는 마침내 모든 사람이
그분의 구속사역의 유익들을 누릴 것이다." 그리스도인들은 이 소망 가운데서 기다리며 "현재의 시
험을 받아들여야 한다. 그럼으로써 그들은 꾸준한 인내로 삶을 이겨 나갈 수 있어야 한다." (랜디 벡
튼)

오늘의 말씀

그가 영원토록 지극한 복을
받게 하시며 주 앞에서 기쁘
고 즐겁게 하시나이다

(시편 21:6)

오늘의 기도

오늘 만나는 사람들에게

아침에 일어나 신문을 들면 기쁨의 소식보다
절망의 소식이 가득하오니
무엇보다 먼저 주님께 기도함으로
내 마음에 소망과 기쁨과 평안을 주시는
주님께 먼저 가까이 나가게 하소서.
세상에 어둠과 비극 같은 일이 일어남은
욕심과 욕망의 무질서 탓이오니
세상에서 진리가 더 밝게 빛나게 하소서.

소음과 사람들의 음성만 가득한 세상이 아니라
주님의 음성, 주님의 복음, 주님의 사랑이
가득한 세상이 되게 하소서.
오늘도 만나는 사람들에게
삶의 모습으로 주님을 전할 수 있게 하소서.

오늘의 묵상

위선이 표현되는 증상들

1. 다른 사람들을 판단하고 비판하는 태도.
2. 실제의 자기 모습이 아닌 위대한 사람이 되려는 시도.
3. 자신의 삶을 다른 사람들과 함께 나누기보다는 가리고 숨기려는 생활 양식.
4. 자신을 선하게 보이도록 자기가 결정한 기분들에 기초한 거짓된 경건.
5. 다른 사람들을 외모로 판단하는 태도.
6. 자신의 잘못이나 실수에 대해 책임을 지지 않으려는 독선적이고 자기 합리화적인 태도.

오늘의 말씀

우리를 도와 대적을 치게 하
소서 사람의 구원은 헛됨이니
이다 우리가 하나님을 의지하
고 용감하게 행하리니 그는
우리의 대적을 밟으실 이심이
로다

(시편 60:11-12)

오늘의 기도

믿음이라는 긴 여행을 인도하여 주소서

우리의 삶이 곧
믿음의 긴 여행이오니
나침반인 말씀의 인도 따라
구원자 되시는 주님의 인도 따라
떠나게 하소서.

여행길에 만나는
온갖 유혹과 절망과 고통을
믿음으로 이겨 내게 하시고
순간순간 만나는 기쁨들을
가족과 이웃들과 나누게 하소서.

우리의 믿음이라는 긴 여행의
단 한분 안내자이신 예수 그리스도를
주님의 나라에 이를 때까지 따르게 하소서.

오늘의 묵상

하나님은 아름다움이시다. 하나님의 성품에 참여하는 자로서 우리는 아름다워질 수 있다. 하나님
의 솜씨로 만들어진 우리는 아름다워지고 있다. 화장과 분장을 잊어버려라. 당신이 소유하고 있는
것을 표현하라. 그리고 보라. 아름다움은 무척 매력적이다. (조셉 알드리치)

오늘의 말씀

그는 사람의 길을 주목하시며
사람의 모든 걸음을 감찰하시
나니 행악자는 숨을 만한 흑암
이나 사망의 그늘이 없느니라

(욥기 34:21-22)

오늘의 기도

온전한 정신으로 살게 하소서

눈 깜짝할 사이에 수많은 일들이 일어나고
수많은 일들이 저질러지는 현실 속에서
온전한 정신으로 살게 하소서.

우리의 몸과 마음을 혼미하게 하는
악의 영들을 물리쳐 주시고
말씀의 인도 따라 살게 하소서.

영원히 변하지 않으시고
우리를 지켜 주시고 보호하여 주시는
주님을 바라보며 살게 하소서.
나의 주님께서 언제나 나를 인도하심을 믿고
주님의 길을 당당하게 걸어가게 하소서.
온전한 정신과 온전한 믿음으로 살게 하소서.

오늘의 묵상

기도하는 마음의 자세

1. 친밀 – 하나님을 아바 아버지라 불러라.
2. 겸손 – 하나님의 전능하심을 인정하라.
3. 기대 – 하나님이 우리에게 필요한 것들을 채워 주실 능력이 있음을 믿어라.

12월 19일 | 나 한 사람부터 변화되게 하소서

오늘의 말씀

부지런한 자의 경영은 풍부함에 이를 것이나 조급한 자는 궁핍함에 이를 따름이니라

(잠언 21:5)

오늘의 기도

나 한 사람부터 변화되게 하소서

아담 한 사람으로부터
이 세상에 죄가 들어오고
예수 그리스도 한 분으로부터
우리가 구원을 받았습니다.

나 한 사람부터 변화되게 하소서.

씨앗이 옥토에 떨어질 때
30배, 60배, 100배 결실을 맺듯이
나 한 사람부터 변화되게 하여 주사
30배, 60배, 100배의 결실을 맺게 하소서.

오늘의 묵상

그리스도의 영광을 위하는 열정. 하나님께서는 우리가 능력을 부음받고 우리 자신이 기꺼이 감추어지기를 원할 때 능력 주시기를 기뻐하신다. 당신이 영적 기쁨이나 탁월해지는 것을 동경하는 것이 아니라 주님의 영광을 구할 때 능력을 받는 것은 멀지 않은 일이다. 그러나 만일 우리가 이기적인 동기에서 구한다면 우리의 추구는 자멸하는 것이 된다. (오스왈드 샌더스)

12월 20일 　기도로 주님을 만나게 하소서

오늘의 말씀

자기 허물을 능히 깨달을 자
누구리요 나를 숨은 허물에서
벗어나게 하소서

(시편 19:12)

오늘의 기도

기도로 주님을 만나게 하소서

기도로 주님을 만나게 하소서.
어느 곳에 있든지
주님이 우리를 부르시고
주님이 우리와 함께 하심을 알게 하소서.

기도로 주님을 만나게 하소서.
어느 곳에서든지
주님의 사역에 동참하게 하시고
주님께서 모든 일에 열매를 맺게 하여 주소서.

기도로 주님을 만나게 하소서.
어느 곳에서든지
주님의 일에 필요한 일용할 양식을 허락하소서.

기도로 우리를 부르시는 주님을
기도로 주님을 만나게 하소서.

오늘의 묵상

예수께서 기름부음 받은 것은 "기도하시면서"였다. 성령께서 오신 것은 제자들이 기도할 때였다.
"사역을 위한 자질을 갖추도록 성령의 기름부음을 구하는 것은 성도의 특권과 의무이다." (고든)
우리는 모든 다른 조건과 실패를 들 수 있으나 믿음의 적용을 대신할 것은 아무것도 없다. "나는 약
속된 성령을 믿습니다. 나는 오순절의 능력을 믿습니다. 나를 온전히 채우소서. 나는 믿고 그는 이
루십니다." (오스왈드 샌더슨)

오늘의 말씀

형제 사랑하기를 계속하고 손님 대접하기를 잊지 말라 이로써 부지중에 천사들을 대접한 이들이 있었느니라

(히브리서 13:1-2)

오늘의 기도

악의 세력에 대항할 수 있는 믿음을 주소서

근신하게 하소서.
깨어 기도하게 하소서.
우리에게 믿음을 주사
악의 세력에 대항할 수 있는 믿음을 주소서.

악의 세력들이 크나큰 권세가 있는 듯
우리를 괴롭히려 하고 천사처럼 가장한다 하여도
주님의 능력 있으면, 주님의 이름으로
모두 물리칠 수 있으니 믿음으로 승리하게 하소서.

우리로 하여금 유혹에 넘어가지 않게 하여 주시고
주님의 말씀 위에 믿음으로 굳게 설 수 있도록
기도에 열심을 다하게 하사
악의 세력을 물리칠 수 있는 믿음을 주소서.

오늘의 묵상

성령께서 그리스도의 마음을 감찰하시고 말할 수 없는 탄식의 기도로 우리 앞서 기도하시며 그렇게 하여 우리의 구할 바를 하나님께 아뢰시는 기도, 바로 그 기도인 것이다. 그러므로 이제 우리는 범사에 감사함으로 기도할 수 있는 하나의 이유가 있다. 그것은 바로 우리가 그분의 뜻을 좇아 기도한다는 사실이다. (밴 듀런)

12월 22일 기도의 무한한 가능성을 믿게 하소서

오늘의 말씀

이 복음이 이미 너희에게 이르매 너희가 듣고 참으로 하나님의 은혜를 깨달은 날부터 너희 중에서와 같이 또한 온 천하에서도 열매를 맺어 자라는도다

(골로새서 1:6)

오늘의 기도

기도의 무한한 가능성을 믿게 하소서

기도의 능력을 믿게 하소서.
예수 그리스도의 이름으로 기도하면
하늘이 열리고 예수 그리스도 이름으로 기도하면
넘을 수 없는 벽과 담이 없음을 알게 하소서.
기도의 권세를 믿게 하소서.
예수 그리스도의 이름으로 기도하면
사단의 권세를 결박하고 사단을 좇아 낼 수 있으며
병든 자를 고칠 수 있고
고통과 절망과 실패에서 일어서게 하소서.
기도의 힘을 믿게 하소서.
우리의 심장이 예수 그리스도의 심장으로
고동치면 칠수록 놀라운 능력과
권능의 역사가 일어남을 믿게 하소서.

오늘의 묵상

말라바르 교회의 기도

오! 하나님이시여. 우리의 귀는 불평과 논쟁에 귀를 막고 당신의 노랫소리에 귀 기울이며 우리의 눈은 당신의 크신 사랑과 복된 소망을 바라보게 하옵시며 우리의 혀는 당신을 찬양하며 진리를 말하게 하옵시며. 당신의 궁전을 걷는 우리의 발은 빛 가운데 걷게 하여 주시오며. 당신의 살아 계신 몸과 하나된 우리의 몸으로 거듭나게 하여 주시옵소서. 말할 수 없는 은사를 주시는 당신께 영광이 있기를 원하옵나이다. 아멘!

오늘의 말씀

여호와를 경외하는 것은 지혜
의 훈계라 겸손은 존귀의 길
잡이니라

(잠언 15:33)

오늘의 기도

주님을 섬길 수 있는 좋은 기회를 얻게 하소서

주님의 고귀한 사랑을
너무나 많이 받은 우리가
주님을 온전히 섬길 수 있는
좋은 기회를 얻게 하소서.

삶 속에서 생활 속에서
주님께서 생명의 빛으로 다가와
우리의 영혼을 살리심을 믿게 하시고
주님이 주시는 믿음으로
주님의 일을 통하여 영광을 돌리게 하소서.

주님의 십자가의 사랑
보혈의 피로 죄 씻음을 받은 우리가
주님을 섬길 수 있는 좋은 기회를 얻게 하소서.

오늘의 묵상

오직 기도 시간 때 우리는 하나님께 알려진다. 우리는 우리 자신조차도 모른다. 여기 우리들의 사
회적 신분은 실제 우리의 모습보다 우리를 멋지게 보이게 하는가? 모든 그리스도인의 기도 생활은
동등하지 않다. 심지어는 모든 영적인 사람들도 말이다. 기도의 법칙은 하나님이 만드셨다. (레오
날드 레이븐)

오늘의 말씀

지극히 작은 것에 충성된 자는 큰 것에도 충성되고 지극히 작은 것에 불의한 자는 큰 것에도 불의하니라

(누가복음 16:10)

오늘의 기도

기도할 필요를 느끼게 하소서

기도가 없는 삶은
생명이 없는 삶이오니
항상 기도할 필요를 느끼게 하소서.

작은 일이나 큰 일이나
여유가 있는 일이나 다급한 일이나
모두 다 주님께 맡기며 기도하게 하소서.

기도가 없이는
우리가 주님 앞에 나아갈 수 없으니
주님의 이름으로 기도함으로
주님의 이름으로 능력을 얻게 하소서.

기도함으로 소망 없는 세상에서
산 소망을 얻게 하소서.

오늘의 묵상

우리는 은혜로 구원받은 모든 죄인들이다. 우리는 예수님을 사랑한다. 우리는 그의 백성들이다. 우리의 임무는 모든 피조물들에게 복음을 전하는 것이다. 우리는 영혼들을 예수님께로 인도해야 한다. 우리는 성삼위일체의 이름으로 그들에게 세례를 베풀어야 한다. 우리는 하나님이 우리에게 지키도록 명령하신 일들을 사람들에게 가르쳐 그들로 하여금 그것을 지키도록 해야 한다. (크리스웰)

12월 25일   예수 그리스도를 온전히 찬양하게 하소서

오늘의 말씀

이르되 주 예수를 믿으라 그
리하면 너와 네 집이 구원을
받으리라 하고

(사도행전 16:31)

오늘의 기도

예수 그리스도를 온전히 찬양하게 하소서

이 땅에 구주로 오신 주님
주님을 온전히 찬양하게 하소서.
생명의 주님, 구원의 주님을
온전히 찬양하게 하소서.

예수 그리스도로 기쁨을 얻게 하시고
길 잃은 양을 찾는 기쁨에
우리도 동참하게 하여 주소서.
예수 그리스도의 일하심에 동참하게 하소서.

오 주여! 내 마음에 오소서.
오 주여! 내 마음에 오소서.
내 마음에 찾아오신 예수 그리스도를
온전히 찬양하게 하소서.

오늘의 묵상

당신과 내가 기도할 때 우리가 변한다. 그것이 바로 기도가 염려를 중화하는 치료제가 되는 큰 이
유 중 하나다. (척 스윈돌)

12월 26일 주님을 알게 하소서

오늘의 말씀

범사에 기한이 있고 천하 만 사가 다 때가 있나니 날 때가 있고 죽을 때가 있으며 심을 때가 있고 심은 것을 뽑을 때 가 있으며

(전도서 3:1-2)

오늘의 기도

주님을 알게 하소서

주님!
나는 주님에 대해서
알고 있는 것이 너무나 작습니다.

주님을 알지 못하면
늘 나약해지오니
주님을 알게 하소서.
주님의 숨결을 느끼며 살게 하소서.

주님의 사랑을
주님의 은혜를
주님의 긍휼을
주님의 용서를
주님의 기도를 알게 하소서.

오늘의 묵상

우리에게 너무나 많은 것을 주시고 자비롭게도 또 한 가지 더 감사하는 마음을 주신 하나님. (조지 허버트)

오늘의 말씀

하나님이여 사슴이 시냇물을
찾기에 갈급함 같이 내 영혼
이 주를 찾기에 갈급하니이다

(시편 42:1)

오늘의 기도

내 마음을 받아 주소서

주님, 상처나고 죄로 물들고 더럽혀진
마음이지만 그대로 드리오니
내 마음을 받아 주소서.
주님이 함께 하심으로
사랑할 수 있는 마음이 되게 하시고
용서할 수 있는 마음이 되게 하시고
나눔을 가질 수 있는 마음이 되게 하소서.

주여 내 마음을 받아 주소서.
주님이 내 마음을 아시니
온유하고 겸손하심을 닮아가게 하시고
언제나 주님의 사랑이 마음에 물들게 하소서.

오늘의 묵상

하나님과 관계가 있다는 것을 생각지 못하기 때문에 의기양양하게 기도하면서도 거만을 부렸다.
그래서 자기가 다른 사람과 같지 않다는 것을 하나님께 감사한 그 바리새인은(누가복음 18:11) 기
도하는 행위를 통하여 자기가 거룩하다는 명성을 얻을 것으로 생각하여 사람들 앞에서 자신을 치
켜세운 것이 분명하다. 짧은 기도를 계속 반복하므로써 시간을 끄는 사람이 있는가 하면 어떤 사람
들은 길고 장황하게 기도하면서 으스대기도 한다. 이렇게 유치하고 수다스러운 것은 하나님을 조
롱하는 것이기 때문에 교회는 이것을 금지해서 진심으로 마음 깊은 곳에서 우러나오는 것이 아니
면 아무것도 말하지 못하게 하는 것이 당연하다. (존 칼빈)

오늘의 말씀

보라 여호와의 크고 두려운 날이 이르기 전에 내가 선지자 엘리야를 너희에게 보내리니 그가 아버지의 마음을 자녀에게로 돌이키게 하고 자녀들의 마음을 그들의 아버지에게로 돌이키게 하리라 돌이키지 아니하면 두렵건대 내가 와서 저주로 그 땅을 칠까 하노라 하시니라

(말라기 4:5-6)

오늘의 기도

구원이란 선물

세상의 선물은 화려하고 그럴듯한
포장으로 둘러싸여 있지만
구원이란 선물은
십자가 관의 보자기에 감싸여 있습니다.

주님의 고통에
주님의 보혈로 함께 하는
구원의 선물에 감사드립니다.

나에게 귀한 구원이란 선물을 주신
주님을 사랑합니다.
주님의 고난과 기쁨에 동참하며 살게 하소서.

오늘의 묵상

예수가 거기 계시다. 그는 은혜의 보좌에 죄를 뿌리는 것만 아니라 친히 말씀하시며 피도 증거하는데 하나님은 이것을 보시고 경청하신다. 그리고 "내가 피를 볼 때에 너희를 넘어가리니 재앙이 너희에게 내려 멸하지 아니하리라"(출애굽기 12:13)고 말씀하신다. 더 길게 말하지 않겠다. 정신을 차리고 겸손하게 아들의 이름으로 아버지께 나아가 성령의 도우심으로 당신의 사정을 아뢰라 그러면 당신은 영으로 기도하며 또 마음으로 기도하는 유익을 알게 될 것이다. (존 번연)

12월 29일 우리를 날마다 새롭게 하여 주시는 주님

오늘의 말씀

여호와는 나의 목자시니 내게
부족함이 없으리로다

(시편 23:1)

오늘의 기도

우리를 날마다 새롭게 하여 주시는 주님

우리를 날마다 새롭게 하여 주시는 주님
주님 앞에 예배드리기를 원하오니 받아 주소서.
우리의 몸과 마음과 온 영혼으로
예배드리게 하여 주시기를 원합니다.

우리의 모습이 언제나
주님의 모습을 닮아가게 하여 주시고
주님 보시기에 아름다운 삶을 살게 하소서.
강하고 담대한 믿음을 주셔서
오직 예수로 살게 하여 주소서.

우리의 믿음이 날마다 성장하게 하여 주시고
사명을 잘 감당하게 하소서.

오늘의 묵상

성령이 아니고는 인간의 가련함을 보여 줄 수 없고 기도하게 할 수 없다. 인생의 비참함을 느끼되
그것도 절실히 느끼지 못하면 우리의 기도는 우리가 아는 대로 입술 운동이요, 말뿐이다. 우리 대
부분의 마음속에 있는 저주받은 위선이 오늘날 소위 잘한다고 칭찬받는 온갖 기도에 따라 다니는
데 그들은 자신들의 가련함을 모르고 있다. 그러나 성령이 역사하시면 영혼들은 그 비참함을 깨닫
고 지금 처지와 장차될 일과 견딜 수 없는 이 상황을 보게 된다. 주 예수가 없는 영혼의 죄와 비참함
을 성령께서 밝혀 보여 주시고 그 영혼이 말씀에 의지하여 조용히, 진지하게, 의미있게, 간절하게
하나님께 기도하게 하신다. (요한복음 16:7-9) (존 번연)

오늘의 말씀

두려워하지 말라 내가 너와 함께 함이라 놀라지 말라 나는 네 하나님이 됨이라 내가 너를 굳세게 하리라 참으로 너를 도와 주리라 참으로 나의 의로운 오른손으로 너를 붙들리라

(이사야 41:10)

오늘의 기도

우리에게 믿음을 온전히 허락하여 주소서

우리를 창조하여 주시고
주님의 보혈로 구원하여 주시는
주님의 사랑에 감사드립니다.

주님의 뜻에 합당한 성도의 삶을 살게 하소서.
주님의 말씀을 묵상하며 살게 하시고
우리가 맡은 사명을 잘 감당하게 하소서.

오직 예수 신앙으로
주님의 영광을 나타내게 하소서.
말씀에 순복하며 살게 하소서.
우리에게 믿음을 더욱더 온전히 허락하여 주소서.

오늘의 묵상

나는 여러 가지 이유에서 오늘 우리 세계의 상황을 볼 때 지금이 울 때가 아닌가 생각한다. 인간들이 하나님을 저버렸기 때문에 우리는 마땅히 울어야 한다. 결국 이 하나님을 저버렸으며(시편 9:17) 하나님에 대한 지식을 갖기를 원하지 않고 있다(로마서 1:28). 인간들은 지속적인 하나님의 인자하심과 관용과 인내를 경멸하고 있다(로마서 2:4). 그들은 하나님의 심판을 받고 싶은 대로 거두면서도 오히려 마음을 더 완악하게 하고 있다(로마서 2:5)(요한계시록 16:21). 따라서 우리는 우리의 세계를 위해 울어야 한다. "주여, 제멋대로 고집하는 인간들을 용서하옵소서!"(웨슬리 듀웰)

오늘의 말씀

아들을 낳으리니 이름을 예수
라 하라 이는 그가 자기 백성
을 그들의 죄에서 구원할 자
이심이라 하니라

(마태복음 1:21)

오늘의 기도

나의 삶 동안에

나의 삶의 시작과 끝을 주께서 인도하소서.

오직 주님을 소망하며 임재하심을 갈망하며
주님의 임재하심에 감격하며
의미있게, 거룩하게, 뜻 깊게
주님 안에서 살게 하소서.

주님을 신뢰하므로 주님의 깊은 마음을 알아
나의 삶 동안에 주님의 섭리를 맛보게 하소서.
예수만으로 기뻐하며, 예수만으로 만족하며,
예수만으로 축복받으며,
성령의 인도하심 따라 살게 하소서.

오늘의 묵상

예수의 이름으로 모든 일을 하라. 골로새서 3:17은 이것을 우리에게 매우 포괄적으로 보여 주고
있다. "또 무엇을 하든지 말에나 일에나 다 주 예수의 이름으로 하고 그를 힘입어 아버지께 감사하
라." 예수 이름의 영광을 위하여 살라. 예수 이름으로 기도하라. 예수 이름으로 섬기라. 예수 이름
을 믿으라. 예수 이름으로 영광을 돌리라. 예수 이름을 들고 어디를 가든지 승리하도록 하라. 예수
이름이 우리의 기도에 미치는 큰 혜택을 생각하고 기뻐하라. (웨슬리 듀웰)

BIBLE 365
말씀으로 시작하는 하루

지은이 용혜원

초판 1쇄 인쇄 2007년 11월 15일
초판 1쇄 발행 2007년 11월 20일
개정판 3쇄 발행 2012년 10월 22일

펴낸이 | 김학룡
펴낸곳 | 엔크리스토
마케팅 | 임월규·이동석
관리부 | 이진규·박지현·박혜영·이상석·김동인
출판등록 | 2004년 12월 8일
주   소 | 경기도 고양시 일산동구 장항동 585-2
전   화 | (031) 906-9191
팩   스 | 0505-365-9191
이메일 | 9191@korea.com
공급처 | 기독교출판유통

ISBN 978-92027-33-5 03230

본 도서의 성경은 개역개정을 사용하였습니다.

MEMO

MEMO

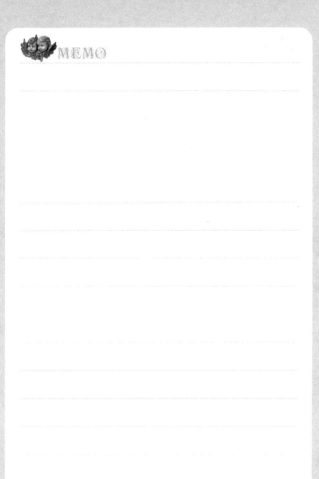

MEMO

MEMO